21 世纪高职高专规划教材·公共课系列

职场礼仪教程

主　　编　秦保红
副 主 编　郑　娇　王　媛　孔春艳
参　　编　付渝丹　姜　涛　路会平　宁云霞
　　　　　郄亚兰　魏　冬　魏晓露　辛　欣
　　　　　袁金彦　杨国利　姚红岩

中国人民大学出版社
·北京·

前 言

职场礼仪是当今大学生步入社会的一个基本素养，是求职应聘和纵横职场的一块敲门砖，是立足工作岗位、完成工作任务、和谐工作关系的一项基本能力。无论是从业于行政机关、生产企业还是服务性行业，只要是社会职场人员，就离不开职场礼仪。

高等职业院校培养的是各行各业一线高素质、高技能、应用型人才，专业技能的教育和培养无疑非常重要。然而，通过对近几年职场岗位对人才招用和评估的分析与研究，我们发现，良好规范的职业形象、个人修养、沟通习惯及爱岗敬业的忠诚意识、与人为善的合作精神，作为求职就业、胜任工作的必备素质，缺一不可。同时，具备这些素质也是立足职场的核心竞争力之一。许多单位都基于“有德有才者提拔重用”“做事先做人，品德第一位”“软素质高于硬技能”的观念选拔人才。职场礼仪素养作为职场交往沟通的外在体现，在高职高专学生能力结构中占有重要地位，直接影响着学生的成功就业和全面发展。

为了培养高素质的职场人才，我们编写了这本高职高专院校公共基础必修课教材《职场礼仪教程》。

本教材以就业为导向，按照“以行业通用能力的培养为核心”的理念，突出“岗位专业工学结合”的人才培养模式和“模块教学、项目导向、任务驱动”的教学模式，紧密联系行业核心岗位，找准岗位礼仪项目的核心任务，明确礼仪规范，强调知识技能训练与社会实践相结合，内容精炼，重点突出，实用性强。

本书作为实用性教材，主要有以下三个方面的特点：

1. 礼仪标准定位明确

本教材所编写的礼仪规范均以职业场合工作环境为背景，以行业核心岗位上典型的工作过程为载体。全书共分四大模块，即：职业形象礼仪、职场交往礼仪、商务场合礼仪、服务岗位礼仪。现代社会中，人们的工作交往日益广泛，职场角色都处在动态转换中，在“内”要办公，对“外”要服务，竞争讲双赢，合作要平等。对于职场上的每一个人而言，掌握上述四大模块的礼仪规范，有助于定位职场角色、和谐人际关系、促进事业成功。

2. 项目任务教学化设计

本教材中每一个模块里的礼仪项目都相对独立，每个项目中都包含了“任务要求”“职场启迪”“知识认知”“技能训练”“综合实训”等教学设计板块。其中，“任务要求”是对本礼仪项目中的核心任务提出的礼仪规范要求，鲜明指出知识要点和学习目标；“职场启迪”是对本礼仪项目主题的职场案例、职场岗位规范或职场调研报告等进行评析，给出启迪，导入任务分解。各个环节与教学流程基本吻合。因此，教材的模块项目可供教师在面对不同专业背景的学生时自由取舍，形成更加灵活、实用而又有针对性、个性化的教学。

3. 强化礼仪实践能力

本教材以能力本位的课程理念为基础，在每一个项目里都设计了“课堂练习”“技能训练”“情境模拟”“社会实践”环节，尤其在“社会实践”中策划了社会实践活动或目标岗位观察体验活动，明确了实践场所、实践要求和实践目标。这一编写特点更加突出了礼仪的实用价值，引导学生学以致用，培养学生的学习兴趣，提升学生的礼仪实践能力。

本教材的编者均为高职院校礼仪骨干教师和专家教授。本教材由具有 30 年教龄、18 年职场培训经验的高级礼仪文化培训师秦保红任主编，由郑娇、王媛、孔春艳任副主编。具体编写分工如下：王媛编写项目一和项目二；郑娇编写项目四、项目七、项目八、项目九和项目十二；孔春艳编写项目五中的任务四、项目十、项目十一中的任务四；袁金彦编写项目十三；魏冬编写项目十五；路会平编写项目十六；魏晓露编写项目十七；郄亚兰编写项目六中的任务二、任务三，项目十四；宁云霞编写项目十一中的任务二、任务三；秦保红编写项目三，项目五中的任务一、任务二、任务三，项目六中的任务一，项目十一中的任务一，参编项目十四和项目十六。主审统稿工作由秦保红担任。全书内容、文字和风格的修订校对由付渝丹、辛欣、杨国利、姜涛负责。姚红岩承担了本教材图片的拍摄工作。

本教材的编写得到了石家庄信息工程职业学院张彩霞、李未的大力支持，得到了许多专家学者的帮助，同时，在教材编写过程中参考了大量文献资料，因受篇幅限制，未能一一注明出处，在此一并表示衷心感谢！

由于编者水平所限，书中错漏和不妥之处在所难免，敬请专家和读者批评指正。

编 者

2015 年 12 月

目　录

模块一　职业形象礼仪

模块二　职场交往礼仪

模块三　商务场合礼仪

模块四　服务岗位礼仪

模块一 职业形象礼仪

人们往往用三个关键词描述成功的职场人士——性格、能力、形象。其中“形象”对我们的事业起着举足轻重的作用。无论是接受聘用还是职位升迁，形象出色者都更容易受到关注，规范、庄重而有品位的职业形象也能够赢得他人的信赖。

在社会交往日益频繁的今天，形象礼仪变得比任何历史时期都更为重要。如何塑造彬彬有礼、风度翩翩、气质高雅的职业形象，是每一个渴望发展、期待成功的职场人士迫切需要知道并且掌握的。因此，学习职业形象礼仪，有助于彰显自信与尊严，使事业更容易获得成功。

项目一 仪容修饰礼仪

任务要求

1. 职场仪容的修饰应规范标准，整洁端庄。
2. 职场妆容的修饰应稳重大方，清新淡雅。
3. 职业发型的塑造应符合职业场合，成熟干练。

职场启迪

职业形象从“头”做起

小刘经朋友介绍去一家外企工作，任部门经理助理。第一天上班，她想开个好头，给经理留下一个深刻的印象，于是出门前她从“头”做起，精心打扮：一个前卫的发型、浓艳的妆容、新潮的玛瑙耳坠、亮闪闪的白金项链、时尚的玉镯、造型独特的钻石戒指……身上每一处都是亮点，部门经理一进门看到她的装扮，便对她抱歉地说：“你确实很漂亮，你的妆容配饰无不令我赏心悦目，可我觉得你并不适合干助理这份工作。实在很抱歉。”

仪容，是指人的容貌。仪容能够传达出最直接、最生动的第一信息，反映着个人的精神面貌，能给人留下直接而敏感的第一印象。在职场中，人们常常会通过员工的精神面貌来判断员工的敬业状态和企业发展的生机。塑造职场仪容形象不能随心所欲，不符合礼仪规范的装扮只能是枉费心机，甚至适得其反。

仪容修饰不仅要根据职场岗位的要求修饰得规范有礼，同时更要注意卫生、配饰等细节的完美。因此，走进职场应更加注重修饰自己的仪容，充分展现整洁端庄、清新淡雅、成熟干练的职业形象，为个人和企业赢得尊重。

任务一　职场仪容整洁端庄

知识认知

整洁端庄是职场仪容修饰礼仪的基本要求。在职场交往中，仪容的整洁端庄所表现出的人格力量，远比衣着的时髦与华贵更强大。每个人都应该养成良好的修饰习惯，保持身体无异味、无怪异饰物，维护仪容的每一处细节，做到卫生规范、配饰适当。

一、仪容修饰的卫生规范

（一）头发整洁无异味

1. 勤清洗

头发每周至少清洗两到三次，防止出现头皮屑，且保证无异味。

2. 及时剪

修剪是保持头发整洁的卫生习惯。通常情况下，女士短发每个月修剪一次到两次，女士长发视发型情况适时修剪。男士更要注意及时修剪头发。

3. 常梳理

每日梳理头发不仅可以保证整体形象的整洁，还可以促进血液循环，清醒大脑思维。需要注意的是，职场环境中需要梳理头发时应在洗手间等避人之处完成，不能当着别人（尤其是异性）的面梳理头发，否则有轻浮之嫌。

（二）面部干净有精神

面部干净的标准是润泽光洁，无灰尘，无污渍，无分泌物，无其他不洁之物。眼角、鼻孔、耳后、脖颈等易于藏污纳垢之处，洗脸时切勿一带而过。男士应每日剃刮胡须，修剪鼻毛；女士应每日护理皮肤，化职业淡妆。另外，润泽光洁的面容还需要有良好的精神状态，即保持积极健康、乐观向上的精神面貌。与人为善、笑口常开定能容光焕发、朝气蓬勃。众所周知，一个懂礼仪、有教养的人，绝不会是那种不修边幅、蓬头垢面、萎靡不振的人。

知识拓展

正确的洗脸方法

取适量洁面乳分别点在下巴、鼻尖、额头、脸的两颊，用中指和无名指轻轻地从下巴开始洗：从下巴至耳根—从嘴角至耳中—从鼻翼至太阳穴—从眉心至太阳穴—从眉心至鼻尖—从眼睛沿眉到眼尾再到眼角打圈—在嘴周围打括号，这样毛孔才能完全打开，把里面的脏东西清洗干净，洗完以后用接近体温的水冲洗干净。

（三）口腔清新无异味

工作期间忌吃葱、蒜等使口腔有异味的食物。如果在职场中接触香烟、白酒等有刺激性气味的物品后，可以用牛奶或者茶水漱口，也可以嚼口香糖去除异味。平日注意早晚刷牙，饭后漱口，多吃清淡食物，多喝水，也是保持口气清新的基本生活习惯。

（四）手部洁净不夸张

手在职场交往中占有很重要的位置，常被称作人的“第二张面孔”。做手势、握手、递物、伏案执笔时，自己的手常被人看到或触到，如果伸出的手不洁净，就不会给人留下美好的印象。因此，要随时洗手，保持手部的洁净。手指甲要每天一检查（见图 1—1），三天一修剪，应保持指甲无污垢，不涂抹过分鲜艳夸张的指甲油，指甲的长度不得超过 1 毫米。

图 1—1　检查指甲

此外，还要杜绝咬指甲、搔头皮、掏耳朵、挖鼻孔、用指甲剔牙等不卫生的手部动作。

（五）身体清爽保健康

为了清除身体上的烟味、酒气、汗味等异味，职场中人每天都应该洗澡，特别是在参加重大的社会活动之前，洗澡是一项必须要做的准备工作。勤洗澡，常换衣，保持清爽，可以让自己精神焕发，信心倍增。

有些人喜欢使用过多的香水，走到哪里香到哪里，这是不恰当的，也是不礼貌的。总之，身体健康是卫生的基本保证。

案例分享

整容镜

南开中学的创始人张伯苓校长曾专门在校门的一侧设立一面整容镜。镜子上刻着严修书写的“容止格言”：“面必净，发必理，衣必整，钮必结。头容正，肩容平，胸容宽，背容直。气象：勿傲、勿暴、勿怠。颜色：宜和、宜静、宜庄。”1913 年秋，15 岁的周恩来考入南开中学，自始就被这“镜箴”所吸引，并自觉地以此规范自己的仪容形象。

（资料来源：林友华：《社交礼仪》，20 页，北京，高等教育出版社，2003。）

周恩来总理被世界公认为最有风度的国家领导人和外交家之一，他的一举一动都给人留下了深刻难忘的印象。人们用“富有魅力”“无与伦比”等优美的词语来赞美他的翩翩风度。周总理注重仪容修饰，自觉规范仪表形象，为世人树立了榜样。

课堂练习

两人结对，检查对方的头发、面部、口腔、手部等是否符合职场仪容修饰礼仪规范。

知识拓展

肤质的判断

1. 油性皮肤

该肤质皮肤油光，毛孔较大，容易长痘，易脱妆，皱纹较少。

2. 干性皮肤

该肤质皮肤干燥，易脱皮皲裂，脸上光泽少，易上妆。

3. 中性皮肤

该肤质纹理适中，皮肤光滑有弹性，不干也不油腻。

4. 混合性皮肤

该肤质 T 字区为油性，其他部位为干性。保养、化妆要分开处理。

5. 青春痘型皮肤

该肤质比油性皮肤更为油的皮肤。化妆前一定要用隔离霜。

6. 敏感型皮肤

该肤质皮肤更为干燥，薄而敏感，容易受外界或内在刺激，不易化妆。

二、仪容修饰的首饰佩戴

（一）首饰佩戴的礼仪原则

1. 符合身份

在政务办公、商务交往、服务待客等活动中，不同的社会身份、不同的职场环境决定了职场人不同的仪容修饰风格。在首饰佩戴的修饰细节中应注意适当得体，符合身份，展现出职场人的品位。

案例分享

“请代我向你的先生问好”

李丽大专毕业被分配到某公司做文秘工作不久，一次在接待客户时，领导让她照顾一位华侨女士。临分别时，华侨对小李热情周到的服务非常满意，留下名片，并认真地说：“谢谢！欢迎你到我公司来做客，请代我向你的先生问好。”小李愣住了，因为她根本没有男朋友。可是，那位华侨也没有错，她之所以这么说，是因为看见小李的左手无名指上戴有一枚戒指。

首饰的佩戴很多时候象征着个人的身份或是信仰，比如戒指戴在哪个手指上就是一种无言的告知，所以职场交往需要慎重选戴。

2. 以少为佳

首饰的佩戴对仪容修饰起到画龙点睛的作用，忌多而杂。职场中整洁端庄的仪容礼仪规范要求首饰佩戴最多不超过三种，且以同质同色为佳。

3. “三种不戴”

职场工作展示的是爱岗敬业、朴实严谨的气质风度，对于佩戴首饰要做到“三种不戴”：不戴妨碍工作的首饰，不戴张扬个性魅力的首饰，不戴炫耀财富的首饰。

（二）首饰选择的职场规则

1. 项链的选择

职场人上的项链选择应该以精致为宜。过长的坠子或夸张、烦琐、个性的项链是不合时宜的，因为它显得过分张扬且繁杂凌乱，不但会降低自己的工作效率，也会给他人带来麻烦。

2. 耳环的选择

虽然垂坠感的耳环能够在勾勒颈部线条的同时展现女性柔美的一面，但是看上去与严谨的办公环境显得有点格格不入，而且在电话交谈时也可能会造成不便。所以，即便相当中意这类饰品，最好还是在进了办公室后就取下来比较好。精致典雅的耳钉则更适合于在办公环境中佩戴。

3. 戒指的选择

戒指的佩戴很多时候是一种暗示，因此在选择时要懂得它的情感意义：戴在食指上，表示单身求偶；戴在中指上，表示正在热恋中；戴在无名指上，表示已订婚或者结婚；戴在小手指上，则暗示自己是个独身者。黄金、珠宝、大钻石戒指虽显贵气，但是在工作场合佩戴会给人以炫耀之嫌，因此职场办公环境中最好是佩戴精致小巧、不过分夸张的戒指为宜。

案例分享

美中不足

黄先生与两位好友相聚，来到某大酒店。接待他们的是一位五官清秀的服务员，但她面无血色，显得无精打采，黄先生一见她就心情欠佳，仔细观察才发现这位服务员没有画工作淡妆，在餐厅的灯光下显得病态十足。上菜时，又发现传菜员手上涂了黑色的指甲油，且拇指上的指甲油还缺了一大块，他的第一反应就是“会不会掉到我的菜里了”。但是为了不惊扰别的客人用餐，黄先生没有把他的怀疑说出来。用餐结束后，黄先生呼唤柜台内服务员结账，而服务员却一直对着服务台的反光墙面梳理自己的头发，丝毫没有注意到客人的需要。自此以后，黄先生再也没有去过这家酒店。

职场工作人员的仪容修饰应给人稳重、精神、整洁的感觉，不修边幅、不拘小节、不规范礼仪的表现在职场中必须避免，否则不仅会影响个人的形象，还会影响企业的形象和口碑。

知识拓展

香水的正确使用方法

（1）香水应喷于不易出汗、脉搏跳动明显的部位，如耳后、脖颈、手腕及膝后。

（2）使用香水时不要一次喷得过多，少量而多处喷洒效果最佳。

（3）不要把香水喷于浅色的衣物上，以免留下污渍。

（4）沐浴后身体湿气较重时，将香水喷于身上，香味会释放得更明显。

（5）若想制造似有似无的香气，可将香水先喷于空气中，然后在充满香水的空气中旋转一圈，可令香水均匀地落于身上。

（6）皮肤敏感者可将香水喷于内衣、手帕或裙摆处。

（7）秋、冬季着厚衣外套时，香水洒到衣服上效果会更佳。喷洒位置是：围巾、帽子、衣领、手套、胸前内领口、衣襟、袖口里衬等。

技能训练

仪容修饰规范自我检查表

检查部位	检查内容	符合要求或者指明需要改善的地方
头发	1. 头发是否整洁、无异味 2. 有无头皮屑 3. 发型修剪是否到位	
面容	1. 精神气色，皮肤状态 2. 面部是否做到无灰尘，无污渍，无分泌物，无其他不洁之物 3. 男士胡须、鼻毛、鬓角是否修理规范	

续前表

检查部位	检查内容	符合要求或者指明需要改善的地方
口部	1. 口腔有无异味、异物 2. 牙齿是否有茶渍或者烟黄等现象	
手部	1. 手和指甲是否清洁，指甲长度是否在 1 毫米以内 2. 指甲颜色是否规范不夸张	
身体	1. 有无异味或过浓的香水味 2. 是否养成勤洗澡的卫生习惯	
饰品	1. 是否佩戴过分夸张的饰品 2. 是否同时戴手表和手镯 3. 眼镜是否洁净	

任务二　职业妆容清新淡雅

知识认知

职场女士化淡妆是职业规范的要求，清新淡雅的职业妆容能够美化仪容形象，增强自信，同时也是对他人尊重的表现。女士淡妆的修饰，除了要学会使用各种化妆用品、遵循一定的化妆步骤外，还要遵循基本的化妆礼仪，掌握一定的化妆技巧。

一、职业妆容的礼仪要求

（一）淡雅自然

职业形象展现的是专业规范、端庄稳重，因此，职业妆容就要做到淡雅自然、扬长避短、和谐统一、简洁明快。不能选择夸张的设计手法，不能选择鲜亮浓艳的色彩。如眉形的设计要遵从本我自然，眼影、腮红、口红应选择浅淡的颜色。

（二）“3W”原则

“3W”原则即要求妆容风格要符合 When（时间）、Where（场合）、What（事件）。如日间工作妆容要淡雅，晚间活动妆容要能衬托出活动的隆重或热烈的氛围。商务场合妆容须符合身份，服务场合的妆容要整齐划一体现严谨，社交场合的妆容要注意与事件气氛协调。这样才能充分体现出妆容的职场规范。

（三）尊重他人

（1）请保持妆面的完整，适时补妆，避免残缺；

（2）请勿当众化妆或补妆；

（3）请勿在异性面前化妆或补妆；

（4）尽量不借用他人的化妆用品；

（5）不要使用太过芳香的化妆品；

（6）请不要评论他人的妆面。

二、化职业淡妆的基本步骤

(一)皮肤护理

1. 清洁皮肤

选好适合自己的洗面奶，在使用洗面奶后皮肤应感觉清爽、微涩（但不脱皮），皮肤色泽变得淡化（因去角质的缘故，有轻微增白的短暂功效）。

2. 爽润皮肤

善用爽肤水或柔肤水，将水分锁定在皮肤内，保持皮肤湿润，减少面部水分蒸发。

3. 润泽皮肤

擦拭润肤露或润肤霜。润肤品需要留在皮肤上较长时间，因此要懂得选用真正优质的产品，以达到最佳的保湿润泽效果。

4. 防晒隔离

选择防晒隔离用品时要注意产品所提供的 SPF 指数。虽然 SPF 指数可以为 2～60，但作为日常防晒用途，SPF 指数 8～15 就足够了。SPF 指数太低时，防晒功能可能不够，但 SPF 指数太高，容易使皮肤过敏。

知识拓展

敏感型皮肤的保养秘籍

(1) 尽量不要让娇弱的皮肤长期暴露在极冷或极热的环境中。

(2) 精神压力过大也会导致肌肤过于干燥、泛红与红血丝情况严重。要学会调节心情，保持轻松愉快，这样有利于皮肤自我“改造”。

(3) 如果外出回家后常常“面红耳赤”，说明热胀冷缩使皮肤表面产生了轻微的淤血，是微循环不畅的表现。睡觉前适度进行面部按摩能有效缓解这一问题。

(4) 猫、狗等小动物的油脂腺分泌的蛋白质沾到动物毛发再沾染到人的皮肤上时，特别容易引起过敏。因此，在过敏季尽量不要与小动物亲密接触。

此外，应多吃低脂肪、高蛋白、维生素高、矿物质多的食物，避免酒精、香烟、咖啡和可乐等，海鲜类要尽量避免在容易过敏的季节食用，平日要注意补充胶原蛋白，提高皮肤的抗过敏性。

(二)职业淡妆操作步骤（见表 1—1）

表 1—1　职业淡妆的操作步骤

步骤	目的	操作要点	注意事项
打粉底	调整面部肤色，使之柔和均匀	(1) 选择粉底霜或粉底液 (2) 用海绵选取适量粉底并涂抹均匀	(1) 粉底霜或液与肤色反差不宜太大 (2) 脖颈部位应适当打上粉底，防止面部颈部分离

续前表

步骤	目的	操作要点	注意事项
画眼线	使眼睛生动有神	(1) 笔法先粗后细，由浓而淡 (2) 上眼线从内眼角向外眼角画 (3) 下眼线由外眼角向内眼角画三分之一	眼线尽量一气呵成，生动而不呆板
施眼影	强化面部立体感，使双眼明亮传神	(1) 分区间部位选择深浅色眼影 (2) 由浅而深，施出眼影的层次感	眼影色彩不宜过分鲜艳，建议职场使用咖啡色系或与服装色相适宜的浅淡色系的眼影
描眉形	突出或改善个人眉形，以烘托容貌	(1) 修眉，拔除杂乱无序的眉毛 (2) 对眉毛逐根描眉形	注意眉形的立体感
上腮红	使面颊更加红润，轮廓更加优美，显示健康活力	(1) 选择适宜的腮红 (2) 根据脸型适当晕染腮红	腮红与面部肤色应自然过渡
涂唇膏	改变不理想唇形，使双唇滋润妩媚	(1) 可用唇线笔描画唇线 (2) 涂好唇膏 (3) 用纸巾吸出多余唇膏	先描上唇后描下唇
定妆	保持妆面持久	(1) 选择粉饼或散粉 (2) 用粉扑沾取定妆粉定妆	沾粉适量、轻薄、自然

三、脸型与化妆技巧

（一）椭圆脸型

椭圆脸可谓公认的理想脸型，化妆时宜注意保持其自然形状，突出其可爱之处。腮红应涂在颊部颧骨的最高处，再向上向外揉化开去。唇膏除嘴唇唇形有缺陷外，尽量按自然唇形涂抹。眉毛可顺着眼睛的轮廓修成弧形，眉头应与内眼角齐，眉尾可稍长于外眼角。正因为椭圆形脸是无须太多掩饰的，所以化妆时一定要找出脸部最动人、最美丽的部位，然后使之突出，以免给人以平平淡淡、毫无特点的印象。

（二）长脸型

长脸型的人，在化妆时力求达到的效果应是：增加面部的宽度。腮红应注意离鼻子稍远些，在视觉上拉宽面部。涂抹时，可沿颧骨的最高处与太阳穴下方所构成的曲线部位，向外横向抹开去。若双颊下陷或者额部窄小，应在双颊和额部涂以浅色调的粉底，造成光影，使之变得丰满一些。眉毛在修整时应令其平缓自然，切不可有棱有角。眉毛的位置不宜太高，尾部切忌高翘。

（三）圆脸型

圆脸型给人以可爱、玲珑之感，若要修整为椭圆形并不十分困难。腮红可从颧骨起始向下涂成长形，注意不能简单地在颧骨突出部位涂成圆形。唇膏可在上嘴唇涂成浅浅的弓形，不能涂成圆形的小嘴状，以免有圆上加圆之感。粉底可用来在两颊造阴影，使圆脸瘦削一点。选用暗色调粉底，沿额头靠近发际处起向下窄窄地涂抹，至颧骨部下可加宽涂抹的面积，造成脸部亮度自颧骨以下逐步集中于鼻子、嘴唇、下巴附近部位。眉毛可修成自然、高挑的弧形，眉峰可带有少许棱角。

（四）方脸型

方脸型的人以双颊骨突出为特点，因而在化妆时要设法加以掩蔽，增加柔和感。腮红可由颧骨稍外侧向鼻翼方向涂成月牙形。粉底可用暗色调在颧骨最宽处造成阴影，令其方正感减弱。下颚部宜用大面积的暗色调粉底造阴影，以改变面部轮廓。唇膏可涂得丰满一些，强调柔和感。眉毛应修得稍宽一些，眉形可稍带弯曲，不宜有棱角。

（五）三角脸型

三角脸的特点是额部较窄而两腮较阔，整个脸部呈上小下宽状。化妆时应将下部宽角“削”去，把脸型变为椭圆状。腮红可由外眼角处起始向下涂抹，令脸部上半部分拉宽一些，可用较深色调的粉底在两腮部位涂抹、掩饰。眉毛宜稍加拉长，保持自然弧形，不可太平直或太弯曲。

（六）倒三角脸型

倒三角脸型的特点是额部较宽大而两腮较窄小，呈上阔下窄状。人们常说的“瓜子脸”“心形脸”，即指这种脸型。化妆时，掌握的诀窍与三角脸相似，需要修饰部分则正好相反。眉毛应顺着眼部轮廓修成自然的眉形，眉尾不可上翘，描时从眉心到眉尾宜由深渐浅。腮红应涂在颧骨最突出处，然后向上、向外揉开。可用较深色调的粉底涂在过宽的额头两侧，而用较浅的粉底涂抹在两腮及下巴处，造成掩饰上部、突出下部的效果。唇膏宜用稍亮些的唇膏以加强柔和感，唇形宜稍宽厚些。

课堂练习

两人结对，观察对方的脸型，分析判断后给出对方化妆的建议。

案例分享

职业妆容的典范——杨澜

杨澜，电视节目主持人、媒体人、企业家，毕业于北京外国语大学，1990—1994 年担任中央电视台《正大综艺》节目主持人，之后赴美深造，毕业于美国哥伦比亚大学国际及公共事务学院，获国际事务硕士学位。第十届、第十一届、第十二届全国政协委员。杨澜不仅知识渊博，精通多国语言，还反应机智，语言幽默。多年来，她干练、大方、得体的职业妆容获得了许多观众的认可，曾多次入选为“亚洲二十位社会与文化领袖”“能推动中国前进、重塑中国形象的十二位代表人物”“时代人物”。

（资料来源：http：//www. skwo. net/yule/ziliao/10282. html。）

清新淡雅的职业妆容有助于展示有品位、有气质、优雅又精致的职业风采，不仅能让你赢得他人的好感，拉近彼此的距离，甚至可以帮助你得到“专业”“能干”的认可。因此，修饰职业妆容应成为每一个职场女士的必修课。

知识拓展

正式宴会妆容技巧

正式宴会妆有高贵、优雅、性感、冷艳四个主题。塑造哪一个主题，不仅需要适应相应的场合，还要与你的服饰、气质、风度相配合。宴会晚妆的亮点是眼影、口红和腮红。

眼妆：宴会妆较多使用紫色、玫瑰红色、银灰色、蓝色等能突出主题的色彩，并较多用带荧光的眼影或用于凸出部的高光色，在晚间的灯光下与有光泽的服饰相辉映，以增强表现力。

唇妆：强调层次感。除了选择适宜的色泽之外，可以有三个层次感，唇部外延色彩偏重，能打造出较好和精细的轮廓感；唇部主体为主体唇色；中部可选择浅色或白色，也可选择富有光泽的唇彩或唇油，营造生动迷人的立体效果。

色彩：通常宴会妆的着色较平日要更浓重一点，不过切忌走向极端，打扮过于浓艳的女人容易被看成粗俗与不受欢迎的人。

技能训练

秘书王女士跟公司老总一起洽谈业务，晚上约好与人吃饭，她戴着假睫毛，画着亮闪闪的蓝色眼影。洽谈中，对方公司的张总频频看她，王女士很不好意思，但不知道问题出在了哪里。

根据所学内容，指出王秘书妆容的不足之处，并以两人为一组练习画出适合王秘书洽谈业务这个场合的妆容。

任务三　职业发型成熟干练

知识认知

通常情况下，人们观察一个人是从“头”开始的，头发经常会给他人留下十分深刻的印象。成熟干练的发型能够给职场人塑造出容光焕发、精明强干、爱岗敬业的职业形象。

职业发型除了要满足前面任务要求的整洁清爽、及时修剪、梳理整齐的礼仪规范外，还要从发型的设计上与脸型、体型、职业等因素相适应，以体现和谐的整体美。

一、职业发型的礼仪要求

（一）发型风格适宜

职业发型应以精神、美观、简洁、大方为原则，风格要与职业特点、职业场合和岗位规范相适宜，尤其从事政务、商务、服务工作的人员，男士不能留大背头、长鬓角、小辫子，也尽量不要剃光头；女士不能长发披散凌乱，遮盖脸面，也不能梳理成个性怪异的发型。

（二）头发长短适度

成熟干练的男士发型要求前发不覆额，侧发不掩耳，后发不触领。服务场合女士长发要尽量盘起，发髻高度基本以耳朵上缘的延长线为准，不宜过高、过低或歪扭不正（见图1—2）。

（三）头发颜色稳重

职场人士头发的颜色都要稳重自然，不能一味追求时髦、亮丽而将头发染成黑色系以外的其他颜色。

（四）发饰佩戴大方

女士发饰佩戴一定要简洁大方，不能佩戴过于夸张、活泼、鲜艳、幼稚的发饰。若有工作岗位的具体要求，应按照职场规定佩戴统一的发饰。

图1—2 职业盘发

案例分享

理 发

日本著名企业家松下幸之助有一次到东京银座的一家理发店去理发。由于过度操劳与奔波，他显出一副疲惫的样子，蓬头垢面地来到理发室。理发师看到他的形象后，语重心长地对他说："您对自己的发型修饰丝毫不重视，就如同把公司的产品弄脏似的。作为公司的代表，您这样不注意仪容形象，产品怎么能够打开销路呢？"一句话将松下幸之助说得哑口无言。他将理发师的劝告牢记在心，从此对自己的仪容修饰十分重视。

发型是一个人仪容形象的重要组成部分，重视发型修饰是塑造良好的职场仪容形象的起点。修饰一个整洁干练的发型，不仅能够展现个人的职场风度，还能够展现企业的形象品牌。

二、职业发型的修饰

（一）发型与脸型

参照脸型塑造发型遵循的是协调互补原则，即扬长避短，利用发型来修饰脸部的不完美。

1. 椭圆脸型

椭圆脸形是一种比较标准的脸形，很多的发型均可以适合，并能达到很和谐的效果，发型设计时重点考虑季节因素即可。

2. 圆脸型

头发梳高，使脸部增加几分力度即可。不宜做太短的发型。

3. 长方脸型

长方脸型的发型设计应避免把脸部全部露出，刘海做一排，尽量使两边头发有蓬松感，不宜留长直发，宜留长蘑菇发型、前齐刘海发型，重点是遮住前额。

4. 方脸型

以曲线形的发型增加脸部的圆润感，达到掩饰脸部棱角的效果。

5. 正三角脸型

重点是增加额头两侧头发的厚度，再用较多的头发修饰腮部。

6. 倒三角脸型

发型尽可能隐藏过宽的额头，头发长度以超过下巴两厘米为宜，并向内卷曲，以增加下巴的丰满度。

7. 菱形脸型

让头发修饰前脸颊，把额头头发做蓬松，拉宽额头发量，宜留蘑菇式发型、短穗发等。

（二）发型与体型

发型与体型关系非常密切，发型处理得好，同样对体型能起到扬长避短的作用。

1. 高瘦型

这种体型的人容易给人细长、单薄、头部小的感觉。要弥补这些不足，发型要求生动饱满，避免将头发梳得紧贴头皮，或将头发搞得过分蓬松，造成头重脚轻之感。一般来说，高瘦身材的人比较适宜于留长发、直发。应避免将头发修剪得太短薄，或高盘于头顶上。头发长至下巴与锁骨之间较理想，且要使头发显得厚实、有分量。

2. 矮小型

个子矮小的人会给人小巧玲珑的感觉，在发型选择上要与此特点相适应，发型应以秀气、精致为主，避免粗犷、蓬松，否则会使头部与整个形体的比例失调，给人产生大头小身体的感觉。身材矮小者也不适宜留长发，因为长发会使头显得大，破坏人体比例的协调。烫发时应将花式做得小巧、精致一些。高位盘头也有增高身材的视觉效果。

3. 高大型

该体型能给人一种力量美，但对女性来说，缺少苗条、柔和的美感。为适当减弱这种高大感，发式设计应以大方、简洁为宜。一般以直发或者大波浪卷发为宜。头发不要太蓬松。总的原则是简洁、明快，线条流畅。

4. 矮胖型

矮胖者显得健康，要利用这一点造成一种有生机的健康美。譬如选择运动式发型。此外应考虑弥补缺陷。矮胖者一般脖子显短，因此不要留披肩长发，尽可能让头发向高处发展。头发应避免过于蓬松或过宽。

（三）发型与职业

发型在一定程度上反映着一个人的文化品位、社会地位和职业特点。所以，职业是发型设计的重要参考因素。发型应与工作性质和办公环境相协调，以便更好地体现职业的风度美。作为职业女性，发型要清秀文雅，体现干练、稳重的特征，清新利落的短发和盘发是不错的选择。

（1）工作时需要戴安全帽的女士：发型不要做得太复杂，应尽量剪成短发或是长发扎辫子。

（2）从事体育运动工作的人：适宜留轻松活泼、易梳理的短发型。

（3）教师、机关工作人员：适宜留简洁、明快、大方、朴素的发型，表现出儒雅、端庄的气质。

（4）文艺工作者、服装模特：发型可以做得夸张一点，以体现创造性、前卫性。

（5）商务人士的发型应展现精明强干。

（6）服务人员的发型应展现精神和规范。

知识拓展

日常生活交往的发型修饰礼仪

在节假日参加庆祝活动，出席婚礼、舞会或宴会时，发型可以做得华丽时尚，还可以加些首饰，如戴上耳环、项链、漂亮的发带、发卡等，再配上得体而时髦的服装，不但可以增加喜庆的气氛，同时也能给人以美的享受。

在一些很严肃的场合，如参加追悼会或参加悼念活动、扫墓活动等，发型就要避免过于花哨，否则会冲淡庄严肃穆的气氛，并给人一种轻浮感，这时的发型要求庄重、大方、朴素。

外出游玩时，发型就要修饰得自然活泼一些，方便跑跑跳跳。

技能训练

请按照职业发型成熟干练的礼仪要求进行盘发练习，要求时间控制在5分钟之内，注意发髻的高度和发饰的搭配。

综合实训

▷情境模拟

1. 情境背景

A公司文秘人员小张按照老板要求来到B公司找程总拿重要文件，文件内容涉及双方公司今后的发展与合作计划，由于是初次见面，秘书小张特别注重个人职业形象。

2. 模拟要求

（1）两人一组，按照标准规范的仪容修饰礼仪进行综合练习；

（2）2分钟内检查完仪容卫生；

（3）15分钟内化完一个符合小张秘书身份的职业淡妆；

（4）5分钟内盘好一个成熟干练的职业发型。

3. 实训目的

能够结合职场角色，按照仪容修饰的礼仪要求塑造基本的职业仪容形象，以良好的第一印象为自己获得更好的发展机会，为企业赢得良好的口碑。

▷社会实践

1. 实践场所

校园人才招聘会。

2. 实践要求

(1) 10 人一组，参加一次校园招聘会，观察并记录求职者仪容基础规范是否符合要求；

(2) 借助手机等照相工具拍下至少 10 张不符合仪容要求的照片；

(3) 借助手机等照相工具拍下至少 10 张符合仪容要求的照片。

3. 实践目标

(1) 通过仪容形象的观察与对比，找出个人仪容修饰方面还存在的问题；

(2) 以小组为单位，组员之间相互交流认知并提交对比结论及照片资料。

项目二

仪表着装礼仪

任务要求

1. 职场着装要正式、得体、和谐、规范，展现职业风采。
2. 男士职业西装穿着要讲究品位，文质彬彬，庄重儒雅。
3. 女士职业套装穿着要搭配合理，美观大方，稳重高雅。

职场启迪

某上市公司员工着装规范条例（部分）

…………

第三条　男职员的着装要求：夏天着衬衣、系领带；着衬衣时，不得挽起袖子或不系袖扣；着西装时，不准穿皮鞋以外的其他鞋类（包括皮凉鞋）。

第四条　女职员上班不得穿牛仔服、运动服、超短裙、低胸衫或其他有碍观瞻的奇装异服；裙装一律穿肉色丝袜。

第五条　所有职员上班必须佩戴公司徽章，且佩戴在左胸前适当的位置上。

第六条　部门副经理以上的员工，办公室一定要备有西服，以便有外出活动或洽谈重要业务时穿用。

…………

现代职场，无论是事业单位还是企业公司，只要有严格的现代管理体制和形象品牌意识，大都会对员工的着装形象有着具体的要求，因为，员工的形象代表企业的形象，也能够揭示企业的管理文化和公司的专业实力。

步入职场，形象不仅是个体的问题，而且是整体组织的问题，所以，就不能“穿衣戴帽，各有所好”了，就要懂得职业形象规范，懂得仪表着装礼仪。通过得体规范的着装，塑造出靓丽的职业风采，展现良好的职业素养。

任务一　职场着装得体规范

知识认知

服装可分三大类，即正装、便装和礼服。显然，职场着装要优先选择正装。所谓正装，就是在工作场合或正式的活动场合穿着的正规服装，它既不同于礼服那么考究华贵，也不像便装那么随意休闲。一般男士正装多为西装、中山装、制服，女士正装多为套裙、套裤。很多企业为了显示良好的组织形象统一发放了工作服装，即工装，也是正装的重要组成部分。另外，唐装代表了中国文化特色，我国很多正式的文化交流场合也常穿着唐装。

职场着装要展现出职业感、专业感、品位感、时代感。因此，职场着装要遵循一定的礼仪原则，掌握基本的礼仪要求。

一、职场着装的礼仪原则

（一）TPO 原则

TPO 是英文 Time(时间)、Place（地点）与 Occasion（场合）这三个单词的第一个字母组合。TPO 原则要求职场人士着装时要首先考虑以下三方面因素，体现对他人的尊重。

1. 时间

时间的含义有三层：一是指每日的早上、日间和晚上三段时间，相应的服装也分为晨装、日装和晚装；二是要考虑时令即春、夏、秋、冬四个季节的变化对着装的影响，比如夏天的正装就应以简洁、利落为前提，而冬季的正装就应以厚实、保暖为原则；三是要注意时代间的差异，即正装也要顺应时代的潮流，既不要泥古不化，也不要刻意时尚超前。

2. 地点

这里的“地点”是指工作地点、活动场所等。不同的地点需要与之相协调的不同服饰。上班地点应穿职业装、工装，公务活动场所应穿更加正式庄重的服装。如果女教师穿着无领无袖的服装上台讲课未免有失庄重；饭店宾馆的服务小姐打扮得花枝招展去上班，就会喧宾夺主。

3. 场合

着装还要考虑出席的场合，如开会、签约、迎接、宴会等。场合不同，着装的要求也就不同。比如应聘时，穿素雅一些的服装可显得稳重、整洁；庆典场合穿着就要隆重高雅；庄重严肃的场合，着装就要更加正规内敛。

案例分享

有争议的服装

1983 年 6 月，美国前总统里根出访欧洲四国时，由于他在庄重严肃的正式外交场合没有穿黑色礼服，而穿了一套花格西装，引起了西方舆论的一片哗然。有的新闻媒体评论里根自恃大国首脑，狂妄傲慢，没有给予欧洲伙伴应有的尊重和重视。

TPO原则是人们约定俗成的着装惯例，具有深厚的社会基础和人文意义，是职场形象礼仪体现尊重的基本要求。服饰所蕴含的信息内容必须与特定时间、地点、场合相吻合。如果仪表着装没有给予交往对象足够的尊重，就会引起人们的疑惑和反感，必然影响自身和组织的美誉度。

（二）和谐规范原则

职场着装不仅要适合个人的基本因素，还要与从事的职业身份相和谐。

1. 服装与个人因素相适应

（1）服装应符合年龄。俗话说，“爱美之心，人皆有之”，无论年龄大小，人们对美都可以有自己的追求。但是，不同年龄的人有不同的形象要求。作为年轻人，正是展示自我的年龄，所以穿着可适当选择靓丽时尚，突出个性的款式，例如合体的裙装会显得有朝气，有活力；中年人应选择稳重、简洁的款式；而老年人则应传统、保守一些。一套黑色的中山装穿在中老年人身上会显得端庄大方，而穿在年轻人身上则不免会显得老气和过于压抑。

（2）服装可展现性格。性格外向的人，在服装的选择上可加入多元素的风格来展示自我；内向性格的人，则应在服装的款式、颜色和花纹中依旧保持中规中矩的风格。

（3）服装穿着要合体。服装要想穿得漂亮，就必须适合个人的身材体型。服装与体型的关系，最要紧的是大小合身、长短相宜。就高瘦身材的人而言，上装不宜太短，下装不宜过小。上装短，在视觉上就会使上下身的比例失调；下装小，在感觉上会使上下身的重量失去平衡。身材偏胖的人，衣服的肩部不能宽大，领口要低。体型比较“单薄”的人，应该选用一些质地挺括的衣服。太矮的人，不宜穿过长的衣服，衣长人矮，会使人显得更矮。

2. 服装与职业身份相和谐

职场着装在某种程度上要体现其职业特点，如果每个人都“穿衣戴帽，各有所好”，如果每个员工都“乱穿衣”或“穿错衣”，那么将会给他人传递错误的身份信息，因此职场着装要尊重职业，尊重工作要求。例如销售人员在工作期间应穿职业套装。有一项研究表明，身着便装与身着制服的销售员产生的营销业绩大相径庭；医院的医生、护士则不能穿着鲜艳，打扮得花枝招展，这样会严重影响病人及家属的心情，不利于病人的治疗与休养；很多企业会统一发放与职业环境相匹配的工装，以体现企业的整体形象，那么员工就要严格按照企业要求统一着装。

（三）庄重得体原则

职场着装要符合职业场合，职场人士的服装是为了展现爱岗敬业、稳重大方的精神面貌，不是为了展现个人体型或个性魅力而穿薄、透、露、紧、杂的服装。因此，穿着低胸装、露脐装、无袖装、透视装、超短裙、短裤、弹力衫、紧身裤等都不适合正式的场合。

否则，不仅使人难堪，甚至还会造成他人的反感，给人带来不庄重的印象。

职场着装除上述款式、尺寸的要求外，还有色彩的规范要求，即不宜过于鲜艳、明亮和复杂。应尽量考虑与办公室的色调、气氛相协调，并与具体的职业性质相吻合。

案例分享

不适宜的着装

田小姐在国内一家商贸公司工作。有一次，上级派她代表公司前往南方某城市参加一个大型外贸商品洽谈会。为了给外商留下良好的印象，田小姐在洽谈会上特意穿上了一件粉色的紧身上衣和一条蓝色的宽口长裤。然而，正是她这身特意的着装，使不少外商对她敬而远之，甚至连跟她正面接触一下都很不情愿。

国外商界人士的着装，一向讲究男女有别。崇尚传统的商界人士一直坚持认为，在正式场合穿裤装的女性，大都不够专业，会给人一种不符合身份、不得体的印象。换而言之，商界女士在正式场合的着装，以正式的套裙装为佳。

二、 职场着装的礼仪要求

（一）培养尊重意识

职场着装在某种意义上表明了职员对工作的态度，敬业的员工不需要老板的吩咐，就会穿着得体，因为他知道自己的形象就代表着公司的形象，重视自己的形象是对他人、对工作、对职业的尊重。

（二）增加审美品位

形象不仅能反映个人的气质、性格，甚至还能反映一个人的内心世界和审美品位，一个对衣着缺乏品位的职员，不利于赢得他人的职业信赖。

一位华裔投资商曾说过这样的话："我怎么也不能相信那个穿着旅游鞋、牛仔裤，头发如同干草，说话结结巴巴的小子会向我要 500 万美元的投资，他的形象和个人素养都不能让我信服他是一个懂得如何处理商务的领导人。"

一个成功的形象，展示的不仅是一个简单的视觉印象，而更多的会和一个人的能力、尊严、事业、审美联系在一起。

（三）提高文化修养

服装是一种文化，是一种品位，是一种修养。得体的着装是对他人的尊重，能够反映个人、国家、民族的文化素养。质于内而形于外，文化修养高、气质修炼好的人，更懂得如何修饰自己的着装。

英国历史上第一位女首相撒切尔夫人就是对自己的衣着非常在意的人。她对自己的服饰非常讲究。在她身上没有珠光宝气和雍容华贵，只有淡雅、朴素和整洁，但是她的衣服从不打皱，让人觉得井井有条是她的一贯作风，因此她的仪表形象为后来的事业成功奠定了基础。

课堂练习

行为学家迈克尔·阿盖尔做过实验：当他以不同的仪表装扮出现在同一个地点时，遇到的情况完全不同。当他身着西装以绅士的面孔出现时，无论是向他问路还是打听事情的陌生人都彬彬有礼，显得颇有教养；而当他装扮成流浪汉时，接近他的人以无业游民居多。

你如何理解上述实验现象，以学习小组为单位分析讨论，分享感受。

知识拓展

社交场合的服饰选择

社交场合主要指宴会、舞会、晚会、聚会等应酬交际场合。这些场合的总体着装要求是要突出时尚个性。适用于社交场合的服装款式有时装、礼服或民族服装。

男士：

在参加宴会时，宁愿隆重点盛装出席，也不要过于随便，这是对主人邀约款待的重视。酒会和晚宴宜穿深色西装，白色衬衫，领带或领结都可以打。不管多隆重的宴会都可以穿深色中山装，中山装是我们的国服，是最佳的礼服和民族服装，当然可以作为宴会装。不是隆重严肃的餐宴，穿半套式西装是让自己轻松却又不会失礼的好办法，不想系领带的话，中国式立领衬衫搭配西装也是不少人的选择。

其他社交场合，如参加开业庆典婚礼这样的场合，穿着正式、时尚、喜庆点就行，参加婚礼可以穿得适当时尚一些，但要不失庄重，西装配亮色领带是不错的选择。而在茶话会、咖啡厅，着装没什么特别要求，穿着商务休闲装就可以。

女士：

在参加商务酒会时，可选择设计简洁，不过分华丽张扬的小礼服，也可以穿着偏于时尚的露肩裙装，包括一般的聚会都可以这样穿着。正规晚宴的着装可以隆重性感，穿着奢华的晚礼服。

技能训练

根据着装 TPO 原则，以小组为单位设计下列四种不同的职业交往场合中适宜的服装风格。

职业交往场合	服装应展现的风格
参加会议	
营销谈判	
商务宴请	
求职面试	

任务二　男士西装穿着讲究

知识认知

西装是现代职场男士正装中的首选。西服革履、彬彬有礼的男士职业形象常能给人带来成熟儒雅的风度美，更容易赢得尊重。职业场合，西装如何穿出身份、穿出专业、穿出品位，都是很有讲究的。

一、男士西装穿着讲究品质

品质好的西装能够满足穿着的基本要求，即合体、挺括、有形、有质感，那么在选择西装时就要考虑一些内在质地的因素。

（一）选择面料

评价西装的品质首先看面料是否考究。

高档面料应多选用纯毛、花呢、华达呢、驼丝锦等质地上乘的天然纤维，因为它们容易染色，手感好，不易起毛，富有弹性，穿着合体，而且不变形。

中档面料主要有羊毛与化纤的混纺织品，它们具有纯毛面料的属性，价格适中，洗涤后也便于整理，因此，也被广泛选用。

（二）选择款式

正装西服常有两种款式：单排扣西装和双排扣西装。穿单排扣西装，在较为正式的场合常搭配一件背心成为三件套，三件套比两件套显得更正规。

（三）选择颜色

西装的颜色虽然不多，但在不同的场合还是有不同的要求。男士西装的颜色在选择上，最能体现专业、庄重和权威的就是保守的深颜色。藏蓝色、深灰色用得最多，能适合各类职业场合。黑色往往用于非常隆重正式的场合。浅色西装对场合和人的风格的要求比较特殊，要慎重选择。

职场西装在以深色为主色调的基础上，也可以带有细条纹的图案，但注意粗的条纹或大的方格就不适合正式隆重的场合。

（四）选择做工

做工考究也是保证西装品质的重要因素。衡量做工的好坏可从六个方面看：一是看其衬里是否外露；二是看其衣袋是否对称；三是看其纽扣是否缝牢；四是看其表面是否起泡；五是看其针脚是否均匀；六是看其外观是否平整。

知识拓展

世界十大西装品牌

1. ARMANI（意大利）——意大利绅士
2. BURBERRY（英国）——起源于防水布的纯正英伦品牌

3. CALVIN KLEIN（美国）——极简休闲美国风
4. CERRUTI（意大利）——战后意大利男装典范
5. GUCCI（意大利）——身份与财富的象征
6. DOLCE&GABBANA（意大利）——南地中海式的热情浪漫
7. GIVENCHY（法国）——崇尚优雅
8. HUGOBOSS（德国）——严谨、阳刚的德意志男人
9. RALPH LAUREN（美国）——自然、舒适、朴素
10. VERSACE（意大利）——华丽鲜艳

二、 男士西装穿着讲究搭配

（一）搭配色彩

西装及其所有配件，包括衬衫、领带、鞋袜等全身的主色调不超过三种色系，即遵循西装穿着的“三色原则”。更讲究时，让腰带、皮鞋、公文包保持一个颜色，即遵循西装穿着的“三一定律”。

知识拓展

西服与领带的色彩搭配

西服颜色	搭配的领带颜色	格　调
黑色西服	银灰色、蓝色调、红白相间的斜条领带	庄重大方，沉着稳健
藏蓝色西服	蓝色、深玫瑰色、橙黄色、褐色领带	淳朴大方，素淡高雅
中灰色西服	砖红色、绿色、黄色调的领带	充满个性和情趣
米白色西服	海蓝色、红色、褐色领带	光彩夺目，风度翩翩

（二）搭配配件

西装穿着最基本的配件要求就是西服配西裤，不能配牛仔裤、休闲裤；西裤配皮鞋，黑色系带皮鞋最为正式（见图 2—1）。不能穿布鞋、凉鞋、运动鞋；皮鞋配深色袜子，不能配白色、花色袜子。

图 2—1　男士制式皮鞋

穿衬衣、打领带是西服革履形象的点睛之处，是西服套装的灵魂配件。选择正确合理的衬衫、领带能体现西装穿着的品位。

1. 衬衫的挑选

在面料方面，与西装搭配的正装衬衫主要以高支精纺的纯棉、纯毛制品为主，以棉、毛为主要成分的混纺衬衫可酌情选择，不宜选择以条绒布、水洗布、化纤布为材料制作的衬衫，也不宜选择用真

丝、纯麻做成的衬衫。

在色彩方面，正装衬衫必须是单一色彩，在正规的商务应酬中，白色衬衫是商界男士的首要选择。除此之外，蓝色、灰色、墨绿色、黑色有时也可以考虑；花色衬衫，或红色、粉色、紫色、黄色、橙色等穿起来有张扬个性之感的衬衫不可取。

在图案方面，正装衬衫以无任何图案为佳，在一般性的商务活动中可以穿着较细的竖条纹衬衫，但一定不要同时搭配竖条纹的西装。印花衬衫、格子衬衫以及印有人物、动物、植物、文字、建筑物等图案的衬衫都是非正装衬衫。

衬衫的衣领应与个人的脸形、脖子以及领带结的大小结合，不能使它们相互之间反差太大。有时可选用扣领的衬衫。立领、翼领和异形领的衬衫不适合与正装西装搭配。

正装衬衫必须为长袖衬衫，其袖口又可分为单层袖口和双层袖口。双层袖口的衬衫又称法国式衬衫，主要作用是佩戴装饰性袖扣（又叫链扣、袖链），可显示高贵而优雅的风度，在国外是商界男士在正式场合所佩戴的重要饰物，但若将其别在单层袖口的衬衫上，就会显得不伦不类了。

正装衬衫以无胸袋为佳，如穿着有胸袋的衬衫，要注意不要在胸袋内放任何东西。

2. 领带的挑选

（1）面料。最好的领带，应当是用真丝或羊毛制作而成的，以涤丝制成的领带有时也可以选用。除此之外，由棉、麻、绒、皮、革、塑料、珍珠等物制成的领带均不宜佩戴。

（2）色彩。蓝色、灰色、棕色、黑色、紫红色等单色领带都是十分理想的选择。在正式场合中，切勿使自己佩戴的领带多于三种颜色。

一般来说，暖色系的领带能给人热情、温暖的感觉；冷色系的领带能表现庄严和冷静的感觉；明亮的领带显得活泼有朝气；暗色的领带会显得严肃；黑色的领带一般用在吊唁、慰问逝者家属或丧礼等场合。

（3）图案。适用于正式场合佩戴的领带，主要是单色无图案的领带或者是以条纹、圆点、小方格等规则的几何形状为主要图案的领带（见图 2　2）。

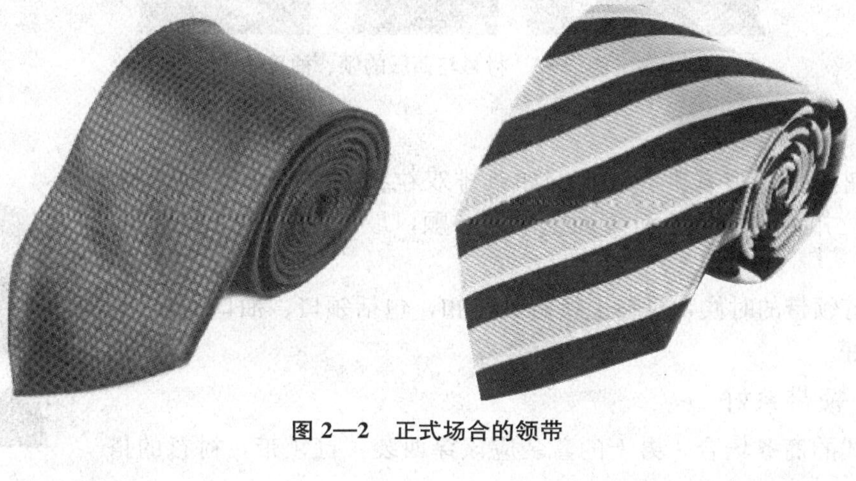

图 2—2　正式场合的领带

知识拓展

图案领带的适用场合

图 案	印象特征	适合场所
斜条纹	正直、权威、稳重、理性	谈判、推销、演讲、开会、主持会议的场合
小格子和点状	中规中矩、按部就班	约会见面或会见上司和长辈
不规则图案，如抽象画、几何图形、花鸟等图案	有创意、有个性、有朝气和流行	正式的酒会、宴会或是下班后的约会、朋友聚餐

三、男士西装穿着讲究细节

（一）装面挺括

一套平整挺括、线条笔直的西装才能充分体现美感，因此穿着西装时应保持西装熨烫挺括，不能皱皱巴巴的。与此同时，西装的衣袋不是为装东西设计的，上衣两侧的衣袋只起到装饰作用，西裤的左右插袋也不能放东西，为了保证西装的平整，应该把杂物放到内侧袋中。

（二）尺寸合体

西装上衣衣长应过于臀部。西装中的西裤与皮鞋在穿着搭配时，应把握好裤子的长度，基本上裤子的长度应以覆盖鞋面的 1/3 为好。

手臂自然下垂时，衬衫袖子应比西服袖子稍长 1 厘米左右。衬衫领口应比西服领口高 1 厘米左右，领子不可外翻在西服外（见图 2—3）。无论任何时候也不能卷起西装裤管或者挽起西装上衣的衣袖，以免给人以粗俗的感觉。

图 2—3　衬衫与西服的领、袖尺寸

（三）扣子讲究

西装纽扣也是很有讲究的，例如单排双粒扣，一般扣上面一颗。而单排三粒扣，一般扣上面两颗或中间一颗，最下面一颗是装饰扣，一般不扣。

当你打领带的时候，衬衫上所有的纽扣，包括领口、袖口的纽扣，都应该系好。

（四）领带系好

在正式的商务场合，男士的着装应该穿西装，打领带，衬衫的搭配要适宜。

系领带时，要保证系好后领带的长度位于腰带扣附近（见图 2—4）。

图 2—4　领带系好后的长度位置

在西装上衣与衬衫之间加穿西装背心与羊毛衫、羊绒衫时，应将领带置于西装背心、羊毛衫、羊绒衫与衬衫之间。

案例分享

宴会上的际遇

1962年，在英国伦敦的一个豪华宴会上，一名中年男子以他优雅的举止、儒雅的形象，获得了极大的成功，不仅签下了40多单生意，而且结交了很多朋友，这名男子就是英国著名的房地产新秀柯马·伊鲁斯。可是在12年前，柯马·伊鲁斯就来过伦敦，并在一个由商会举办的小型聚会中受到过嘲弄，还被侍从当成鞋匠给赶了出来。

那时的柯马·伊鲁斯还是个小人物，开了一家小水泥厂，整天勤奋地忙来忙去，根本无暇顾及自己的形象。为了扩大生意，他千方百计搞到了一张商行聚会的邀请信，想混进去多结交一些朋友。可一进入聚会大厅，他就立即知道自己走错了地方。聚会大厅装饰得金碧辉煌，男士们个个西装革履、彬彬有礼，女士们个个华服锦衣、优雅漂亮，柯马·伊鲁斯低头看看自己，一身满是补丁而且有着厚厚油腻的工作服、大胶鞋、乱发，与这里的氛围明显格格不入。这时几位女士过来了，故意将酒洒在他身上，并趾高气扬地给他小费。侍从过来询问他，他讲明自己的身份，可是没有人在意，而他拉住一个认识他的人作证时，那个人不承认认识他，于是他被赶了出来。

生气过后，柯马·伊鲁斯开始考虑自己为什么会受到这种待遇。自然，凭他的头脑，他一下子就想明白了。他回到家乡后的第一件事就是参加了一个礼仪培训班，并高薪聘请了私人形象顾问。

可见，美好的形象有助于增强人际交往的吸引力，有助于拓展人脉，有助于事业的成功。

课堂练习

利用网络资源，查阅领带的打法种类，按照打法步骤反复训练。

技能训练

为你身边的男同学选择一套去参加某岗位职务竞选活动的西装，请分别说出应选择的面料、款式、颜色和穿着规范。

任务三　女士套装配饰高雅

知识认知

得体而高雅的套装穿着能够展现职场女士的气质风采。女士职业套装主要的款式有两类：套裙、套裤，其中套裙是女士在正式场合的首选。套裙中的裙子以西服裙为正统，西服裙又称“一步裙”，强调的是“职业感”和“权威感”。裙子的长短宽窄依个人身材而定，在正式场合，套裙不宜太长，也不宜太短，控制在膝盖上下10厘米为宜。

女士职业套装要穿出典雅、庄重和稳健之感，如同男士西装一样，不仅要考虑面料、尺寸、做工、款式等品质因素，更要在套装的色彩搭配和配饰的选择方面多加用心。

一、女士套装的色彩搭配

女士在选择服装时往往是“先看颜色后看花”，说明色彩为服装的第一要素，对人们的视觉冲击最强烈。很多形象专家说过：“也许在衣着成功方面，色彩是最有帮助的要素”，“颜色可以是你的好朋友，也可以是你的敌人。它可以使你显得年轻，也可以使你变得老成”，“色彩不仅可以完全改变一个女人的外表，而且可以完全改变她的气质，不管她是演员还是家庭主妇”。所以对职场女士来说，要想通过色彩在服装上搭配成功，就要掌握一些色彩基础知识。

（一）套装色彩原则

1.“三色”原则

“三色”原则是指在正式场合，套装的色彩在总体上尽量控制在三种颜色之内。通常情况下，女士套装用色以其中一种作为主色，占据服饰的大部分面积，另外两种用作点缀色，面积要比主色小，且明度越高，面积应越小。这样有助于保持套装的简洁、高雅，避免繁杂、低俗。

2. 协调原则

协调原则是指套装的整体色彩搭配要和谐统一，不仅服装自身的色彩要和谐，而且服装与肤色、配饰色、环境色调也要和谐，这样会给人一种舒适、庄重的感觉。肤色偏黑的人要避免穿过于深暗的服装，应选择色彩温和的服装。肤色发黄的人应该避免穿着黄色、土黄色、紫色、青黑色的服装。

知识拓展

色彩三要素

要素	要素的含义
色相	指色彩所呈现出来的质的面貌，是区分色彩的主要依据。如红色、紫色、粉色。
明度	指色彩的明暗程度，也称深浅度，是表现色彩层次感的基础。如暗红、明红。在无彩色系中，白色明度最高，黑色明度最低；在有彩色系中，黄色明度最高，紫色明度最低。
纯度	指色彩的鲜艳程度。如橘红、紫红、大红。

（二）套装色彩定位

1. 色彩与身材

身材较丰满的人，可以选择明度低的、深色的或暗色的，如灰色、深蓝色、黑色的服装，因为这些色彩的服装看起来有收缩感；身材较苗条的人，可以选择明度较高的颜色的服装，如白色与黄色，或者是浅色调的服装，因为这些色彩的服装看起来有扩张感。

2. 色彩与职业

暖色如红、黄、橙等能给人以热情、自信、开朗的感觉，适合于经常与人打交道的职业，如公关员、营销员；而从事管理、金融、律师等职业的人士适宜选择冷色调的服装，如黑色、深咖啡色、深蓝色，因为这些色彩能给人以严肃、认真、冷静的感觉。

知识拓展

性格色彩学

“性格色彩学”是中国心理专家乐嘉创立的一门心理学科，它将人的性格分成红、蓝、黄、绿四种颜色。

红色——快乐的带动者。做任何事情的动机很大程度上是为了快乐，快乐是这些人的最大驱动力。他们积极、乐观，天赋超凡魅力，随性而又善于交际。

蓝色——最佳的执行者。持久深入的关系是他们这类人所刻意建立和维系的。他们具有可贵的品质，对待朋友忠诚而诚挚，并在思想上深层次地关心和交流。

黄色——有力的指挥者。这类人深层次的驱动力来自对目标的实现和完成。他们一般都具有前瞻性和领导能力，通常都有很强的责任感、决策力和自信心。

绿色——和平的促进者。他们的核心本质是对和谐与稳定的追求，缺乏锋芒与棱角。他们宽容透明，通常都非常友善，适应性强，是很好的倾听者。

（三）套装色彩搭配

“没有不美的色彩，只有不美的搭配。”女士职业套装在选择时款式应尽可能简洁明快，但是色彩并不是一成不变的，也正是由于色彩的变化带来了职业装的与时俱进，因此掌握套装的色彩搭配技巧很有必要。

1. 同一色搭配

同一色搭配是指套装的主体上下件为同一种颜色，给人以严谨、庄重、整洁、统一的印象，正式场合的职业套裙、套裤多采用此种搭配方法。

同一色彩的服装往往单独穿时，会给人以比较传统和拘束的感觉，为了避免造成这样的印象，搭配一些常用的饰物是一个不错的选择。女士的衬衣、丝巾、胸针可以变化不同的款式与色彩，这样的搭配不仅可以体现职业的正式程度，同时还彰显了个人的风格与魅力。

2. 邻近色搭配

邻近色搭配是指服装的主体配件之间色彩属相近的颜色，即在色相环中颜色是相邻的，如淡黄色与墨绿色搭配、浅咖啡色与深棕色搭配。这样搭配非常有层次感，利用颜色深浅不同的变化，同样会引人注目。这种方式可适用于各种场合。

3. 对比色搭配

对比色的搭配如果能够使用恰当，可产生令人耳目一新的效果。这种显得青春、潇洒的搭配常用于比较轻松的场合。搭配时注意对比色的尺寸大小，面积比例要明显区别开，这样的搭配比较美观、时尚。

课堂练习

请为你身边的女同学选择一套参加某项目公关活动的职业套装，说出所选择的面料、款式、颜色及选择的理由。

二、女士套装的配饰选择

（一）衬衫

面料上，质地轻薄柔软的真丝、涤棉等都可以作为女士衬衫的选择。

款式上，衬衫可以是带花边修饰的，也可以是普通简洁式的。

颜色上，女士衬衫要求并不严，一般情况下衬衫可以是纯色，也可以是花色，但是不能与所穿套装的颜色相排斥，应尽量注意色彩搭配，选择与套装颜色相协调的。

（二）袜子

搭配女士套裙的袜子应为高筒袜或连裤袜，夏季颜色要以肉色为主，绝不能穿着夸张个性的袜子，例如有明显图案或色彩鲜艳的彩色袜子。袜子的长度要高于裙子的下摆。

（三）皮鞋

对于正装鞋，一般情况下 3～5 厘米的中跟鞋为最佳选择。正式场合推荐颜色为黑色、灰色、暗红色和藏青色的皮鞋，并且鞋面上不要有醒目闪亮的点缀物（见图 2—5）。

（四）手提包

手提包的质地应选择彰显品质的皮料。手提包的颜色要注意与季节相协调，与自己的服装和所在场合的气氛相协调，在比较严肃的社交场合，最好使用颜色暗一些，素朴一些的，形状较方正的手提包。而参加鸡尾酒会或宴会的时候，最好使用颜色鲜艳、形状美观、小巧玲珑、携带方便的手提包。

图 2—5　女士正装皮鞋

（五）丝巾

丝巾应当是职场女士的必备之物，不同款式的丝巾可以帮助女士应付不同的场合。丝巾的面料首选应为真丝面料，大小款式可依据场合来搭配，例如白天可以选择小方巾，而参加晚宴等聚会则可以选择大方巾或披肩。

（六）胸针和领针

精致的胸针可以提升套装的魅力与品位。胸针图案以花卉居多，故又称胸花。别胸花的部位是有讲究的：穿西装时应别在左侧领上；穿无领上衣时则应别在左侧胸前；发型偏左时，胸针应当居右；发型偏右时，胸针应当偏左，具体高度应在从锁骨位置往下一个手掌的宽度处。职业工装往往以企业徽章或工号牌来取代胸针。

领针是专用于别在西式上装左侧领上的饰品，严格来讲它是胸针的一个分支，但男女皆可选用，佩戴领针，数量以一枚为宜，而且不宜与胸针、纪念章、奖章、企业徽章等同时佩戴。

课堂练习

请用小方巾系出不同的装饰效果，要求用四种以上的系法。

三、女士套装的穿着规范

女士穿着套装时，还要注意以下事项：一是衬衫下摆必须放到裙裤之内，不能够悬垂于外，或者在腰部位置打结。二是鞋袜应该完好无损。开线、掉漆、损坏的鞋子，以及破洞、跳丝、脏旧的袜子都应该及时淘汰掉。三是拿包和提包的姿势要优雅，不论是握着、提着还是挎着，都应该注意形象的端庄大方。

职场中有这样一些人，虽然穿着高档的套裙或套裤，看上去很正式，可是给人的感觉却非常别扭，主要的原因在于穿着的时候过分杂乱、不够协调，比如说，有的女士穿着套裙时，光脚穿露趾的凉鞋或者高帮靴子；有的将九分裤、打底裤和健美裤搭配正式西装上衣或当成袜子穿；还有的穿职业装的上衣搭配黑色的皮裙，这些都不符合职业场合着装的规范。

技能训练

有位女职员是财税专家，她有很好的学历背景，常能为客户提供很好的建议，在公司里一直表现很出色。但当她到客户的公司提供服务时，对方主管却不太注重她的建议，她所能发挥才能的机会也就不多。原来，她 26 岁，身高 147 厘米，体重 43 千克，喜爱穿鲜艳的少女装，看起来机敏可爱，像个十六七岁的小女孩。后来，一位时装大师建议她用深色的套装，对比色的丝巾、镶边帽子来搭配，甚至戴上黑边的眼镜。这位女财税专家照办了，结果，客户的态度有了较大的转变。很快，她便成为公司的董事之一。

上述案例中的女财税专家的职场经历给了你什么启迪？谈谈你对良好职业形象的价值的认识。

综合实训

▷**情境模拟**

1. 情境背景

装修公司的业务人员刘梦与房地产公司老板张总约好在西餐厅见面，为了给张总留下良好的第一印象，拿下整个楼盘装修工程的合同，刘梦决定为自己的形象进行投资，于是他去商场购买了服装，最终，精心专业的打扮为他赢得了张总的好感并顺利签订了合同。

2. 模拟要求

（1）3 人一组，分别扮演刘梦、商场服务人员和房地产公司老板张总。

（2）刘梦到商场后购买服装时与商场服务人员沟通。

（3）出门前 2 分钟内完成丝巾或领带的系法，并检查穿着的每一处细节。

（4）进入西餐厅与张总见面后赞美彼此的着装形象。

3. 实训目的

掌握职业装穿着的礼仪要求，巩固着装原则，塑造良好的职业形象。

▷社会实践

1. 实践场所

某商务写字楼。

2. 实践要求

观察并记录出入写字楼的职业人士的着装及配饰特点。

3. 实践目标

(1) 通过形象的观察与对比，汇总出正反两方面的着装搭配现象。

(2) 通过汇总，领悟职场形象的魅力，对比找出自己平日忽略的着装细节。

项目三

仪态举止礼仪

任务要求

1. 以良好的神态表现与人为善。
2. 以规范的姿态体现高雅气质。
3. 以优雅的势态展现彬彬有礼。

职场启迪

商谈败于“无声”

小李刚到一家灯具厂做销售代理工作。这天，他接到一份产品订购计划书，欲订货的这家大公司约定尽快面议。一番准备后，小李来到了这家大公司。在与订购方代表商谈过程中，小李仰坐在沙发上，二郎腿跷起，还不停地抖动，手指不时地摸摸耳朵，捂捂嘴，眼睛也不敢正视对方，不是看地就是看天花板。当对方双手递过茶水时，他用左手端起就喝；当对方问及价格和折扣问题时，他抓抓头皮后回答说“看情况……”商谈很快就结束了，这家大公司收回了向该灯具厂订货的计划书，小李的销售谈判以失败告终。

上述案例中，小李的商谈失败给了我们一个深刻的教训：一个人的坐立行走、举手投足、一颦一笑都能反映出一个人的处世能力和礼貌素质，也真实地影响着他人对自己的信赖和接纳度。

仪态举止是指身体呈现的各种体态和姿势，包括表情、站姿、坐姿、走姿、手势等。良好的仪态举止使人看上去既健康又充满魅力，给人一种风度翩翩、彬彬有礼的印象，从而受人欢迎。古来素有“站有站相，坐有坐相”的说法，可见仪态举止都有一定的规矩。哲学家培根说过：“相貌的美高于色泽的美，而秀雅合适的动作的美，又高于相貌的美，这是美的精华。”只要注意学习训练，养成好习惯，就能汲取美的精华。

任务一　表情神态亲和友善

知识认知

表情神态是指人的面部情态，它传递着人们的思想情感。在职场交往中，一双自然坦诚的礼貌目光，一副热情友好的微笑面容，无疑会给人以敬重友善的印象。

一、目光运用礼仪

（一）礼貌注视

1. 注视的时间要适当

在与人交谈过程中，注视对方的时间长短很重要。从向交往对象表示礼貌友好的角度来看，注视对方的时间一般应控制在全部交流时间的50%～70%为宜。长时间地直盯着对方是失礼行为，会让对方感到尴尬、不自在；长时间不抬头看对方，则显示出对对方交谈的话题不感兴趣，会让对方感到索然无味。

2. 注视的区间要得体

礼貌注视对方，应使目光局限于上至对方的额头，下至对方的胸部，左右以两肩为界的方框范围里，且不要聚焦在对方脸上的某个部位，而是好像在用自己的目光笼罩住对方的面部。不要盯住对方的某一部分“用力”地看，特别是初次相识，或一般关系及异性之间，更应该注意这一点，不要超越注视的“许可区间”。

职场上，图3—1标注的三种重点注视的区间比较常用。

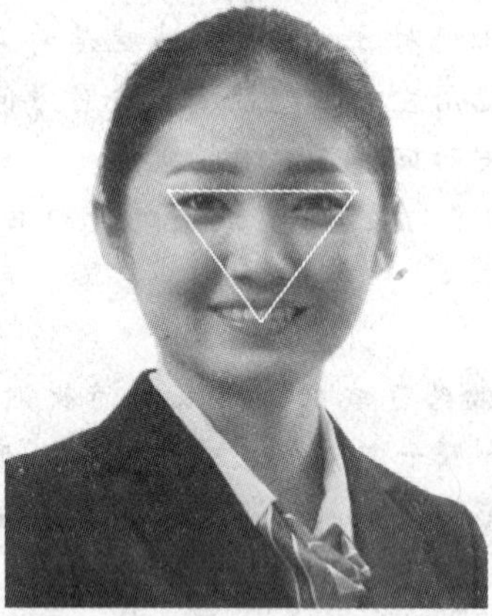
日常交谈注视区间

商务谈判注视区间

熟人聊天注视区间

图3—1　礼貌注视区间

3. 注视的方向要合宜

与人见面要正视对方，即正向对方平视注视，表现客观、平等、理性、尊重。尽量不要站在高处自上而下地俯视别人，这样会让人感觉你的权威和优越，致使拉开彼此的亲和距离。当然也没必要低着头眼睛向上瞟对方，这样显得自己过于小家子气，不大方，更不应斜视、瞪视、扫视别人。上下打量人则更是一种轻蔑和挑衅的表示。

职场服务时，也常用仰视的注视方向，即主动让自己处于低处，表现对顾客的尊敬。

4. 注视的避开时段

礼貌注视体现着礼貌交往的态度，但还得注意避开注视的时段，即当对方缄默不语时不注视，当对方羞涩脸红时不注视，当对方尴尬拘谨时不注视，这样才能使交往对象充分地感觉到你的稳重、宽容和有教养。

（二）应事应时

眼睛是心灵的窗口。印度诗人泰戈尔说："一旦学会了眼睛的语言，表情的变化将是无穷无尽的。"这说明目光的表现力是极强的。良好的职场交往中，目光应当应事应时、恰到好处地运用。

双方见面时，无论是见到熟悉的人，还是初次见面的人，无论是偶然见面，还是约定见面，首先要眼中有神，面带微笑，以神采奕奕的目光正视对方片刻，显示喜悦和热情，对初次见面的人，还应头部微点，行注目礼，表示尊敬和礼貌。

在公众场合，开始发言时，要用目光环视全场，微笑致意，这表示："感谢大家的等候，我要开始讲了……"这样可以把听众的注意力收拢起来。

在回答问题时，要礼貌地注视提问者。

交谈和会见接近尾声时，目光要抬起，表示谈话的结束。道别时，要用目光注视着对方的眼睛，面部表现出惜别的情感。

在升国旗时，目光应始终注视国旗，即行注目礼。

在接受检阅时，要注视检阅者，目迎目送，礼毕将头和目光转正。

知识拓展

目光运用的差异性

● 日本人在闲谈时喜欢看着对方的脖子，他们认为直截了当地盯着对方的脸是不礼貌的举动。

● 英国人在谈话时很少对视。

● 瑞典人在交谈时，对视为佳，看着对方的眼睛说话说明你诚实。

● 在巴基斯坦，凝视是很平常的事，不要认为是粗鲁或是威胁。

● 不准久久凝视别人，这是希腊人一项不成文的规矩和沿袭已久的民族禁忌。

● 阿拉伯人认为，对谈话人凝眸而视，是起码的待人礼节。与人对话而目光旁落，意味着对其不尊重。

● 南美洲维图托族和鲍罗罗族的印第安人互相攀谈时，眼睛务必东张西望，到处打量。如果某人对三个以上的听众讲话，他必须背对着听众，目视远方侃侃而谈。

课堂练习

两人一组，其中一人用一张纸遮挡住眼睛下面的脸庞，设计不同的思想情绪用目光眼神展现，如"惊讶""开心""忧伤""倦怠""愤怒"等，然后请另一人猜测目光表达的情绪含义。

二、微笑表情礼仪

在职场中，微笑应是常备不懈的表情。每个人都愿意面对一张微笑的面容，它能表示热情、欢迎、欣赏、礼貌和尊重。热情的微笑是职场交往中的润滑剂，它能迅速缩小彼此之间的心理距离，创造出沟通交流的良好氛围。会微笑的人永远是受欢迎的人。

（一）提高对微笑的认识

微笑的内涵是深厚的，它具有巨大的感染力。

首先，微笑是心理健康的标志。一个心理健康的人，一定能用真诚的微笑展示自己美好的情感、温暖的情怀以及善良的心地。与善于发出真诚微笑的人交朋友，无疑会得到坦诚、热情、无私的帮助。

其次，微笑是礼仪修养的充分展现，可以反映我们待人的真诚。一个有知识、懂礼貌的人，必然十分尊重别人，即使心中有不快的事，也能控制情绪，心存宽容，不把一副愁容摆给别人看。

再次，微笑是善良、友好、自信的反映。人们能够与别人相处得很融洽，往往是经常保持微笑的结果。因为经常笑容满面，和蔼可亲的人，才更易于接近。在人生的旅途中，既有坦途，也有坎坷。但是，只要我们与人为善，笑口常开，就会“乐而忘忧”，青春常驻。

最后，微笑有一种魅力，它可以使强硬者变得温柔，使困难变得容易，使矛盾得以化解。微笑服务能极富魅力地感染消费者，拨动顾客的心弦，使营销活动在愉快、和谐的气氛中完成，给人热情好客的良好印象。微笑所至，难关可破。鲁迅的名句“相逢一笑泯恩仇”，形象地表达了笑能克刚，揭示了微笑的独特功效和巨大力量。

案例分享

微笑制服刁钻乘客

一次，在上海飞往广州的飞机上，有两位金发碧眼、衣着华丽的外国女郎。刚上飞机，她们就皱着眉头，掩着鼻子嚷嚷机舱里有怪味。一位空姐微笑着走过来，请她们原谅，并递上一瓶香水。香水却被她们扔到了角落里。接着又是一连串的刁难。虽然空姐觉得自尊受到伤害，但仍笑脸相待，一一满足她们的要求。当空姐送上可口可乐时，她们还没有喝就说可口可乐有问题，甚至将可口可乐泼到空姐身上；空姐强忍这种极端无礼的行为，再次把可口可乐递过去，微笑着不亢不卑地说：“小姐，这可乐是贵国的原装产品，也许贵国这家公司的可口可乐都是有问题的。我很乐意效劳，将这瓶可口可乐连同你们的芳名及在贵国的地址寄给厂家，我想可口可乐公司肯定会登门道歉，并将此事在贵国的报纸上大加渲染的。”两位女郎目瞪口呆，而空姐一边说，一边还是面带微笑地将其他饮料递给她们。事后这两位女郎留下一封信，信中自称太苛刻、太过分，而中国空姐的服务、中国空姐的微笑世界一流，无可挑剔。

（资料来源：刘小清：《现代营销礼仪》，86页，大连，东北财经大学出版社，2002。）

谁笑到最后，谁才是真正的胜利者。有理不在声高，一个微笑的表情就能轻松应对刁难，从而展现宽容、理解和智慧的礼仪风尚。

（二）热情得体展现微笑

微笑的力量是巨大的，但要笑得恰到好处，也需要注意它的规范表现。微笑的基本要求是：发自内心、自然大方、规范得体、主动真诚。具体做法是：脸部肌肉放松、嘴角两端向上略微提起，不露或微露牙齿，整个面部情态亲切自然（见图3—2）。

男士微笑

女士微笑

图3—2　规范微笑的表情

规范微笑要注意以下四个结合。

1. 微笑口眼结合

微笑时口到、眼到，笑眼传神，才能动人心弦。

2. 微笑神情结合

一个谦逊稳重、礼貌热情的人，微笑时就能笑得亲切甜美、亲和友善。

3. 微笑语言结合

微笑时送上一句寒暄、一句问候、一句赞美，更显声情并茂，相得益彰。

4. 微笑举止结合

注视微笑、欠身微笑、招手微笑、鞠躬微笑、交谈微笑等都将表现自然和谐、谦虚真诚的美。

只有规范热情的微笑才符合礼仪要求，让人感到温暖。在公共场合，要避免放声大笑，也不要望着他人没头没脑地笑，或与人偷偷地嬉笑。

技能训练

如图 3—3 所示，面对镜子，运用含箸法，训练热情礼貌的微笑表情。

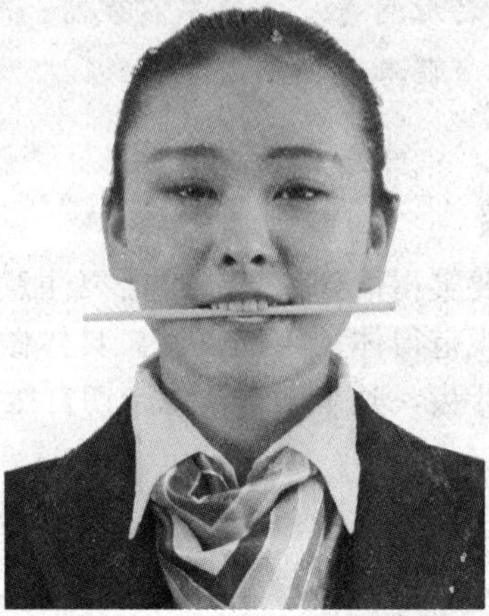

图 3—3　含箸法

任务二　基本姿态规范标准

知识认知

"站如松，坐如钟，行如风"的仪态风范，展现出严谨自律、自信坦荡的气质风度。现代职场中，一个人的站、坐、走、蹲等基本姿态在不同的工作交往场合都有其规范标准，理当遵循。

一、站姿的礼仪规范

站姿是人的静态造型，是一切体态造型的基础和起点。对站姿的礼仪要求是"站如松"，其意是站得要像松树一样挺拔，同时还要掌握不同工作交往场合站姿的规范标准。

（一）基本站姿端直挺拔

基本站姿是自然垂手式立正姿态，也是其他静力造型中的一个基础姿态。基本站姿端直挺拔、正式庄重。适用场合广泛，尤其常用于集合列队、隆重仪式、站岗执勤等场合。

基本站姿的要领：

(1) 头正：双目平视，下颌微收，表情自然。

(2) 肩平：两肩平整，微微放松，稍向下沉。

(3) 臂垂：两臂自然垂于身体两侧，手指自然放松，虎口朝前。

(4) 躯挺：挺胸，收腹，立腰，直背。

(5) 腿并：两腿立直，膝盖内侧尽量贴合、脚跟靠紧，两脚尖张开角度：女士约 30°，男士约 45°（见图 3—4）。

男士基本站姿

女士基本站姿

图 3—4　基本站姿

（二）服务站姿严谨规范

迎来送往、服务待客等服务场合站姿要严谨规范、美观大方，充分体现对客人的尊重和友好，除可以使用基本站姿外，还常用下列站姿。

1. 女士 V 字步站姿

女士 V 字步站姿要领：在女士基本站姿的基础上将双手搭握于小腹前，即右手在外，左手在内，四指并紧，虎口相交相握，拇指向掌心收紧，四指尖微扣（见图 3—5）。V 字步站姿可显示女士的含蓄稳重，是服务场合女士的常用站姿。

2. 女士丁字步站姿

女士丁字步站姿要领：在女士 V 字步站姿基础上，将双脚摆放成夹角 45°的丁字形，双腿依然并拢（见图 3—6）。丁字步站姿可展示女士的挺拔俊美形象，另外，站立中左右脚可以前后替换，双脚的重心也可以替换，因此更适合需要长时间站立服务的场合。

图 3—5　女士 V 字步站姿

图 3—6　女士丁字步站姿

3. 男士后背式站姿

男士后背式站姿要领：在男士基本站姿的基础上，将双脚开立与肩同宽，双手背搭，左手半握置于右手掌中背搭于尾骨处（见图 3—7、图 3—8）。后背式站姿有安全坚守之意，常用于服务场合安全保卫岗位，故也称安保式站姿。

图 3—7　男士后背式站姿（正面）

图 3—8　男士后背式站姿（背面）

（三）交谈站姿自然大方

在职场交往中，工作沟通、当众讲话、路遇熟人、开会主持、相识介绍、面试演讲都会用到站立交谈式姿态，这时的站姿应展示礼貌规范、自信优美、亲切谦和的气质风度。

女士 V 字步站姿和丁字步站姿都是很好的交谈站姿，应用时也可将双手自然提于腰间，但不要双臂交叉抱胸。

男士交谈时的常见站姿有下列两种。

1. 男士小八字站姿

男士小八字站姿要领：在男士基本站姿的基础上，双脚略开立，两脚跟相距约一拳宽，脚尖微张形成八字形（见图 3—9）。小八字站姿自然大方，是男士交谈交往中的常用站姿。

2. 男士前腹式站姿

男士前腹式站姿要领：在男士小八字站姿的基础上，将双手搭放于小腹前，即左手虚握拳在内，右手在外，右手掌五指自然并拢扣握左手背（见图 3—10）。这种站姿更显男士的亲切自然、谦卑有礼。

在某些场合下，常常有人在站立时手足无措，拘谨呆板。其实，将上述站姿训练规范，养成习惯，就能落落大方了。同别人站着交谈时，若随身有文件夹、书籍或手提包时，可利用它们做辅助，将双手置于得体的位置。

怎样的姿态是适度、得体的呢？自己可以对着穿衣镜先揣摩一下，找出最优美的姿态，只要不过分做作，与所处情景相得益彰便可。无论何种情景，挺直背脊的站姿会令人觉得你心情愉悦，个性开朗，精力充沛。反之，弯腰驼背，肢体懈怠，给他人的视觉感受则是一个落魄寒酸、缺乏自信的人。倘若自以为胜人一筹，而做出一副不屑一顾的高傲姿态，最后只会给他人留下傲慢不逊的差印象。总之，如何让自己站得有“相”，需靠智慧而不是教条。

图 3—9　男士小八字站姿

图 3—10　男士前腹式站姿

课堂练习

1. 站姿矫正训练

如图 3—11 所示，膝间夹纸或头顶书本练习站姿，相互重点观察对方头颈部的正直度和双肩的水平度。

图 3—11　站姿矫正训练

2. 职场站姿训练

女生训练基本站姿、V 字步站姿、丁字步站姿；男生训练基本站姿、小八字站姿、前腹式站姿、后背式站姿。

要求：每种站姿保持时间不少于 15 分钟。

二、坐姿的礼仪规范

（一）坐姿姿态文雅端庄

坐姿是一种静态造型。端庄优美的坐姿会给人以文雅、稳重、自然大方的美感。“坐如钟”是说人的坐姿应该保持头正、腰背挺直、肩放松的状态。女性应两膝并拢，男性膝部可略分开一些，但不要过大，一般不超过肩宽，双手自然放在膝盖上或椅子扶手上。要避免以下不雅无礼的坐姿：前倾后仰、歪歪扭扭；双腿向前伸出很远；两脚尖朝内，脚跟朝外的内“八”字；双膝并拢而双脚左右分开呈外“八”字；两脚交叉而两膝分开或两脚并拢两膝分开；两腿相叠而坐时，悬空的脚尖朝天等。

图 3—12～图 3—19 是职场交往中常见的几种优雅坐姿。

图 3—12　女士垂直式坐姿

图 3—13　女士交叉式坐姿

图 3—14　女士伸曲式坐姿

图 3—15　女士交叠式坐姿

图 3—16　男士垂直式坐姿

图 3—17　男士交叉式坐姿

图 3—18　男士伸曲式坐姿

图 3—19　男士交叠式坐姿

案例分享

被“抖”掉的生意

王总和秘书来到深圳洽谈一项合资业务，见到对方后没谈几分钟，王总就决定放弃并婉言告辞了，秘书问他：“您怎么还没有深入洽谈就决定放弃了呢？”“你看对方在这短短几分钟内，他的双腿就没停止过抖动，再谈下去，我的财就都被他抖掉了。”听完王总的回答，秘书也为对方的不良坐姿习惯感到厌烦。

在参加会议、业务洽谈、伏案工作、交流活动等场合中，经常要用到坐姿。端庄优美的坐姿，不仅可以展示一个人的高雅气质，而且可以给人有教养、值得信任的感觉。否则，正如上述案例中的抖腿者一样，就会因小失大了。

（二）入座离座规范有礼

1. 入座离座的动作

在公众场合，入座离座要稳重大方，不可弯腰翘臀、猛起猛坐，以免弄得桌椅响动，造成尴尬气氛。

入座时，走到座位前，转过身来背对座椅，右脚向后撤半步，从容不迫地坐到大约椅面的 2/3 处，动作要轻柔和缓。此时注意不要将双脚放在椅子下面，也不要把腿向前伸出很远。女士穿裙装入座前，用手把裙子向前拢一下，入座动作要优雅。

离座时右脚后撤半步，以后撤的脚尖点地，身体借力顺势向上站起，随即向前走一步，再转身离开，注意站起时动作要轻。

2. 入座离座的礼仪规范

入座时，应注意先后顺序和座位的尊卑，有尊者在场时，一定要礼让尊者先坐上位。无论什么人在场都不可随意抢座。

坐稳后，要根据交谈对象的方位自然调整腿位、脚位，选择优雅规范的坐姿，保持上半身侧向对方（见图 3—20），以示尊重，不应只是让自己的面部侧对对方。

图 3—20　交谈侧向坐姿

离座时事先说明，向周围人致意，待站好后，让尊者先行，不能还没站稳就走开或起身就跑。

课堂练习

两组相对而坐，按照标准规范训练四种常用场合坐姿。相互重点观察入座和离座的动作及坐稳后的腿位、手位、脚位，并及时提醒纠正对面的同学。

三、走姿的礼仪规范

（一）走姿步态轻盈稳健

人们走路的样子千姿百态，各不相同，给人的感觉也有很大的差别，有的步伐矫健、端正、自然、大方，给人以深沉、勇敢、无畏的印象；有的步伐轻盈、敏捷，给人以轻巧、欢悦、柔和之感。但也有一些人由于不重视步态美，行走时脚尖不向前，形成外八字或内八字，或者行走时双手插兜，摇头耸肩，左右摇摆，或弯腰驼背、步履蹒跚，等等，这是特别需要注意纠正的。

走姿是一种动态体姿。“行如风”就是用风行水上来形容轻快自然的步态。这样的步态给人一种矫健轻快、从容不迫的感觉。正确的走姿要领：轻而稳，胸要挺，头要抬，肩放松，两眼平视，自然摆臂，步位步幅标准，节奏快慢适当（见图 3—21）。

男士步态

女士步态

图 3—21　男女士步态

走路时步态美不美，是由步位和步幅决定的，如果步位和步幅不符合标准，那么全身摆动的姿态就失去了协调的节奏，也就失去了步韵的美。

所谓步位，是指行走时脚落地的位置。最好的步位是：女性两脚所踩的应是一条直线；男性两脚跟内侧呈一条直线，走出树枝叶的步位。注意男士女士走的步位都不能是两条平行线，如果踩两条线走路的话，臀部就不能自然而然地摆动，腰部也会显得僵硬，走成了所谓的“鸭行鹅步”。尤其是女士，要走出袅袅婷婷的步态，必然是两脚踩着一条线走的。

所谓步幅，是指行走时两脚之间的距离。步幅的一般标准是：前脚跟与后脚尖之间的距离等于自己的脚长。应当注意，脚长是指穿着鞋时的总长，而不是赤脚的长度。因此，步幅和人的身高关系密切，身材高的，步幅自然也大些；反之，身材较矮的，则步幅小些。另外，步幅大小也要考虑服饰等因素。

课堂练习

选择节奏合适的音乐做背景，根据训练口诀训练走姿：以胸领动肩轴摆，提髋提膝小腿迈，跟落掌接趾推送，双眼平视背放松。

（二）进退侧转注意场合

走姿规范能给人以风度翩翩、气质文雅的良好印象，同时还得注意它的场合礼仪。

（1）在公众场合下行进，不要忽快忽慢、左顾右盼、四处打量别人，否则会给人以轻薄多事之感。

（2）在正式肃穆的场合行进，不要狂奔猛跑、横冲直撞，搞得声响大作，否则会给人没有教养的感觉。

（3）在办公楼室内行进，不要跑跑闹闹、连蹦带跳，即使遇到比较着急的事也尽量不要跑步，可以快步疾走，否则会给人不成熟稳重的印象。

（4）在狭窄走廊里行进，遇到对面行人，要学会侧身避让，尤其是遇到身份高者时更应礼让三分。

（5）在领导办公室里请示汇报完工作或者面对客人沟通完毕告辞时，要养成退步转身再离开的行走习惯，避免直接近距离给对方一个后背。

（6）在引领客人前行时，要尽量走在客人的左前方，保持两三步的距离，且在起步、转弯、顿足的前后时段走侧行步，即让自己的身体正面与客人正面保持约135°的夹角，方便关注客人及前行方向（见图3—22）。

图3—22　引领侧行步

四、蹲姿的礼仪规范

蹲姿往往会在低处取物或低位服务时用到。蹲姿同样有美丑之分，那种不顾及周围人的视线，随意弯腰翘臀式的蹲姿或者如厕式的蹲姿都是不雅和失礼的。

优雅规范的蹲姿有女士高低式蹲姿（见图 3—23）、女士交叉式蹲姿（见图 3—24）、男士高低式蹲姿（见图 3—25）等。

图 3—23　女士高低式蹲姿

图 3—24　女士交叉式蹲姿

图 3—25　男士高低式蹲姿

在公共场合低处取物使用蹲姿时，无论男士、女士都应站到所取物的旁边，随着身体重心的下移，臀部向下，让上身平直前倾取物，不要弓腰驼背使劲低头去拿。女士着裙装下蹲时，多用交叉式蹲姿，注意两腿合力支撑身体，掌握好重心，一只手拾捡物品时，另一只手必要时可以扶按领口，保持衣领不走形。

课堂练习

分组演练以规范的蹲姿拾取地面上的物品。

知识拓展

文雅的上下车的姿势

男士上车时应侧身，一只脚伸入，下半身先进去，上半身和另一只脚再自然移入，不能先把头钻进去。下车时也要侧身，移动靠近车门，伸出一只脚，下半身一起出去，上半身和另一只脚再自然移出，立稳后，缓步离去。

女士上车时，尤其是穿裙装上车时，不应先伸进一条腿，再伸进另一条腿。最得体的做法是采用“背入式”，即先将身体背向车厢稳坐在座位上，然后再把双腿一同收进车内。下车时，要双脚同时着地，不可一先一后。

技能训练

训练“站、坐、走、蹲”四种基本姿态

在有镜墙面和座椅的训练大厅里，配以对应的静态舒缓音乐或步态节奏感音乐做背景，训练各种站姿、坐姿、蹲姿、走姿，每种姿态按照标准要领每次坚持15分钟。

任务三　举止势态文明优雅

知识认知

举止势态主要是指在交往活动中，由基本姿态延伸的动作招式和局部架势，如致意的招式、上下楼梯的动作、手势的架势等。这里重点阐述手势的礼仪。

人的各种手势使用频繁，如指示手势、递接手势、语言手势等，这些手势所表达的信息也极为丰富多样。人不但在说话的时候用手的动作来加强语气、辅助表达，而且在特定之时会用手势代替语言。文明得体、优雅规范的手势会给人留下深刻的印象。

一、指示手势的礼仪规范

(一)指人的手势要尊敬

指自己：右手掌敷按左胸（见图3—26）。

指他人：五指自然并拢，手掌掌心向上（见图3—27）。

图3—26　指自己的手势

图3—27　指他人的手势

在任何情况下，不要用拇指指着自己的鼻尖或用手指指点他人，这是非常不礼貌、不敬人的手势。

(二)指方向的手势要到位

1. 横摆式

指水平方位时，如指引对方“请进”“这边请”“请随我来”时，常用横摆式手势，指位要领：大臂与身体成45°，小臂端平，五指并拢，手掌斜向45°指向所指方位（见图3—28）。

2. 直臂式

指远处方位时，如告知对方“在前方”或“请直行”时，可用直臂式手势，指位要领：大小臂趋于端平，五指并拢，手掌斜向45°，指向远方（见图3—29）。

图 3—28　横摆式手势

图 3—29　直臂式手势

3. 上举式

指高处方位时，如指引对方“请上楼”或“请看大屏幕”时，可用上举式手势，指位要领：大臂端平，小臂上举斜向 45°，五指并拢，手掌斜向 45°指向所指方位（见图 3—30）。

4. 斜摆式

指低处方位时，如提醒对方“小心地滑”“小心台阶”或示意“请坐”时，常用斜摆式手势，指位要领：大臂与身体成 45°角，小臂与大臂成 135°角，五指并拢，手掌斜向 45°指向地面或椅面（见图 3—31）。

图 3—30　上举式手势

图 3—31　斜摆式手势

在为他人指示方向时，无论什么方位的手势，尽量用右手，手腕不要打折，左手置于小腹前或垂于体侧，也可背于背后，右手伸出手臂的同时要配合规范的欠身站立姿态，并面带微笑，注视对方，以示热情和礼貌，同时展现良好的专业素质。

课堂练习

并排站立，训练四种不同方向的指示手势，注意观察自己的手势与并排人是否一致，以此互相提醒各个手势的角度和位置。

二、递接手势的礼仪规范

递接物品时的手势应掌握好以下四个原则。

1. 双手递接

尽量用双手递接物品，以示尊重。不方便时可用右手，尽量不要用左手。

2. 递到手中或方便接拿

主动调整递送的距离和方位，要尽量递到对方手中，或递到对方方便接拿的位置。

3. 正面正向递出

将物品的主要面或字的书写正向冲向对方递出，方便观看。

4. 把安全留给对方

将物品的安全部位递送给对方，如将物品的尖端或刀刃等危险部位冲内冲下递出。

总之，递接物品的手势礼仪体现在细节处，而细节恰恰展示了礼貌素质（见图 3—32）。

递接茶杯

递接笔

递送文件

图 3—32　递接物品的手势

三、语言手势的礼仪规范

人们在日常交往中，常常借助各种手势来表达自己的思想和愿望，如夸奖、否定、应答、比喻、代表数字、象形模拟等。丰富多彩的手势又可称为最具有表现力的“体态语言”。我们应恰当地使用得体适度的手势为自己的语言表达增加感染力，准确表达自己的内心情感，判断他人的思想态度，建立友好的人际关系。

（一）语言手势要积极文明

使用手势为自己的语言表达增加渲染力时要传递积极文明的思想情感。

例如，鼓掌是表示欢迎、期待、感谢，运用时要注意其力度、速度、幅度，要适应场合和身份，不能鼓倒掌或敷衍了事地鼓掌。再如，用向上伸出的大拇指表达对他人的夸奖与赞许，如果向下伸出拇指则是负面的侮辱人的手势；用向上伸出的食指可以表示数目，但用向上伸出的小指则表示“小”“微不足道”“最差”“最末名”“倒数第一”，并且引申而来表示“轻蔑”，因此要避免使用。

（二）语言手势要入乡随俗

不同国家、不同民族、不同地域的手势含义是不同的，特别在涉外活动中不要乱用手势，要入乡随俗。因为在不同民族之间或同一民族的不同群体之间，语言手势存在巨大的文化差异。在讲话和交际时，如果随便使用自己文化圈中的语言手势，往往会产生始料不及的不良后果。例如，将大拇指和食指搭成一个圆圈，再伸直中指、无名指和小指。这个手势相当于英语中的“OK”，一般用来征求对方意见或回答对方，表示“同意”“赞扬”“允诺”“顺利”和“了不起”。但在法国，这个手势表示“零”和“一钱不值”。在菲律宾，这个手势表示“想得到钱”或“没有钱”。在德国，这个手势则表示“你是个笨蛋”，所以是个很不客气、很不礼貌的行为。

（三）语言手势要得体适度

与人交谈时，手势不宜过多，动作不宜过大，更不应指手画脚、手舞足蹈，要得体适度。

另外，日常交往中应该避免出现一些不卫生的手势，如当众搔头皮、掏耳朵、抠鼻子、剔牙、咬指甲、擦眼角、搓泥垢、揉衣角，这些都是礼仪中的禁忌。

总之，要正确地运用手势，给人一种文明规范、彬彬有礼的感觉。

课堂练习

两人一组，自拟主题，配以手势与对方交流，然后随机选出两组学生上台为大家展示表演。大家观察评价台上同学手势语运用是否准确，是否符合礼仪。

案例分享

“钢琴手”泄露谈判秘密

某公司市场部的宋经理有一个绰号叫“钢琴手”，因为他经常坐在办公桌旁有意无意地敲打桌面，尤其是他在与商家谈判时，更是会频繁地敲打桌面。当他感觉谈判进展不顺时，就会四个指头连续敲打桌面，心里越是不满，敲得就越是快速和响亮。当他认真思考一个建议方案时，他就只用中指轻轻敲打桌面。而当他满怀欣喜时四个手指就连续交替地在桌面上滚动敲打。

宋经理的这个谈判习惯让客户们感到他很不礼貌，并很快被对手们了解并加以利用，谈判对手会根据宋经理“弹钢琴”的节奏洞悉其心理，并避免争执的场面，或者从中探知他的谈判底线。

几年过去后，宋经理偶然间从一个以前的对手那里得知自己在谈判桌上无意中泄露了自己的秘密，顿时懊悔不已。

职场中，不良的手势习惯不仅是失礼的行为举止，还很可能影响事业的顺利成功，所以一定要注意手势礼仪，做到文明规范。

知识拓展

"V" 形手势的渊源

第二次世界大战期间，德国法西斯侵入西欧各国，许多人纷纷流亡英国。当时有个叫维克多·德拉维利的比利时人，每天利用电台向比利时进行短波广播，号召同胞们奋起抗击德国占领军。

1940 年年末的一天晚上，他在广播里号召人们到处书写"V"字，以表示胜利的坚定信心。几天之间，在比利时首都布鲁塞尔和其他城市的大街小巷，甚至在德军兵营、岗楼和纳粹军官的住宅里，都出现了"V"字。

由于它形式简单明了，很快流传至欧洲各沦陷国。朋友们见面，伸出食指和中指，打个"V"字，代替其他一切招呼。用这种无言的方式，表达自己的心愿，成为当时的一种时尚。当时英国首相丘吉尔也常常做这个手势激励国民。

技能训练

训练指示手势和递接手势

分小组围成圆圈队形，首先巩固训练四种指示方向的手势，互相检查手臂手掌角度方位是否到位，然后小组成员依次按照礼仪规范要求互相递接物品：书、文件夹、笔、剪刀、水杯。

综合实训

▷情境模拟

1. 情境背景

开学第一天，校园大门口志愿者迎接新生入学报到。

2. 模拟要求

（1）8 人一组，扮演迎宾员，以规范的迎客站姿分别站在校门口两侧热情迎接。

（2）4 人扮演引导员，以规范的行进步态、指示手势为新同学真诚指示引路。

（3）4 人扮演登记处工作人员，以规范的坐姿和递接物品的手势为新同学礼貌服务。

（4）其他同学扮演入学报到的新生，随志愿者办理入学报到手续。

3. 实训目的

通过模拟实际活动场景，将课堂上学练的表情神态、基本姿态、规范势态得体地表现出来，从而体验、固化标准的仪态举止，进一步养成举手投足彬彬有礼的好习惯，同时培养严格自律的意志力，展现优雅大方的风度与风采。

▷社会实践

1. 实践场所

学院学术报告厅。

2. 实践要求

(1) 配合学院学术办公室老师组织学术报告会务活动。

(2) 完成对参会人员的迎宾、登记、发放会务资料、引领入座等接待工作。

3. 实践目标

实践活动结束后填写表 3—1。

表 3—1

实践环节	用到的仪态举止	这些仪态举止的礼仪细节规范	实践各环节给自己留下的最深感受
迎宾			
登记			
发放资料			
引领入座			

模块二 职场交往礼仪

职场交往是现代人最重要、最广泛的活动之一。求职应聘、结识新友、办公往来、待人接物、为人处世都是在与人打交道。良好的交际能力可以使人们互通信息、获得启迪，沟通心灵、获得友谊，广交朋友、事业有成。

有人说："在人与人的交往中，礼仪越周到，运气越好！因为谦恭有礼的人总是受人欢迎。"职场交往礼仪是交往活动的基本规则，是提高交际能力的基础，是职场人士的必修课。

项目四

见面相识礼仪

任务要求

1. 招呼致意要看对象看场合，做到得体恰当。
2. 初次见面介绍、握手、交换名片礼节规范。
3. 求职面试言行举止礼仪到位。

职场启迪

自以为是，事与愿违

明宇公司的销售代表李青走进一家老客户的公司时，看到客户的办公室里有一位年近五十的中年人。当时办公室里的人都称呼该中年人为“老杜”，而且其他人都以为这位销售代表认识这位新到的杜姓部门经理，就没有进行介绍，于是李青从兜里掏出自己的名片，一边叫着“老杜”，一边随手递出了自己的名片……李青觉得自己这次与客户的交往很成功，拿到订单应该不成问题，但最后却事与愿违。

在职场交往中，见面相识是给对方留下良好第一印象的关键环节，从称呼、问候、介绍、握手、递名片等见面礼仪细节中，就能反映一个人的文化素质和交往能力。如果抱有无关大雅的心态，不拘小节，就会尴尬频出，甚至直接影响工作的效果和目标的达成。

任务一　称呼致意得体恰当

知识认知

称呼致意是见面招呼的第一礼节，得体恰当地称呼致意是对对方表示友好和尊重，能够真实反映彼此之间的交往关系、身份地位以及性别年龄等特点，也能够体现施礼者良好的礼貌修养，从而能够顺利地开启职场交往之门。

一、职场中的称呼礼仪

（一）称呼的礼仪要求

1. 礼貌尊重

称呼即关系定位，称呼的基本要求就是使用尊称。所以，职场交往中，首先要定位彼此之间的关系，准确合理地使用称呼，做到因人而异、礼貌尊重。

2. 区分场合

在正式的工作场合和日常的交往场合，要采用不同方式的称呼，做到合乎常规。

3. 入乡随俗

不同的国家或民族、地域风俗、个人习惯等决定了称呼不是一成不变的，要因地而异，做到亲切自然。

（二）常用称呼的分类

常用的称呼类型见表4—1。

表4—1　常用称呼的分类

称呼类型	称呼应用	使用说明
职务称呼	以交往对象的职务相称，以示身份有别、敬意有加。如：经理、科长等	可在职务前加上姓氏；可在职务前加上姓名
职业称呼	对方无职务或不明确，可以直接以其职业相称。如医生、老师、司机等	职业中有职称之别的可以细化为职称称呼，如教授、博士
姓名称呼	工作岗位上平级者、同事、熟人之间可称呼姓名	可只呼其姓，如“老李”“小张”；可只称其名，如“丽英”
泛尊称	职场商界、服务场合交往中，对不熟识的人广泛应用尊称。如“小姐”“女士”“先生”等	“小姐”是称未婚女性，在某些场合要慎用。“女士”是对成年女性的统称。

案例分享

小艳的困惑

小艳刚刚进入一家新的单位，领导带她熟悉周围环境，并把她介绍给部门的老同事认识。她非常恭敬地称对方为老师，大多同事都欣然地接受了。

当领导把她带到一位同事面前，并告诉小艳，以后就跟着这位同事学习，有什么不懂的就请教她时，小艳更加恭敬地称对方为老师。这位同事连忙摇头说："大家都是同事，别那么客气，直接叫我名字就行了。"小艳仔细想想，觉得叫老师显得太生疏了，但是直接叫名字又觉得不够尊重对方，不知道该怎么称呼对方比较合理。

新员工刚到单位时，不能随便以自己的想法来称呼对方，对于难以把握的称呼，可以先询问对方，比如，"请问该怎么称呼您？"不知者不怪，对方都会把通常同事对他的称呼告诉你。案例中，对方要求小艳直呼姓名，只是客套话，作为一位新人，最好不要直呼其名，可以礼貌地询问对方。在职场上，过分亲昵和过分生疏的称呼都是不提倡的。

知识拓展

容易读错的姓氏

中国姓氏众多，有些姓氏因所姓的人数少，又由于汉字中很多字都是多音字，念错姓氏就不足为奇了，但念错了毕竟不好。下面这些就是容易念错的姓氏。

单姓：种——读 chóng，不读 zhǒng。

刀——读 diāo，不读 dāo。

盖——读 gài，又读 gě，是两个姓。

华——读 huà，不读 huá。

纪——读 jǐ，不读 jì。

阚——读 kàn，不读 kǎn。

牟——读 móu，不读 mù。

区——读 ōu，不读 qū。

朴——读 piáo，不读 pǔ。朴姓朝鲜族多见。

繁——读 pó，不读 fán。

仇——读 qiú，不读 chóu。

任——读 rén，不读 rèn。

单——读 shàn，不读 dān。

召——读 shào，不读 zhào。

折——读 shé，不读 zhé。

覃——读 tán、qín 都对，本是谭姓，因避难改姓覃。

母（毋）——读 wú，不读 mǔ。

解——读 xiè，不读 jiě。

乐——读 yuè，不读 lè。

查——读 zhā，不读 chá。

复姓：令狐——"令"读 líng，不读 lìng。

万俟——读 mò qí，不可读作 wàn sì。

澹台——"澹"读 tán，不读 dàn。

鲜于——“鲜”读 xiān，不读 xiǎn。

尉迟——“尉”读 yù，不读 wèi。尉单独作姓时读 wèi。

长孙——“长”读 zhǎng，不读 cháng。

（三）称呼的禁忌

1. 称呼错误

误读或误会都将引起错误的称呼，不仅失礼而且尴尬。所以对拿捏不准的名字、年龄、辈分、婚否以及彼此关系等一定要事先了解，虚心请教。比如，不可将未婚女士误称为“夫人”。

2. 称呼不当

不通行、不对应、不适宜的简称都是不当称呼。如：不可将“范局长”简称为“范局”；山东人喜欢称呼“伙计”，但这在南方人听来，“伙计”类似于“打工仔”；中国人把配偶经常称为“爱人”，在外国人的意识里，“爱人”则是“情人”的意思。

3. 称呼庸俗

非正式场合的称呼、替代性称呼、绰号等用在职场正式场合中，就是庸俗的、不得体的。例如，“大个儿”“哥们儿”“老大”等称呼，虽然听起来亲近，但在正式场合就显得俗气。

课堂练习

列举职场中常用的称呼用词，要求每种常用称呼类型中不少于5个。

二、职场中的致意礼节

（一）致意的礼仪规范

1. 讲究顺序

致意时通常应遵循：下级先向上级致意，年轻者先向年长者致意，学生先向老师致意，男士先向女士致意。

2. 形式并用

向他人致意时，往往可以两种形式同时使用，如点头与微笑并用、起立与欠身并用，这样更能表达出真诚热情之意。

3. 文雅大方

致意时应大方、文雅，避免高声呼喊，以免妨碍他人。如遇对方先向自己致意，应以适当的方式回敬，不可视而不见。

（二）致意的形式

1. 点头致意

点头致意，就是在公共场合用微微点头表示礼貌的一种见面招呼方式。一般适用于擦肩而过或不适宜大声招呼的见面场合，如在开会前、会间休息时、上下班的班车上、办公室的走廊里等。同一场合多次遇到同一个人或者遇到交往不深者也可以通过点头致意的方式表示友好和礼貌。

施点头礼时，要目视对方，面带微笑，头部轻点。注意不宜反复点头，也不必幅度过大。

2. 欠身致意

当遇到身份较高的人时，向对方欠身致意就是一种表示致敬的见面礼节。这种致意方式也常常用在别人将你介绍给对方，或是主人向你奉茶等时候。

行欠身礼时，应以腰为轴，上体前倾 15°即可。行礼时应面带微笑，注视对方（见图 4—1）。如果正处在伏案办公或用餐等坐姿状态，欠身行礼可不必站立起来。

图 4—1　欠身致意

3. 鞠躬致意

鞠躬致意一般用在正式、庄重的场合，如当众讲话、演讲前后、领受奖品及欢迎、道别等场合，是一种对身份高者或众人表示敬重的礼节。

行鞠躬礼时，动作要规范稳重。身体以标准站姿站立，以腰为轴上体前倾 30°，视线随身体前倾下移至地面，注意后背不要拱起，同时问候对方（见图 4—2）。

4. 举手致意

举手致意一般用在向距离较远的人招呼问候。举手致意时要微笑注视对方，右手臂向侧上方伸出（根据距离远近，手腕高度伸在肩至头顶范围），手掌伸开，五指自然并拢，掌心向外，面向对方，指尖向上，轻轻向左右摆动一两下（见图 4—3）。当看见熟人又无暇分身的时候，举手致意可以立即消除对方的被冷落感。

图 4—2　鞠躬致意

图 4—3　举手致意

5. 鼓掌致意

鼓掌致意是在热烈、隆重的气氛中表示欢迎、赞成、感谢的一种礼节。鼓掌时左手四指并拢，拇指自然松开，掌心向右上方，右手同左手型，四指击打左手掌心。但注意不要合十鼓掌，不要五指分开鼓掌。

知识拓展

异国见面礼

俄罗斯：

俄罗斯人惯于和初次会面的人行握手礼。但对于熟悉的人，尤其是在久别重逢时，他们则大多要与对方热情拥抱。在迎接贵宾时，俄罗斯人通常会向对方献上“面包和盐”，这是给予对方的一种极高的礼遇。

巴西人：

巴西人不羞于表露感情，人们在大街上相见也热烈拥抱，无论男女，见面和分别时都握手。妇女们相见时脸贴脸，用嘴发出接吻时的声音，但嘴不接触脸。在社交场合通常都以拥抱或者亲吻作为见面礼。只有在十分正式的活动中，他们才相互握手为礼。除此之外，巴西人还有一些独特的见面礼，如握拳礼、贴面礼、沐浴礼等。

墨西哥：

在墨西哥，熟人见面时所采用的见面礼节主要是拥抱礼和亲吻礼。

澳大利亚：

澳大利亚人见面习惯于握手，不过有些女子之间不握手，女友相逢时常亲吻对方的脸。

技能训练

两人一组，设计、互换不同身份角色，按照动作操作标准，配以礼貌的问候语言，训练称呼致意礼仪。

任务二　介绍相识礼貌尊重

知识认知

职场交往广结人缘，扩大人脉，就要不忘老朋友，结识新朋友。懂得并运用介绍相识中的介绍礼、握手礼、名片礼，无疑会给新结识的人留下礼貌尊重的第一印象。

一、职场介绍礼仪

介绍是相识的起点，常会遇到“自我介绍”和“为他人介绍”两种情况。

（一）自我介绍的礼仪

1. 选择恰当的时机

要想自我介绍取得成功，给对方留下深刻印象，应首先考虑介绍的时机是否恰当。若一方正忙于工作、与他人交谈，或大家的精力正集中在某人某事上，或在路上行进中等情况，则不宜作自我介绍。应在对方有空闲，而且情绪较好，又有兴趣时，这样既不会打扰对方，效果又好。下列时机比较适宜：

（1）与不相识者相处，当对方提出相识请求时。

（2）见面重逢，如果对方记不起你是谁时。

（3）因工作需要，进行陌生拜访或业务推广时。

（4）拜访熟人遇到不相识者阻拦，或是对方不在，而需要请不相识者代为转告时。

（5）利用大众传媒向社会公众进行自我推荐、自我宣传时。

（6）求职应聘自我推荐时。

2. 把握介绍的时间、内容

自我介绍时要言简意赅，尽可能地节省时间，以半分钟左右为佳，不宜超过一分钟，话说多了不仅显得啰唆，而且交往对象也未必记得住。为了加深印象，自我介绍时，还可以利用名片、介绍信等加以辅助。

职场中，工作式自我介绍的内容应当包括本人姓名、工作单位、部门、担任的职务或从事的具体工作等。在介绍时可开门见山。例如：“你好，我叫武斌，是清华方正电脑公司的销售经理”“你好，我是北京大学中文系的老师，我叫张晓”。

3. 注意自己的举止态度

自我介绍时，最好采用站立姿态，必要时配上手势；态度一定要亲切诚恳。表达时应镇定自信、落落大方；语气自然、语速适中，语音清晰；表情自然，面带笑容。总之，自我介绍要友好、自信和善解人意，力戒虚伪和媚俗。

知识拓展

演讲时自我介绍的礼仪技巧

演讲者在演讲时不仅要把自己的观点灌输到人们的头脑中，得到认同，还要善于运用以下礼仪技巧让听众能够在短时间内记住自己，给人留下深刻的印象：

（1）自我介绍时一定要呈现给大家一个充满自信的自己。

（2）自我介绍的语言要精练、精彩，重点突出。比如：“我叫刘海燕，一个从小在海边长大的姑娘，我喜欢大海，更喜欢不怕暴风雨勇敢搏击的海燕，我要永远为自己的理想翱翔在大海上空。”

（3）自我介绍要有幽默感，富有个性。例如：“我叫马千里，希望自己是一匹驰骋疆场的千里马。”

（4）自我介绍要口齿清楚。如果说得含混不清，再精彩的语言也起不到半点作用。

（5）自我介绍时要掌握好语速、语调。不能嘴里像机关枪一样“突突突”地就说完了，也不能过于慢条斯理，语调平淡，像是念课文。

总而言之，演讲中的自我介绍不可小觑，在演讲前要充分准备，语言既要精炼又要精彩。

案例分享

巧妙的开场白

一次，建筑学家梁思成做关于古建筑维修问题的学术报告。演讲开始时，他说："我是个'无齿之徒'。"满堂为之愕然，以为他说的是"无耻之徒"。这时，梁思成说："我的牙齿没有了，后来在美国装上这副假牙，因为上了年纪，所以不是纯白色的，略带点黄，因此看不出是假牙，这就叫做'整旧如旧'。我们修理古建筑也要这样，不能焕然一新。"

很多演讲者都喜欢在开场时先恭维一下在场的听众，赚点人气，梁思成却不落窠臼，采用自嘲的方式，一语双关，充满谐趣且匠心独运。幽默诙谐、充满个性的自我介绍往往能给人留下深刻的印象，充分达到自我介绍的目的。

课堂练习

设计情境角色并面向全体在场人员进行自我介绍练习，听众从自我介绍者的姿态、语言、内容、表达技巧等方面给予评价。

（二）为他人介绍的礼仪

1. 抓住为他人介绍的时机

一般来说，为他人介绍的时机如下：

(1) 本人的接待对象遇见了其不相识的人士，而对方又跟自己打了招呼。

(2) 在办公地点，接待彼此不相识的客人或来访者。

(3) 打算推荐某人加入某一方面的交际圈。

(4) 受到为他人作介绍的邀请。

(5) 陪同上司、长者、来宾时，遇见了其不相识者，而对方又跟自己打了招呼。

2. 以正确的礼节顺序为他人介绍

为他人介绍时，"尊者居后"是基本的顺序礼节，也就是先把身份地位较低的一方介绍给身份地位较高的一方，以表示对尊者的敬重之意。在口头表达上应先称呼尊者，再将被介绍者进行介绍，在介绍的顺序上应为：

(1) 先把职位低者介绍给职位高者。如："董事长，这是我们公司的小王。"

(2) 先把年轻者介绍给年长者。如："郑阿姨，这是我的姐姐。"

(3) 先把男士介绍给女士。如："赵小姐，这是我的同事董先生。"

(4) 先把后来者介绍给先到者。如在生日聚会上，邀请了你的同学、同事，年龄相仿，就可以把晚来的人介绍给已经到场的人。

(5) 先把未婚者介绍给已婚者。

3. 以规范的手势姿态为他人介绍

为他人介绍时，介绍人应规范站立至被介绍人之间，在介绍一方时应微笑着用自己的视线把另一方的注意力吸引过来，手的正确姿势应为手指并拢，掌心向上，胳膊略向外伸，指向被介绍人的胸部及腰部之间，不可用手指指着被介绍人，态度要热情友好（见图 4—4）。

图 4—4　为他人介绍

4. 介绍的语言内容要体现尊重

对被介绍人的称呼，应体现尊重，宜采用“先生”“小姐”“女士”或职务、职称等尊称，如“孙小姐，我来为你介绍一下”“周先生，请允许我介绍一下”“吴教授，我来为你们作一下介绍”等。

介绍的内容应简明扼要，一般包括姓名、单位、职务和与自己的关系，除此之外，还可以简单介绍双方的爱好兴趣、专业特长等情况来增进彼此之间的了解，使双方更容易沟通相识。

5. 介绍时应注意的事项

（1）介绍人的选择。在不同场合应请不同的人担当介绍人，公私有别，在公务活动中，公关人员是最合适的介绍人；在接待贵宾时，介绍人应是本单位职位最高的人。

（2）介绍者为被介绍者介绍之前，一定要征求一下被介绍双方的意见，切勿上去开口即讲，这样会显得很唐突，让被介绍者感到措手不及。

（3）介绍人和被介绍人都应站立，以示尊重和礼貌；待介绍人介绍完毕后，被介绍双方应微笑点头或握手致意，问候对方“你好，很高兴认识你”。

（4）在餐桌、会议桌、谈判桌旁，介绍人和被介绍人可视情况不必起立，被介绍双方可点头微笑致意即可。

（5）在集会活动场合，将个人介绍给集体，如介绍与会嘉宾、评委时，被介绍的个人应起立面向大家欠身致意。

案例分享

无礼介绍被冷落

小张有心让朋友老李和自己的新朋友小赵认识，正好有一次小赵陪小张看画展，遇到了老李。小张马上兴奋地先对小赵说："小赵，这就是我常和你提起的老李，是书法界的前辈。"随后才对老李说："老李，这是我新认识的朋友小赵，也是书法爱好者。"人到中年的老李见小赵只是个 20 多岁的小青年，不禁感到先被介绍给他很没面子，打了个哈哈就走了，不仅没接受小赵这个朋友，把小张也冷落到一边儿去了。

将身份低者先介绍给身份高者是基本的介绍顺序礼节，依据"位高者有先知权"的礼仪原则，以示对身份高者的优先尊重，否则，就失礼了。

课堂练习

模拟介绍：介绍你公司同事（女）与张总（男）认识。

(1) 介绍方式：为他人介绍。

(2) 基本要求：介绍的顺序、姿态、语言内容符合礼仪规范。

二、职场握手礼仪

（一）伸手的顺序要正确

职场握手时伸手的先后顺序主要取决于职位、身份。一般的顺序是"尊者居前"，即上级、长辈、女士、已婚者、主人先伸出手来，男士、晚辈、下级、未婚者、客人再伸出手去呼应。

主客接待关系的顺序是"迎者居前"，即迎客时主人先伸手，告辞时客人先伸手。如果你需要握手的人士较多，应注意集体握手的顺序：先上级后下级，按职务高低的顺序；如不清楚对方的职务，也可以由近及远地依次握手。

（二）握手的姿态应规范

握手时距离对方约 75 厘米处，双脚立正，上身略向前倾，右臂自然向前伸出，四指并拢，拇指张开。掌心微向左上，手的高度大致与对方腰部上方齐平，与对方相握。同时正视对方，面带微笑（见图 4—5）。

与异性握手时，男士只轻握女士手指部位，不宜握满全手，更不能双手同时握住女士的右手。女士不能只给对方指尖或手指头，也不能还没等对方握住手就急于收回。

（三）握手的时间、力度要适当

握手的时间长短和力度的大小可以传达情感强弱的信息。初次见面，握手时间不宜过长，力度要适当。若双方关系密切，可时间长、力度大些，也可以双手相握，微微抖动三四次。

（四）握手的禁忌要注意

(1) 忌用左手。

(2) 忌戴手套、帽子、墨镜。

图 4—5　握手姿态

(3) 忌“蜻蜓点水”。

(4) 忌一言不发。

(5) 忌等在原位。

(6) 忌心不在焉。

(7) 忌厚此薄彼。

(8) 忌多人在场交叉相握。

(9) 忌握手后立即擦手。

知识拓展

握手由来的两种说法

说法一：远古时代，人们以狩猎为生，人们手上经常拿着石块或棍棒等武器。他们遇见陌生人时，如果大家都无恶意，就要放下手中的东西，并伸开手掌，让对方抚摸手掌心，表示手中没有藏武器。随着时代的变迁，这个动作就逐渐形成了现在的握手礼。

说法二：握手之礼起于中世纪的欧洲。当时恰是身着戎装的骑士侠客盛行的时代，一个个头顶铜盔，身披铠甲，腰挂利剑，就连一双手也罩上了铁套，方以示人，这身豪气，让人敬而远之。可是见了亲朋好友怎能还这般冰冷待人呢，于是摘去铜盔，脱下铁套，与之握手，同时表示“我的右手不是用来握剑杀你的”，这正是握手之起源。

课堂练习

情景模拟：

王伟（男）是一家公司的业务员，这天来到客户公司拜访，见到了公司业务主管张副总经理（男）和业务部田经理（女）。

请三位同学扮演王伟、张副总经理和田经理，模拟他们见面握手的情景。

要求：伸手顺序正确，握手姿态规范，注意时间、力度，语言热情适宜。

三、职场名片礼仪

(一) 把握好递送时机

名片上面写有个人的基本交往信息，往往用于初次见面时对介绍起补充说明的作用或者希望进一步沟通联系时递送，所以恰当的递送时机是见面介绍握手后或者交谈后告辞时。

(二) 递送时讲究方法

(1) 递名片时应起身站立，走上前去，使用双手或者右手将名片正面冲向对方递出。

(2) 将名片递给他人时，应说“多多关照”“常联系”等语话，或是先作一下自我介绍。

(3) 与多人交换名片时，应讲究先后次序。或由近而远，或由尊而卑进行。位卑者应当先把名片递给位尊者。

（三）接收时尊重对方

名片是主人的另一种“身份证”，尊重名片就是尊重名片的主人，所以接收名片时不能马虎随意，要规范手势姿态（见图 4—6）。

图 4—6 递接名片姿态

（1）他人递名片给自己时，应起身站立，面含微笑目视对方。

（2）接受名片时，也要尽量双手捧接，或以右手接过。

（3）接过名片后，认真看一遍，最好是再强调一下重点信息，意在表示重视对方。

（4）最后一定要妥善放好对方的名片，不能随处乱放。

（四）索要名片讲究技巧

1. 向对方提议交换名片

例如：“王先生，方不方便跟您交换一下名片？”

2. 主动递上本人名片

例如：“孙教授，这是我的名片，以后请多多指教！”

3. 委婉地索要名片

（1）向尊长索取名片时，可以这样说：“今后如何向您请教？”

（2）向平辈或晚辈索要名片时，可以这样说：“以后怎样与您联系？”

（五）拒付名片委婉有礼

当他人索取本人名片，而自己又不想给对方时，应用委婉的语言表达此意。可以说：“对不起，我忘了带名片。”或者：“抱歉，我的名片用完了。”若本人没有名片，又不想明说时，也可以用这种方法婉拒。

名片是一个展现自己的小舞台，一定要充分认识和发挥它的作用。另外，在它的设计上最好也多花一点心思，使别人对你的名片喜欢多一点，印象深一点。

知识拓展

名片小知识

用于交流的个人名片，通常有姓名、地址、联系方式等重要内容。

姓名：这是名片中最重要的部分。名字的设计上可以做一些特殊的变形处理以便让人印象深刻。对于生僻字或者多音字，最好能在下面印上拼音或英文名字，以免对方读错。

地址：一般来说，地址为名片中的必备内容。随着现在网络交流的普及，很多名片将与自己相关的网站也放在名片上，这也属于地址的一种。

联系方式：包括固定电话、手机、QQ 号码、电子邮件等各种联系方式。

其他：商业名片还往往加入一些广告性质的特殊内容，如：公司名称、品牌商标或服务标志、业务项目或产品信息，介绍门市或店面的地图信息等。

一张小小的名片能更充分地展现自己，也使别人对自己了解得更加深入，增加交流机会。

技能训练

三人一组，模拟不同的身份关系（上下级、同辈、男女士等），定位角色由中间人分别介绍，注意介绍时的顺序、语言、姿态；被介绍的双方要行握手礼和递接名片。

任务三　求职面试自信大方

知识认知

求职面试是一种特殊的见面相识，是求职者通过与招聘代表或考官老师的一面之见让招聘方认识自己，同时自己也了解所应聘单位的过程，是个人和组织的交往关系。那么，求职者能否抓住机会，脱颖而出，实现就业目标，关键的一步就是面试时的临场表现。

现代企业招聘人才的条件越来越全面务实，不仅考察求职者的学历知识和专业技能，而且越来越重视求职者的人品、道德、教养。那么，这些隐性的岗位胜任能力就可以通过面试时求职者的礼仪表现做出判断。因此，在面试时，求职者的言行举止、细节表现尤为关键。掌握面试礼仪、塑造自信大方的面试形象，是求职者重要的一课，务必要精心准备，认真对待。

一、面试基本礼仪

（一）遵时守信

求职者面试时一定要遵时守信，千万不要迟到或毁约。一般面试当天要提前 15 分钟到达面试现场，熟悉环境，整理仪表，调整心境。如果有客观原因不能如约按时到场，应事先打个电话通知主考官，以免让对方久等。

（二）静心等候

求职者在等候面试时要保持安静，不要频繁张望或走动打听。若有接待员安排咨询，也要礼貌有加，也许接待员就是公司经理的秘书、办公室的主任或人事单位的主管人，也许他们的到来就是面试的开始。所以，你要给所有的人留下良好的印象，而并非只是针对面试的主考官。

（三）入室敲门

求职者进入面试室的时候，应先自觉将手机关掉或静音后礼貌敲门，遵循敲门礼节，可以问一声："我可以进来吗？"待听到允许后再轻轻推门进去，并随手关门。

（四）微笑致意

求职者在踏入面试室的时候，应面露真诚自然的微笑，以自信大方的眼神向所有在场的人致意。若主考官先伸手行握手礼，求职者方可积极响应，热情相握。否则不能贸然伸手与主考官握手。

（五）请后再坐

求职者不要自己坐下，要等主考官请你就座时再入座。主考官请你入座，求职者应该表示感谢，并坐在主考官指定的椅子上。

（六）递物大方

求职者面试时需要带上个人简历、相关证件、介绍信或推荐信，面试时一定要保证不用翻找就能迅速取出所有资料。送上这些资料时，应双手奉上，表现出礼貌和谦逊。

课堂练习

案例分析：

一次某公司招聘文秘人员，中文系毕业的小张同学前往面试，她的背景材料很有优势：大学四年期间，在各类刊物上发表了3万字的作品，内容有小说、诗歌、散文、评论、政论等，还为6家公司策划过周年庆典，英语表达也极为流利，书法也堪称佳作。小张五官端正，身材高挑、匀称。面试时，招聘者拿着她的材料等她进来。小张穿着迷你裙，露出藕段似的大腿，上身是露脐装，涂着鲜红的唇膏，轻盈地走到一位考官面前，不请自坐，随后跷起了二郎腿，笑眯眯地等着问话。孰料，三位招聘者互相交换了一下眼色，主考官说："张小姐，请回去等通知吧。"她喜形于色："好！"挎起小包飞跑出门。

问题：小张能等到录用通知吗？为什么？假如你是小张，你打算怎样准备这次面试？

二、面试形象礼仪

（一）面试时的仪表形象

1. 男士成熟干练

男士面试前理发剃须，保持仪容干净整洁。面试时优选正装，衬衣、领带、西装、皮鞋搭配合理，保持挺括，展示成熟干练（见图4—7）。

2. 女士文雅庄重

女士面试时可以化淡妆，头发梳理整齐。着装优选套裙，丝袜以肉色为佳，皮鞋鞋跟不宜过高，展示文雅庄重（见图4—8）。

图 4—7　男士面试仪表形象

图 4—8　女士面试仪表形象

（二）面试时的仪态形象

1. 仪态落落大方

在面试时，求职者的仪态举止要自然沉着，自信大方。既不能桀骜不驯、唯我独尊、满不在乎，也不可矫揉造作、虚情假意；既不能瞻前顾后、东张西望，也不能羞涩胆怯、抓耳挠腮、手足无措。只有面试前进行规范的仪态训练，摆正自己的心态，养成良好的行为习惯才能给用人单位留下落落大方的印象。

2. 举止文明礼貌

求职者在面试的时候，要通过自己的言行举止给面试考官留下文明优雅、彬彬有礼的印象，这样就可以给自己的面试成绩加分。比如，走路时从容不迫，敲门、开关门的手势动作规范，站有站相，坐有坐相，咨询问题时礼貌注视考官，表达时不指手画脚，离开时鞠躬致谢等，都是体现求职者文明礼貌的重要方面。

案例分享

面试有礼得赏识

一家知名企业招聘一名办公室文员，应聘报名的人很多，老总看完各个求职简历后，通知了三位候选人来参加面试。面试中，他们的才华让老总难以取舍，于是，老总安排助理为每人冲了一杯咖啡，一一递上……结果，老总发现只有其中一位应聘者双手接过纸杯，对助理微笑点头致谢，并在临走时把用过的空杯子放在垃圾桶中。最后，这位应聘者被录用了。

礼仪体现于细节，细节决定成败。这位应聘者之所以能成功地被录用，恰恰是因为他的仪态礼仪展现了较高的礼貌素养，得到了老总的赏识。

三、面试自我介绍礼仪

（一）内容精炼，重点突出

面试时进行自我介绍的重点内容见表4—2。

表4—2　　面试自我介绍的重点内容

介绍的内容	具体要求
我是谁	介绍自己的个人履历和专业特长，包括姓名、年龄、籍贯等个人基本信息；教育背景以及与应聘职位密切相关的特长等
我做过什么	做过什么，代表着你的经验和经历。在这个部分，你主要介绍与应聘职位密切相关的实践经历，包括校内活动经历、相关的兼职和实习经历、社会实践等。你要说清楚确切的时间、地点、担任的职务、工作内容等，这样让面试官觉得真实、可信
我做成过什么	做成过什么，代表着你的能力和水平。在这个部分，你主要介绍与应聘职位所需能力相关的个人业绩，包括校内活动成果和校外实践成果。介绍个人业绩，就是把自己在不同阶段做成的有代表性的事情介绍清楚
我想做什么	想做什么，代表着你的职业理想。在这个部分，你应该介绍自己对应聘职位、行业的看法和理想，包括你的职业生涯规划、对工作的兴趣与热情、未来的工作蓝图、对行业发展趋势的看法等。在介绍时，你还要针对应聘职位合理编排

知识拓展

能给面试考官留下深刻印象的几种技巧

1. 个性化地介绍自己的姓名

个性化地介绍姓名有多种方式，你可以从名字的音、义、形或者从名字的来历进行演绎，以给别人留下深刻印象。例如：从名字的音：我叫邵飞，谐音少非，希望生活能少一点是是非非；从名字的义：我叫俞非鱼。古语有言：子非鱼，安知鱼之乐。父母亲希望我过得像鱼儿一般自在逍遥；从名字的形：我叫陈赟。我的父亲叫陈斌，斌的宝贝就是赟；从名字的来历：我叫赵丹，赵本山的赵，宋丹丹的丹。父母希望我能够像他们一样幽默地对待生活。

2. 具体介绍个人业绩

具体介绍个人业绩时，需要注意以下方面：

（1）业绩要与应聘职位需要的能力紧密相关。

（2）介绍“你自己”的业绩，而不是团队业绩。

（3）业绩要有量化的数字，要有具体的证据。

（4）介绍的内容应当有所侧重，要着重介绍那些能体现自己能力的内容，不要说流水账。

（5）介绍业绩取得的具体过程时，要巧妙地埋伏笔，引导面试官继续提问，凸显自己的能力。

（二）表达清晰，谈吐礼貌

面对考官自我介绍时，礼貌得体的谈吐非常重要，求职者在进行面试的过程中，必须对自己的谈吐加以认真把握。对于求职者的语言、语音、语气、语调都要加倍注意。根据职场礼仪的规范，要特别注意“礼貌、标准、连贯、简洁”四个方面的问题。

案例分享

“精心”准备后的遗憾

某公司正在招聘业务员，前来报名的人络绎不绝。李强正好是应届毕业生，准备去参加面试。为了这次面试，李强精心准备，但到了面试那天，最终的面试结果却不尽如人意。面试当天李强进入面试房间，看见面试官一时不知怎样称呼，居然说了一句：“各位老板好！”由于他是广东人，接下来便操着一口不标准的普通话与考官进行交流，当问到他的爱好时，他更是滔滔不绝地说个没完，面试结束时，由于紧张，他更是头也不回地离开了。

面试自我介绍时的语言表达很重要，面试前一定要精心准备，反复练习，才可能不留遗憾。另外，需要注意的是，在介绍自己时，忌讳使用过多的“我”字眼；忌讳主动介绍过多的个人爱好；忌讳夸口、说谎；忌讳头重脚轻或过于简单，没有实质内容。

知识拓展

面试常见问题应答思路

问题一：“请你自我介绍一下。”

思路：这是面试的必考题目，介绍内容要与个人简历相一致。表述方式上尽量口语化。要切中要害，不谈无关、无用的内容，条理要清晰，层次要分明。事先最好以文字的形式写好背熟。

问题二：“谈谈你的家庭情况。”

思路：简单地罗列家庭人员，宜强调温馨和睦的家庭氛围、父母对自己教育的重视、家庭成员对自己工作的支持及自己对家庭的责任感。

问题三：“最能概括你自己的三个词是什么？”

思路：概括出能使他们觉得你具有发展潜力的三个词，如适应能力强、有责任心和做事有始终，结合具体例子向主考官解释。

问题四：“你有什么业余爱好？”

思路：不要说自己没有业余爱好，不要说自己有哪些庸俗的、令人感觉不好的爱好，也不要说自己仅限于读书、听音乐、上网，否则可能令面试官怀疑应聘者性格孤僻。最好能有一些户外的业余爱好来“点缀”你的形象，或找一些富于团队合作精神的兴趣来表现自己。

问题五：“你最崇拜谁？”

思路：不宜说自己谁都不崇拜、崇拜自己、崇拜一个虚幻的或是不知名的人、崇拜一个明显具有负面形象的人。所崇拜的人最好与自己所应聘的工作能“搭”上关系，并说出自己所崇拜的人的哪些品质或思想感染与鼓舞着自己。

问题六："你的座右铭是什么？"

思路：座右铭最好能反映自己的某种优秀品质。不宜说那些会引起不好联想的座右铭、太抽象的座右铭或太长的座右铭。例如"只为成功找方法，不为失败找借口"。

问题七："谈谈你的缺点。"

思路：不宜说自己没缺点，也不能说出严重影响所应聘工作，会令人不放心、不舒服的缺点，更不能把那些明显的优点说成缺点。可以说出一些对于所应聘工作"无关紧要"的缺点，甚至是一些表面上看是缺点，从工作的角度看却是优点的缺点。绝对不要自作聪明地回答"我最大的缺点是过于追求完美"。

技能训练

模拟面试：

按照面试礼仪的要求完成表 4—3 所列的基本流程。

表 4—3　　面试流程及礼仪

内容	礼仪要求
敲门	礼貌叩门，轻稳关门
走姿	大方自信，步速、步幅、步位要适宜
站姿	规范、庄重
问候	进入考场见到考官后要主动向考官问好，以示礼貌和尊敬。一般的问候方式是行鞠躬礼并问"各位考官好，我是××号考生"
握手	坚实有力，富有感染力，不要用两只手
递简历	双手递上，正面对着招聘人员，礼貌注视，认真倾听，真诚应答
自我介绍	内容精练，重点突出，表达清晰，谈吐礼貌

综合实训

▷情境模拟

1. 情境背景

两公司业务合作会面。

2. 模拟要求

要求六人一组，分别扮演经理、副经理、秘书等不同角色，演练初次见面的问候、介绍、握手、交换名片等礼节。

3. 实训目的

在职场交往中能根据不同的场合、情境和对象恰当地与人问候致意，得体地与初识的人交往，塑造良好的第一印象。

▷社会实践

1. 实践场所

人才招聘会。

2. 实践要求

(1) 观察记录不同身份角色的现场人员的见面相识及应聘面试状况。

(2) 记录并拍摄面试形象问题。

(3) 记录总结面试见面礼节问题。

3. 实践目标

(1) 感受职场交往氛围，结合见面相识、面试礼仪任务内容，写出实践体会。

(2) 分析反思自己为将来求职面试还需要学习积累哪些礼仪知识和技能。

项目五

办公往来礼仪

任务要求

1. 管理环境物品，创造满意办公场所。
2. 交谈文明礼貌，融洽办公沟通氛围。
3. 规范行为细节，融入职场办公往来。
4. 参加会务活动，遵规守纪养成习惯。

职场启迪

办公室里的“大忙人”

小梁给人的感觉总是忙忙碌碌，办公桌上摆满了文件、文具，一些过期的报纸乱成一堆，上面还歪倒着前两天用过的一次性餐杯。同事交接文件给他，并提醒他放好，可打开抽屉和卷柜发现早已是满满当当，“别管了，先放着吧，我忙着呢，回头处理。”“我得赶紧开会去，已经迟到了……”工作三年了，很多奖励和提升的机会都与他无缘。

很多职场办公人员，每天大部分的时间都是在办公室度过。办公室是职场人工作往来、事务处理、协调合作的重要场所。在这里，是否懂得办公往来礼仪，直接影响自己的工作效率和人际关系，甚至影响自己的事业前途。

办公往来礼仪要求职场人维护环境，遵守规则，谨言慎行，处理好人际关系，进而顺利高效地开展工作，实现职场人生价值。

任务一　环境备品维护周全

知识认知

整洁优雅的办公环境是身心愉悦和高效工作的保障。传统礼仪文化中就有“黎明即起，洒扫庭除，要内外整洁……”办公接待是办公室里一项日常工作，尊重“物”就是尊重“人”的一个重要礼仪表现。因此，职场办公人员应养成整理维护办公环境、合理放置并使用办公用品的良好习惯。

一、维护办公环境的礼仪规范

（一）保持干净无异味

每天上班第一件事就是打扫办公室环境卫生，门前、室内、地面、台面干净整洁，无污物、污水、浮尘，无卫生死角。窗明几净，墙壁无污迹，挂件无灰尘，用品无污渍。绿植花卉要经常擦拭护理，及时去除残枝败叶。

很多上班族的午餐，甚至早餐都是在办公室食用，需要注意及时处理餐后垃圾和开窗通风除异味。吸烟的男士须到规定的吸烟区域。工作闲暇爱吃零食、水果的女士们要注意节制且不食气味性强的食品。当然，也不能在办公室喷洒过浓的香水。

（二）保持整齐无杂物

办公设备、办公用品、办公文件等物品摆放是否整齐，在一定程度上反映工作管理的水平和工作效率的高低，也反映办公人员是否具有良好的工作习惯。物品的摆放要满足“安全第一，方便工作，井井有条，美观整洁”四点要求，这就要进一步遵循“三定”原则——“定位、定量、定容”，即物品的位置要定好且标识清楚，物品放置的数量要科学，盛放的容器要统一美观（见图 5—1）。

办公室是工作的公共场所，私人物品没有必要出现在办公室里。公用的常用物品摆在面上，不常用的储备品要入箱入柜，不能发挥积极作用的物品要及时清除，保持办公室内无杂物，给人一种整洁有序的视觉感（见图 5—2）。

图 5—1　整齐的物品摆放

图 5—2　整洁的办公环境

办公桌及抽屉摆放什么、怎么摆，能反映出个人的性格和心理状态，不要以为办公桌是个人用品，是自己的空间，想怎么用就怎么用。鲁迅先生曾言："几案精严见性情"，桌面整理有序的人工作起来井然有序，办事也是利落爽快的；相反，桌面杂乱无章的人工作起来总是忙碌低效、丢三落四的。

知识拓展

办公桌面物品的合理摆放

桌面中上侧摆放台历、水杯、电话等；桌面右侧一般摆放文件架、等待处理的管理资料；桌面中下侧摆放要马上处理的业务资料；桌面左侧摆放有关业务信息资料，桌面左上侧也可摆放小盆绿植。另外要注意，下班后，桌面上只摆放计算机和常用的用具，文件或资料应尽量放到抽屉或文件柜中。

（三）保持安静无噪音

嘈杂、喧闹的办公环境易使人心情烦躁、反应迟钝，从而干扰信息的传递和工作的沟通。因此，办公室里不能随意播放各种非工作要求的音频、视频资料，不能随意哼唱小曲或大声喧哗。接打电话要控制音量。起身走动要轻稳，不得碰响椅子或其他物品。开关房门要控制力度。

课堂练习

两人一小组，互相分享自己的学习环境、写字台或课桌上物品的摆放，找出问题并及时整改。

二、使用办公物品的礼仪规范

（一）物归原处不得侵占

办公室内的用品并非私人物品，不能只考虑自己方便，要知道"与人方便"才能"与己方便"，因此公用物品用完后一定要物归原处。借用他人的东西应及时送还。个人用的东西不能占用公共区域。如办公室电话是办公用的，最好不要打私人电话，如遇特殊情况，也要长话短说，不能长时间占用。否则会影响接打工作电话，还可能给同事带来反感。

（二）正确操作合理使用

爱护公物、节约能源的基本道德要求办公人员在使用公共物品时，一定要注意遵守使用规则，如办公电话、遥控器、暖壶等要轻拿轻放；电子设备要正确操作；下班离开时拉好窗帘，关闭电源，锁好门窗。办公室电脑是用作查阅信息、收发工作邮件、整理工作资料、完成岗位工作任务等的工作设备，绝不能做上网炒股、聊天、玩游戏、看电影等与工作无关的事。

（三）先后顺序礼让他人

打印机、复印机、传真机等是办公室使用频率较高的公共设备，使用时应遵循“先到者先用”的原则，同时要尽量做到时长量多者礼让时短量少者。

公共电脑，应根据任务的轻重缓急与同事协调好使用电脑的时间。

使用完复印机，要检查复印纸并进行补充。如碰到需要更换碳粉或处理卡纸问题时，要及时解决，不得把问题留给下一个同事。

如机器出现故障，应及时发现问题，通知专门的修理人员处理好后方可离开。

案例分享

实习生的“小”疏忽

炎热的夏季，周一的早晨，同事们又迎来了新一周的工作。当办公室门打开后，一股呛鼻的酸腐味儿让大家都皱起了眉头，于是大家纷纷搜寻了起来，最后终于找到了源头：在一个实习生临时用的办公桌侧柜里发现了一杯没有喝完的已经腐败的豆浆。这个实习生因为岗位轮换已经在一周前调到楼下的其他办公室了……但这件事没有因为他的调走而结束，消息不胫而走，最后传到了人力资源处的领导耳朵里，很快，这个实习生便被辞退了实习工作。当他接到辞退通知时，实在没想到因为自己的一个“小”疏忽而结束了实习计划，失去了本可以留岗录用的就业机会。

很多时候，企业考察一个新员工时，往往看重的是他的敬业负责的工作态度和良好的工作生活习惯。上例中的实习生因为没有良好的生活作息习惯，在办公室吃东西没有及时处理掉垃圾，缺乏维护办公环境卫生的意识，给用人单位留下了不良印象，导致自己失去了一次就业机会。这一教训很值得反思。

知识拓展

“6S”现场管理法

“6S”现场管理法是现代企业管理的一种模式，这一管理方法首先在日本的企业应用。由于整理（seiri）、整顿（seiton）、清扫（seiso）、清洁（seiketsu）、素养（shitsuke）的日语罗马拼音均以“s”开头，故最早简称“5S”。我国企业在引进这一管理模式时，加上了英文的“安全（security）”，因而称“6S”现场管理法。

（1）整理——将工作场所的所有物品区分为有必要的和没有必要的，除了有必要的留下来，其他的都移除掉。

目的：消除过多的积压物品，腾出空间，打造清爽的工作场所。

（2）整顿——把留下来的必要的物品按规定位置摆放整齐，重要的、常用的物品尽量加以标识。

目的：工作场所一目了然，节约取放物品的时间，并防止误用。

（3）清扫——将工作场所每一处地方都清扫干净，保持工作场所每个细节处都干净整洁。

目的：稳定品质，减少污染，消除卫生死角。

（4）清洁——建立卫生管理制度，划分清扫卫生区，分工负责，清洁到位，整理整顿到位。

目的：用制度管理，保障前面的3S成果。

（5）素养——督导每位成员养成良好的习惯，并遵守规章制度，培养积极主动的精神。

目的：培养具有良好习惯、遵守规则的员工，打造团队文化。

（6）安全——重视全员安全教育，每时每刻都有安全第一的观念，防患于未然。

目的：强化安全意识，建立安全工作的环境。

这一管理法是通过规范现场，营造一目了然的工作环境，培养员工良好的工作习惯，其最终目的是提升人的品质：革除马虎之心，养成凡事认真的习惯；遵守规定的习惯；自觉维护工作环境的习惯；文明礼貌的习惯。

技能训练

画出知识总结导读图

围绕“如何创造一个满意的办公环境”主题，画出一幅知识总结导读图。

任务二　交流谈吐文明礼貌

知识认知

语言，是人类用以表达思想、交流情感、沟通信息的特有工具。俗话说：“言为心声，语为人镜。”办公交往中的谈吐能反映出一个人的工作交流能力和职业素养。谈吐礼仪的作用是通过交流传递尊重、友善、平等的思想情感，以文明礼貌的语言建立起工作沟通的纽带，维护好办公交往中的人际关系。

一、 交流谈吐的语言规范

（一）表达清晰

1. 用普通话表达

讲普通话是当今时代经济发展和精神文明建设对语言表达的必然要求。人们的交往日益广泛，身处一个办公室的同事们可能来自五湖四海，为了使交流更加方便顺畅，使用普通话清晰表达很值得提倡。语言统一的重要性，早在春秋战国时期人们就认识到了。孔子首先提出使用“雅言”的主张，他教书、执行礼仪，从不用他的家乡话——齐鲁音，而用当时的共同语——“雅言”。如果孔老夫子操着一口山东话讲学布道，他的三千弟子有多少能心领神会、得其精髓？我国有 56 个民族，使用约 80 种语言，各种方言土语，让人难以听懂甚至无法沟通。如不少广西人到北京，发现把“普通话”说成了“不懂话”，“炒茄子”说成“炒瘸子”，“西瓜”说成“丝瓜”，往往弄得自己很尴尬。一位南方人到北方做乡长，开会时，他说：“兔子们、虾米们，咸菜太贵了。”下面的人听得一头雾水，原来他是说：“同志们、乡民们，现在开会啦！”如今跨地域的经济协作、招商引资、交流培训等职场交流沟通需要普通话，讲普通话是表达清晰的基础保障。

2. 音量大小适度

办公交谈时音量的基本要求是让所有参与者听清楚、听得舒适，又不过多妨碍与之无关的他人，既不能太弱也不宜过高过大，要适中适度。明朗愉快的音量最易让人接受，低沉的音量比高声呐喊更感舒适。当然说话的音量大小随着情绪、场合、氛围在变化，办公室交谈、会议厅讲话、活动现场的主持音量肯定是不同的，一个有涵养、善于把控情绪的人在语言表达时是能够很妥善地控制音量的。

3. 语速语调适中

说话不能像连珠炮，也不可大停顿。太快了，听众接收的信息就不全；太慢了，听众就容易分散注意力，感觉说话者没有准备充分。语言的表达包含思想感情的色彩，展示为外在的强弱、快慢、虚实等语音形式。语速语调的表现程度就取决于表达的内容情愫，叙述急剧变化的事情时语速自然就快，语调也强烈；表现兴奋、激动、紧张、着急等心情时语速比较快，语调也表现出对应的情绪；缓慢的语速、凝重的语调用来表达沉重、悲伤的心情。工作交谈中的沟通表达要注意理性地控制情绪，不让消极的情绪从语速语调中流露出来，尽可能娓娓道来，表现平和、自然、适中的语速语调，给自己一个思考梳理的空间，也会给对方一个成熟稳健的印象。

课堂练习

绕口令训练：

八百标兵

八百标兵奔北坡，炮兵并排北边跑。

炮兵怕把标兵碰，标兵怕碰炮兵炮。

司小四和史小世

司小四和史小世，四月十四日十四时四十上集市，司小四买了四十四斤四两西红柿，史小世买了十四斤四两细蚕丝。司小四要拿四十四斤四两西红柿换史小世十四斤四两细蚕丝。史小世十四斤四两细蚕丝不换司小四四十四斤四两西红柿。司小四说我四十四斤四两西红柿可以增加营养防近视，史小世说我十四斤四两细蚕丝可以织绸织缎又抽丝。

（二）常用敬语

使用敬辞雅语是人类文明、社会进步的标志，谈吐文明礼貌是对他人尊重的基本要求。待人恭敬有礼，说话表达自然就文明礼貌，同样的内容，意思不同的表达，对人的恭敬程度就截然不同，比如“你坐”“您请坐”“请您上坐”三句话分别表达出“命令”“请示”“恭请”三种不同的感觉。夏衍临终前，感到难受，秘书说：“我去叫大夫。”正在她开门欲出时，夏老艰难地说：“不是叫，是请。”随即就昏迷过去，再也没有醒来……夏老在临终前还不忘尊重别人，这是他美好品德、人格魅力的具体表现。希望别人接受自己的意愿时多说“请”，称呼尊者时多用“您”，即做到“请”字当头，“您”不离口，说话表达“十四字”（谢谢您、不客气、对不起、没关系、再见）文明用语常挂嘴边。

知识拓展

常用的敬辞雅语

初次见面说“久仰”；很久不见说“久违”。
等待客人说“恭候”；迎接客人说“欢迎”。
探访别人说“拜访”；起身作别说“告辞”。
中途先走说“失陪”；请人勿送说“留步”。
请人批评说“指教”；请人指点说“赐教”。
请人帮助说“劳驾”；托人办事说“拜托”。
麻烦别人说“打扰”；求人谅解说“包涵”。
希望照顾说“关照”；需要考虑说“斟酌”。
接受好意说“领情”；欢迎购买说“惠顾”。

课堂练习

小刘是刚参加工作的大学生，因聪明伶俐安排给经理当秘书。一次，有一位客户应邀来到公司，负责迎接的小刘一见面就说：“王先生，我们经理在楼上办公室，让你上去谈。”这位王先生一听，心想：我是堂堂大老板又不是你的下属，凭什么让我上去就上去，哪有这样做生意的？一气之下就对秘书说：“你们经理要跟我谈生意，自己来找我，我还有事先回单位了。”

上述案例中的客户王先生为什么生气了？试分析原因。如果你是刘秘书的角色，应该怎么表达经理的意思？

（三）不说忌语

忌语是人们由于民族地域、民俗习惯、宗教信仰、风土人情甚至个人感情等因素使得在交谈中不能随便说的、忌讳的、顾忌的或不愿听到的一些词语，这些词语说出来就可能让人不快、反感甚至恼怒。粗话、脏话、难听的话、涉及隐私的话、不合场合的话、不合情理的话、伤感情的话、伤自尊的话、妨碍工作的话、得罪人的话等都是忌语。所以，在交流谈吐时不说忌语是交谈中的低端要求。如服务工作中直截了当否定拒绝的话、不敬人的话、不耐烦的话就是忌语。交往场合中，行车路途上忌讳谈及车祸，餐桌旁忌讳谈及倒胃口的话题，疾病灾祸场合忌讳提到悲伤、绝望的词语等。

案例分享

说者无心，听者有意

老石在家举办个人六十岁寿辰宴，邀请了四位自己最要好的朋友，约好了开宴时间。结果到约定时间后来了三位朋友，于是大家就耐心等着，但过了一刻钟后老石有点着急了，在客厅里大声自言自语地说了句话："怎么搞的，该来的还不来!"这时，三位朋友中的其中一位听罢，感觉不舒服，于是站起身找了一个借口委婉地拒绝了老石的这次盛情邀请，告辞走了。老石怎么也没拦住，情急之中又说了一句话："唉，这不该走的怎么就走了呢!"话音刚落，剩下的两位朋友中的一位立刻站起身来面带不快地冲着老石甩出一句话："是我该走了!"于是拂袖而去。这时，老石仿佛明白过来了，遗憾地对剩下的唯一一位朋友解释道："你看看，他俩肯定是多心了，我说的又不是他俩……"结果可想而知，这位最后的朋友听罢，二话没说也迅速走掉了……一场宴会就这样不欢而散。

语言表达得是否清晰，除了普通话、音量、语速要符合规范要求外，还需注意省略是否恰当，停顿、重音强调是否准确，还要考虑根据实际语言环境控制语气、语调等因素。

课堂练习

用不同的语气、语调、重音、强调表达两句话："怎么了""你凭什么不给我打高分"。看看自己每句话能表达出几种不同的思想情绪。

二、办公交谈的礼仪规范

（一）尊重他人善言谈

能说话不等于会说话，会说话不等于善言谈。善言谈是指高品质的沟通，自己的言谈话语能否被对方接纳、认同以至于有更多的机会交流，关键是能否给对方以充分的尊重。如言谈的起始语"称谓"是否准确恰当，就决定了后续的交流是否顺畅，不用称谓或用得不恰当都是不礼貌、不尊重的。假设贵公司办公室原同事小张已经调到公司另一部门当经理了，如果你到他的部门一见面没有称呼"张经理"还是喊"小张"，肯定会让人心生不满。所以，在正式场合尊重他人的言谈首先要称呼准确，而且一定要与对方的职务、职业相符合，与自己的关系定位要恰当。

尊重他人的言谈还表现在见面要积极热情地打招呼，工作合作要与同事积极商讨沟通，遇到问题要随时向领导汇报请教，对于不同意见要注意倾听，避免争执不休。

（二）委婉谦逊会致歉

交谈是一门艺术，表达个人意见时要给对方留有余地，不要武断。避免使用“一定是”“只有”“完全不可能”等极端的字眼，即遣词造句要委婉、谦逊，特别是双方处于不良情绪状态时，更要避免强硬的、高压式的、命令式的话语。

人非神圣，孰能无过；人非草木，孰能无情。当对方说错话，说话没到位时，一定要宽宏大量，理解为先，可多采用先肯定再否定的表达方式。如，“是的……同时……”“……你看这样是否更好些？”“可不可以尝试……”这样的语句放在批判和提意见的谈话中，就显得委婉，也容易让人接受。

当然，自己说错话、做错事、出状况后要及时致歉，勇于承担。失言即失礼，失礼就要补礼。要选择适当时机当面认错或委婉致歉，以调节人际关系，消除不良影响，弥补自己或组织的良好形象。在服务性工作沟通中，要树立“把‘对’让给客户，把‘错’留给自己”的理念，即致歉并不是自己真的做错了什么，而是通过多说“对不起”、早说“抱歉”给对方留有充分的余地，表现出自谦、礼貌的素质。

课堂练习

假如自己写的一篇作文请两个同学看后提出修改意见。同学甲：“这篇文章总体来说写得不错，不过如果能够加些案例，应该会更好，你看怎样？”同学乙：“这篇文章呀，需要修改的地方太多了，也没有案例，很空洞，真不明白你是怎么写的！”面对以上两种修改意见，你更能接受哪一种呢？为什么？请谈谈感受。

（三）乐于助人多夸赞

交流谈吐包含很明显的情感因素。说话和善，乐于助人，多称赞别人，少炫耀自己，都是礼貌的表现。每个人都愿意被鼓励、被赞美，职场交往合作互惠，交流中要找到“共同语言”，那就是理解的话、帮助的话、赞美鼓励的话要多说，特别是当对方由于工作或生活等影响了好心情时，更要多给予安慰和帮助，用赞美、鼓励、祝福的话给对方以信心。

（四）心怀感恩常致谢

感恩之心常存，是做人的基本之道。怀着感恩情，吃苦也是甜；怀着憎恨心，吃肉也不香。心怀感恩心的人，“谢谢”会常挂嘴边。当得到别人的帮助时说“谢谢”，当得到鼓励时说“谢谢”，当得到赞美时说“谢谢”，当得到理解、支持、配合时也要说“谢谢”，特别是收费性服务工作，当顾客给予自己服务机会时更要说“谢谢”！

（五）交流谈吐讲分寸

交谈中不但表达要清晰，说话要礼貌，同时也要把握说话的分寸。

1. 交谈时定位自己的身份

任何人在不同场合讲话，都有自己特定的身份。这种身份也就是自己当时的角色定位。比如，在单位里，对领导你是下属，对下属你又是领导，职场中还有同事平级关系，还有主人客人关系，如果用领导的口气跟客人交谈显然就不合适了，这就是不礼貌的，有失“分寸”的。

2. 交谈要注意方式

首先，不要一个人长篇大论，只顾自己侃侃而谈，而不给他人开口的机会。其次，不要随意插嘴打断别人的讲话，即使要发表个人意见或进行补充，也要等对方把话讲完，或征得对方同意后再说，如“对不起，请允许我插一句话好吗?”“不好意思，我打断一下……”另外，固执己见、强词夺理的交谈方式是不足取的。

3. 交谈要把握时间

职场中的交谈应该注意适可而止，不要信口开河，无话找话。一般谈话最好在30分钟以内结束，最长不超过1个小时。交谈中每人的每次发言，以3～5分钟为宜。

4. 交谈要考虑场合

职场上，很多交谈都是在特定的场合环境中进行的，有句话讲“永远不要做破场的事”，就是说交流谈吐要看场合，要尊重他人的思想，要尊重在场所有人的感受。

案例分享

一次失败的交谈

晶晶是一家咨询公司的项目策划，聪明能干，深得总经理的赏识，自己策划的方案经常被总经理直接采纳。

一次，总经理交给晶晶一项重要的任务：因为客户是一个具有长期合作意愿的优质客户，对公司的发展很重要，所以要求晶晶按照他的项目思路做一个详细的策划方案尽快提交。

晶晶很是不解：以前都是总经理提出大体要求，策划方案完全由自己完成，而且都被总经理称赞采纳，难道总经理这次对自己不放心了？而且，总经理的思路里有一个致命性错误，肯定会遭到客户的反对……

于是，晶晶迫不及待地找到总经理，一进门看到总经理和公司的其他所有部门经理在商讨工作，为了尽快提交方案，她还是打断大家直截了当地说：“李总，你的既定思路是有问题的，按照你的想法，客户肯定拒绝合作，我认为应该这样……”她的直接否定让李总很没面子，结果方案给了别人做。恰恰方案的结果却是李总调整后的思路，那是因为同事私下同总经理做了交流，李总接受了同事的建议。

交流谈吐如果不定位身份、不考虑场合、不注意表达的方式、不顾及对方的感受，势必会造成沟通的失败，往往事与愿违。

三、 办公交谈的话题禁忌

(一) 禁忌谈及宗教信仰

不要跟初次见面或交情不深的人（尤其是客户、外宾）谈论宗教信仰等敏感问题，以免引起不必要的争论和麻烦。

（二）禁忌谈及个人隐私

隐私是指个人不希望被他人了解的事情。办公交往中工资收入、婚恋生育、学历经历、年龄大小、家庭住址、财务管理等敏感的问题都属于隐私，一般关系的办公交谈要避开此类话题，要尊重他人的隐私，也为自己减少惹来不必要的危险和烦恼的可能。如，有些人喜欢谈论上司的隐私，轻者给人留下口无遮拦、搬弄是非的印象，重则影响个人职业形象，失去发展的机会。

（三）禁忌不愉快的话题

办公交谈多用正思维正理念传递正能量，不要涉及失业、降职、落榜、打击、挫折之类不愉快的话题，也尽量不要涉及疾病、灾祸、凶杀、死亡等令人反感的话题。如果无意中触及了对方的伤心处，要尽快转移话题，必要时要向对方道歉。

（四）禁忌非议他人的话题

俗话说："好事不出门，坏事传千里。"一些好事之人，常以传播小道消息为乐，"唯恐天下不乱"，喜欢在背后议论甚至诽谤他人，传播流言蜚语、非议他人、搬弄是非等，这些都是非常失礼、极其不受欢迎的，是缺乏教养的表现。

总之，办公交流谈吐是否遵守了礼仪规范，常常能够决定许多事情是否能顺利沟通，甚至事关成败。

技能训练

帮助萧萧解决问题

萧萧是一名应届毕业生，在一个人才招聘会现场，她不经意间听到旁边两个闲聊的经理人的谈话。其中一个经理人的公司要招聘几名大学生，而萧萧所学的专业正好符合要求。面对如此情况，萧萧很想加入他们的谈话中，但一直在犹豫：如何加入他们的谈话，如何给经理人留下好印象……

请学习小组讨论此案例，根据背景情况模拟对话，帮助萧萧解决问题。

任务三　待人接物行为有度

知识认知

待人接物是指跟别人往来接触、与人相处，是办公往来的基本形式。行为有度的待人接物礼仪有助于提高自身的职场竞争力，是建立相互尊重、信任、友善的办公合作关系的重要基础，它能帮助自己有效地在复杂的职场环境中处理公共关系，树立与维护组织形象，更好地胜任办公室工作。

办公室待人接物礼仪是办公环境中大家共同遵守的准则规范，有度的行为方式体现在个人仪表形象塑造、行为举止约束以及对内对外的日常工作、沟通相处、接待交往等细节中，从细微之处体现对他人的尊重，体现出个人的礼貌素质。

一、待人接物的行为准则

（一）关注形象，留好印象

办公室可以说是职场人除了家以外，每天活动和停留时间最长的地方，每个人在办公室里的形象往往可以真实地反映出自己的性格、特点、态度、教养。在办公往来中，性格就写在脸上，人品刻在眼里，情绪起伏表露于声音，站姿手势能看出态度，着装服饰表明审美理念，爱不爱干净看看指甲，是否讲究打扮看看头发，有没有层次低头见鞋便知晓……总之，自己的一颦一笑、举手投足、仪容仪表等形象是否关注到位，修饰是否得体，能给领导和同事留下一个相对恒久的印象，而这一印象或许就是你能否得到尊重和认可的资本。

修饰个人办公室形象的基本准则如同本书“模块一”职业形象中的基本要求，即整洁端庄，同时既要与身份、环境、企业文化相协调，还要与周围同事相融合，不可标新立异、追求个性，要展现办公室人应具备的利落干练、爱岗敬业的风采。

（二）守时守约，不浪费他人时间

“时间就是金钱，时间就是生命。”“浪费他人的时间，就是谋财害命。”“不要做时间大盗。”时间管理理念逐渐深入职场人的脑海。遵守办公时间、信守任务约定、严守岗位纪律应是办公人士的职业习惯，也是职场公平原则的体现。提前到岗不迟到，完成工作不早退，按照领导要求或双方的约定完成任务，就是对他人时间的珍惜；严格按照岗位规程办事，约束个人非职业的行为习惯，是尊重大家公平做事的行为准则。

很多地方在上班高峰时段，交通拥堵现象很严重，但这不是上班迟到的正当理由，所以上班出家门的时间自己要合理掌握，提前预判路途情况。如果迟到了，就要及时通报，当面致歉，主动按照考勤纪律履行手续。

知识拓展

“守时守约”的礼仪表现

（1）工作上班要提前10分钟进办公室准备。

（2）应聘面试要提前15分钟到面试场所等候。

（3）参加会议要提前10分钟坐到会议桌旁。

（4）接受学习培训要提前10分钟走进教室。

（5）约会见面要提前5分钟到约定地点。

（6）赴宴用餐可在约定时间的前后10分钟内到达餐厅。

（7）公众集会参观要提前20分钟到现场。

（8）为客户提供服务要准时准点。

（9）领导同事召唤要随叫随到。

（三）谨言慎行，不干扰他人

办公室里要谨言慎行，不能信口开河、不考虑言谈禁忌。那种在办公室里家长里短地闲谈聊天，说三道四地搬弄是非，遇到不顺时就牢骚满腹、怒气冲天的行为，注定不受欢迎、不受重用。

不干扰他人的行为准则要求办公室人员做事情一定要考虑他人的感受。比如搞卫生、抹桌子时，抹擦方向应由外向自己的内侧擦拭，不要给邻桌的同事带来不便；与人交流谈话时不要大声喧哗、时间过长，也不能窃窃私语，好像在提防周围的人；工余时间在办公室用餐要随时清洗餐具，清理垃圾，及时消除餐食异味；那种零食香烟不离口、随意补妆喷香水的行为都是对他人的干扰。

课堂练习

反思自己在公共场合曾经干扰到他人的行为或被他人干扰的事例，并讲述给大家以示提醒与共勉。

（四）接受任务，不推诿责任

作为一个职场办公人士，最基本的要求就是：无论身居何职，无论是否有兴趣，都应当愉快地接受自己的岗位任务，且尽职尽责，兢兢业业，保持良好的工作行为状态，自发自觉地承担工作后果。有的人自以为是，对交代给他的工作总是拖拖拉拉或是马马虎虎，要么偷工减料，要么偷懒耍滑，出现过失就推诿，殊不知长期这样，自己的岗位胜任力终将退化而远远落后于那些勤奋敬业的人。

（五）团队合作，不唯我独尊

没有完美的个人，只有完美的团队。当今职场已经没有唯我独尊、个人英雄主义者成功的市场了。职场人要富有团队合作精神，努力构建良好的合作氛围，要学会主动分享，相互配合，以促进团队共同发展及团队目标的达成，只有这样，个人的职业道路才能走得更快更远。

知识拓展

岗位胜任力素质模型

岗位胜任力素质模型，即“冰山理论”模型，由美国著名心理学家麦克利兰于1973年首次提出。该模型对素质的构成要素进行了定义：(1) 知识，指个人在某一特定领域拥有事实型或经验型的信息；(2) 技能，指个体能够有效运用知识完成某项具体工作的能力；(3) 社会角色，即个体在公共场合所表现出来的形象、气质和风格；(4) 自我形象，指个体对自身状态的感知能力，它包括对自己的长处和弱点、思维模式、解决问题的风格，与人交往的特点以及对自我角色合理定位等的认识；(5) 品质，包括气质、性格、兴趣等，是个体表现的一贯反映，如性格内外向、不同的气质类型等；(6) 动机，指推动个体为达到某种目标而采取一系列行动的内驱力，如成就动机强烈的人会持续不断地为自己设定目标并努力达到。该模型显示居于“冰山”上面的知识、技能只不过是冰山一角，埋藏在“冰山”下面的自我形象、个性品质、动机等才是预测个体未来工作绩效的重要因素。岗位胜任力素质模型是代表一个人能做什么（技能、知识）、想做什么（角色定位、自我形象）和为什么做（价值观、品质、动机）的内在特质的组合。

二、待人接物的行为规范

（一）进出房门

1. 进出自己办公室

每天上班走进自己办公室的第一个礼节就是主动向早到的同事问好：“早上好!”“你早!”看到同事仪表、形象、气色有变化的，也可自然地赞美几句：“这件衣服很好看!”“这条围巾的颜色衬托得你的肤色更白皙了!”“今天的发型更显出你的风度了!”

问候完毕的第一件事就是打扫环境卫生、打水、准备工作用品，将精神调整到工作状态。

工作时间出门办事较长时间（超过 30 分钟）应主动向同事打招呼说明事由。

每天下班时要与同事礼貌告别：“明天见!”“再见!”最后走出门的人要检查办公室的安全情况并关灯锁门。

2. 进出他人办公室

单位部门之间、机构之间经常会有工作交叉、沟通协调的时候，进出他人办公室也是很正常的事情，但是礼节上就要内外有别了。进入他人办公室一定要敲门。敲门的正确做法是：手心向自己，虚握拳用食指和中指的第二个指关节扣门，手位高度在肩与头顶之间的范围（见图 5—3），每次扣门两三下，声音以能引起注意且不会让人感到突兀和无礼为宜，得到允许后，方可入内。进入后礼貌问好，开门见山，办完事就礼貌告别。

图 5—3　叩门手位姿势

如果是进入领导办公室，敲门的次数不能超过三次，即使门半开着，你也要自报家门、得到允许才可进入。告退时也要征询一句：“您还有什么吩咐吗?”“没别的事，我就不打扰了，再见!”得到答复后，礼貌告退，轻稳关门。

特别注意，如果有急事需要进出正在开会的会议室，就不要敲门了，动作要轻，不要打断干扰会议的议程，可把急需传达的内容信息写在纸条上递给相关人员。

3. 进出公共洗手间

进出公共洗手间也有不容忽视的礼仪。若是封闭的门扉，进去时先敲一下门，如果没有人再进。一般用完洗手间，出门时虚掩门扉即可，以方便下一位来者判断。

在洗手间遇到同事不要刻意回避，不要装作没看见，给人造成爱答不理的印象，要主动搭话，但不要在洗手间聊闲天，只是招呼几句即可。

（二）行进往来

1. 行进有礼

在办公大厅、走廊行进常与领导、同事、来客相向而遇，这时一定要主动向领导、长者、来客招呼致意。如果迎面而来的有不同办公室的同事并行，要先向其他办公室的同事打招呼，再向自己办公室的同事致意。如果走在狭小的走廊空间，还要主动侧身让道。如遇手持重物的同事更要主动帮忙。

2. 非礼勿动

在办公室，每个人都有自己的固定桌椅，桌面及抽屉里摆放的是个人的办公用品，如果不经他人同意私自动用是很失礼的。所以，在办公室不要随便挪用同事的物品，不要随意翻看不属于自己负责范围内的文件、材料及保密信息，当他人输入密码时自觉将视线移开。当然很多时候工作是有合作规程的，对于需要交接的文件资料等要强调当面复核，甚至非常重要的机密文件或工作字据还要签字确认，即"动"有"动"的规范，要守礼。

3. 距离有度

保持距离，尊重隐私，维护尊严。人与人的交往都有一定的心理距离和空间距离，办公往来要懂得距离礼仪。办公场所不要将工作关系与私人关系混淆，办公室里只有上下级、同事、主客的工作关系，在工作上保持默契，不可逾越。

与领导相处，不可太近，当着同事的面跟领导谈家常、聊私事会让人觉得你是在溜须拍马；也不可太远，否则会让领导觉得你高傲冷漠、目中无人。

与同事交往要注意平衡，不可拉帮结派，搞小集团，也不要孤芳自赏或相互拆台。事实上，保持适度的距离有助于和平共处，从而顺利开展工作。

与异性领导或异性同事往来更要注意"度"，开玩笑也好，热情帮助也罢，都要有一定的分寸，否则弄出什么"花边"新闻来会两败俱伤，得不偿失。

知识拓展

人际交往的四种空间距离

(1) 亲密距离为 0～0.5 米，是恋人之间、夫妻之间、父母子女之间以及至爱亲朋之间的交往距离。

(2) 熟识距离为 0.5～1.2 米，是朋友、熟人社交中可以进入的区域。

(3) 公务距离为 1.2～3 米，是初识者之间、工作商谈关系或正式场合公务往来的空间距离。

(4) 公众距离为 3 米以上，是大众场合主持演讲、领导演说时的空间距离。

（三）请示汇报

1. 做好准备

不做准备的请示汇报不但会浪费领导的时间，也会影响自身的能力评价。所以，无论是临时性的请示汇报，还是预约好的请示汇报，都要做好充分准备。首先，拟好提纲要点，且打好腹稿，做到事件、数据、重点、关键点、结果等要素都心中有数。其次，站在领导角度把所请示汇报的工作问题理顺思路，理清是用口头请示还是需签字批文或者有待商讨等方式，另外考虑是否要提供相应的信息资料附件等，这些都是面见领导前要准备好的事情。

2. 选择时机

领导事务繁忙，负责的工作面广，需要管理的事情很多，时间很宝贵。选择请示报告时机时要为领导着想，不能光想着自己的方便。一般来说，要先了解领导的日常工作活动安排和工作习惯，最好电话预约，获得允许后再面见领导。不是紧急事情，不要在领导出席会议、处理突发事件或专注思考问题时打搅领导。

3. 规范行为

准时如约面见领导时，无论领导办公室的门是关是开，都要礼貌叩门、礼貌问候，如果在场还有其他领导，也要一一问候，然后开门见山点明请示汇报的主题。注意保持礼貌适度的距离，不请勿坐。保持良好的站姿或坐姿，使用规范礼貌的手势递接文件资料。汇报完毕告辞时注意采用退步转身的行走姿态，出门后转身要将门轻稳关好。总之，面见领导请示汇报时的语言要礼貌，行为举止要规范，从细节上突出尊重。

4. 控制时间

请示汇报的内容要简短，概述重点要点，汇报清楚领导答复后及时告辞。如果领导谈兴浓厚就耐心倾听、记录，如果领导起身欲忙其他事情，无论自己是否还有话要说，都要即刻表示感谢，适时告辞。当领导起身相送时，应主动请他留步，再次致谢告辞。

技能训练

小胡是某公司经理助理。一天中午，小胡接到了一位老客户的电话，说马上需要一组合作项目中的数据，并说上午跟经理沟通好了，数据就在经理办公桌上放着，本打算下午过去取，但因特殊情况下午去不了了，现在想马上知道这组数据，让小胡去查一查告诉他就行了。小胡想，既然客户都跟经理沟通好了，就去帮忙查查也是对客户的重视。小胡来到经理办公室，看到门虚掩着，轻敲了一下没动静，便推开门进去。见经理坐在沙发上午休了，为了不打扰经理，小胡轻手轻脚地查阅了文件并记下了数据，结果离开时关门的“咔嚓”声吵醒了经理，经理对他的行为感到很不满。

上述案例中，小胡在什么地方失礼了？如果你是小胡，遇到这种情况会怎么做？

任务四　会务活动遵规守纪

知识认知

会务是指有关会议议程安排的事务，是关于某些团体组织或会议的事务。会务是现代社会生活、政治生活、经济生活中一种经常的、广泛的活动形式。会务礼仪是召开会议前、会议中、会议后参会人应遵循的工作规范。在各项会务活动中，遵规守纪是对办公人士又一项重要的素质要求。

一、会议准备面面俱到

在召开会议之前，应根据实际工作和领导意图拟定出会议方案，对会议的必要性、重要性、可行性等进行论证，对会议整个过程制定详细周密的会议预案，以确保会议的顺利召开。

（一）会议议题以务实为主

1. 拟定会议名称

会议名称的拟定要充分考虑会议的内容与主题，以解决实际问题为主，切忌华而不实。

2. 拟定会议方案

会议方案包括会议记录工作、会议经费预算、食宿安排工作、保卫保密工作等。

3. 准备会议文件

日常工作会议文件、报告主要由各职能部门起草准备。办公室秘书部门应在会前通知有关部门报送会议文件，对文件内容进行初审，并报送相关领导。

4. 进行会议编组

对于大中型会议，在参加人员名单确定后，要进行会议编组，将与会人员分成若干小组，以方便议题讨论。一般根据地域、系统、行业、部门进行编组，组量、人数、规模适中。每组要有相关领导主持讨论，把控讨论方向，了解实际问题。

（二）会议时间以精短为佳

会议时间的安排包括召开会议的日期和会议时间的长短。开会时间的确定一般以主要参会的领导为主，尤其是一把手，很多会议议题需要主要领导的决策。如果主要领导不能出席会议，那会议也就失去了意义，所以安排的会议时间一定要先经过领导批准。

日常工作会议召开的时间一般不宜过长，超过一个半小时，参会人就会产生疲劳感，对会议议题的判断与决定有一定影响。因此，一般的工作部署、工作研究、领导碰头会等尽可能在一个半小时内完成。如果参加会议的人员较多，讨论的问题重大且议题多，所需时间较长，可分为几个阶段会议，使一次会议变成若干个小型会议，每段各有议题，中间可适当安排休息，使参加会议的人员精力、思维得到调整后再进行下一阶段的会议。

（三）会议地点以方便为主

会议地点的选择要结合参加会议的人数、会议内容等因素综合考虑。首先，选择的会议地点要远近适中、交通便利、车位充足、周围环境条件符合会议内容。其次，会场面积大小要得当，以每人两平方米左右为宜。过大显得松散，不利于形成会议氛围；过小则太拥挤，容易使与会人员烦躁不安，不利于提高会议效果。

（四）与会人员按内容确定

1. 设置会议文秘机构

一般工作会议、小型会议通常由办公室文秘工作人员或相关行政部门负责会务工作。重要且规模较大的会议，一般要成立大会秘书处，下设若干工作小组，如秘书组、文件材料组、宣传报道组、翻译组、总务组、警卫组、后勤保障组、交通组等，分工明确，各司其职，以保证会议顺利进行。

2. 确定参加会议人员

参加会议的人员应以会议的性质、议题、任务来确定。若通知了无关人员或级别不符的人员参加，不利于会议精神的正确理解领悟和内部决策的保密，容易产生不和谐；若没有通知到应该参加会议的人员，会影响工作的安排部署和会议精神的落实，也容易产生不被重视和消极怠工的情绪。

（五）会议通知以详细为优

1. 制定会议通知

会议通知中要详细明确会议时间、地点、会议要求、发言准备、请假制度、保密纪律等。

2. 发布会议通知

确定会议相关工作后，要尽早发出通知，以便与会人员提前做好准备，会务人员也可尽早安排食宿、回程的车票或机票。会议通知包括书面通知、口头通知、请柬通知、传真和网络通知等。书面通知正规严肃，可备案查阅，亦可作为会议入场或报到的凭证，适用于比较严肃、重要或人数较多的会议。口头通知特别是电话通知时，要提前拟好名单及简明扼要的通知稿，以防遗漏，适用于日常工作会议。传真和网络通知要确定对方是否收到通知、收全通知，收到的通知是否清晰，适用于人数较多的大型会议。重要会议有特邀领导的，一般采用请柬邀请。

3. 制发会议证件

会议证件是表明参会人员身份、权利和义务的证件。一般大型的或重要的会议可使用会议证件，以保障会议人员安全和会议主办方的利益。会议证件通常分为两种：一种是正式证件，包括代表证、出席证、列席证、入场证、来宾证、旁听证等；另一种是工作证件，包括工作证、出入证、记者证等。证件的内容大都包括会议名称、证件类别、参会人员姓名、性别、职务、发证日期、证件号码等，重要会议证件还应贴有一寸免冠照片，并加盖钢印，以防伪造。

课堂练习

为促进师生感情，加强学生之间的交流，增进同学之间的友谊，请以班级为单位撰写一份联谊会准备方案。

二、会场布置全面周到

（一）会场布置突出主题

会场的布置形式要根据会议的主题和规模来定。一般来说，领导班子会议环境主要突出朴素大方；职工代表大会会议环境主要突出庄严隆重；庆功大会会场安排主要突出喜庆热烈；座谈会会场布置主要突出和谐融洽；产品介绍会场安排主要突出正规稳重；业务汇报会议布置主要突出简单实用。

（二）会场形式丰富多样

一般以日常工作会议为主的会场，多布置为“一”型、“□”型、“Π”型、“T”型、“⬭”型等，体现民主团结的氛围；以民主生活会、座谈会、讨论会为主题的会场，布置形式一般为“回”字型、“∩”型、“⌓”型等，呈现轻松愉悦的气氛；以茶话会、客户答谢会为主题的会议，布置成“散座”式、“众星捧月”式较好，以营造活泼融洽的场景；以大型研讨会、洽谈会为主题的会议，通常布置成“教室”型、“礼堂”型，突出正规严肃的环境（见图5—4）。

图5—4　会场的布置形式

（三）座次排列尊卑有序

正式会议要排座次，放席卡。会议座次安排一般以面门为上、居中为上、以左为尊。

1. 主席台式座次安排

主席台式座次安排包括主席台座次和参会人员的座次排列。主席台座次安排主要以职务或社会地位的高低进行排列。人数呈奇数时，面向会场，1号领导在主席台正中间，其余由高至低、从左向右交叉排列；人数呈偶数时，面向会场，1、2号领导同时居中，2号领导依然在1号领导左手位置，其余人员由高至低，按照从右向左的次序交叉排列（见图5—5）。

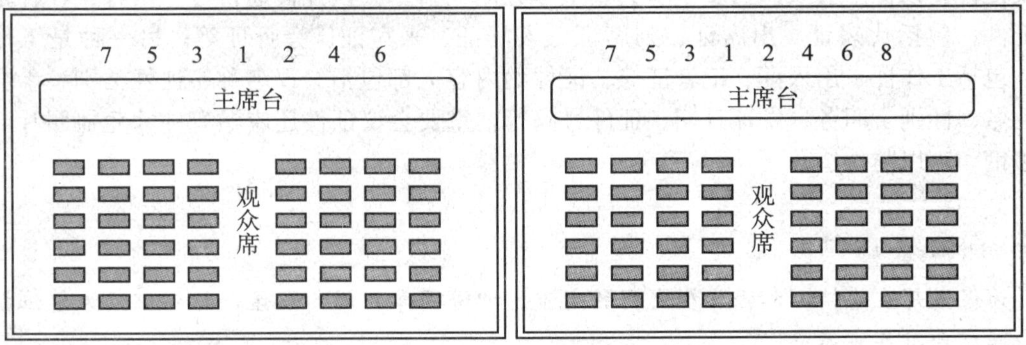

图5—5　主席台座次安排

参会人员的座次排列主要有以下几种：

（1）按职务高低由前向后、由中间向两边排列座次。

（2）按各代表团人数由左向右，呈竖列式排列座次。

（3）按姓氏汉语拼音字母首位由前向后、由左向右排列座次。

（4）按姓氏笔画多少由前向后、由左向右排列座次。

2. 条形会议桌座次安排

条形会议桌的座次包括双方落座和单方落座的排列次序。当双方相向而坐时，如果会议桌横向朝正门时，面门方向为客方，背门方向为主方；如果会议桌纵向朝正门时，面对门口左方为客方，右方为主方。落座后，单边为奇数时，主要领导居正中间，其余人员按职务高低，以落座方向，由左至右交叉排列；单边为偶数时，以落座方向，1号领导在中间两个座位的右边位置上，其余人员按职务高低，由左至右交叉排列（见图5—6）。

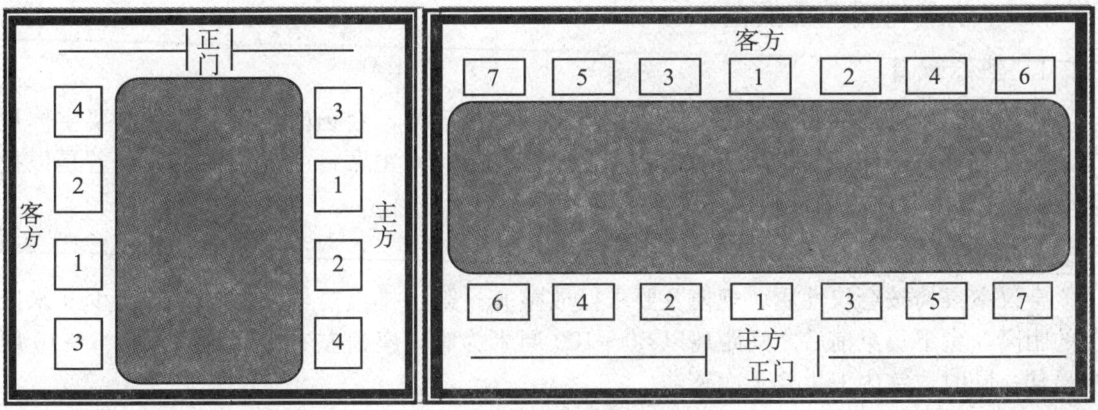

图 5—6　双方会议座次排列

当单方落座条形会议桌时，一般主要领导在会议桌一端，其余人员按职务高低由左至右交叉排列。如果参会领导与参会人员分坐会议桌两侧，则领导按照客方进行排座（见图5—7）。

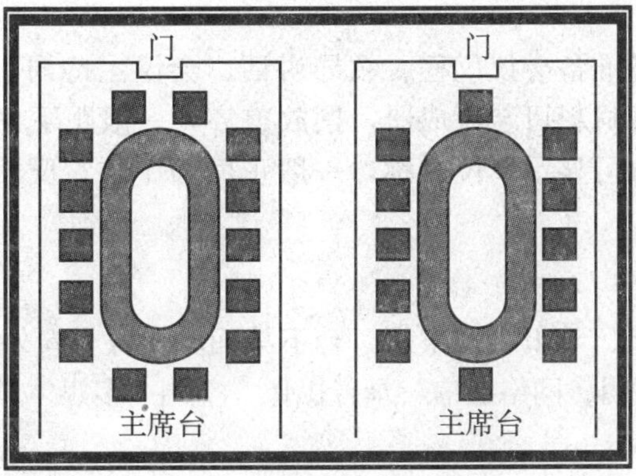

图 5—7　单方会议座次排列（1）

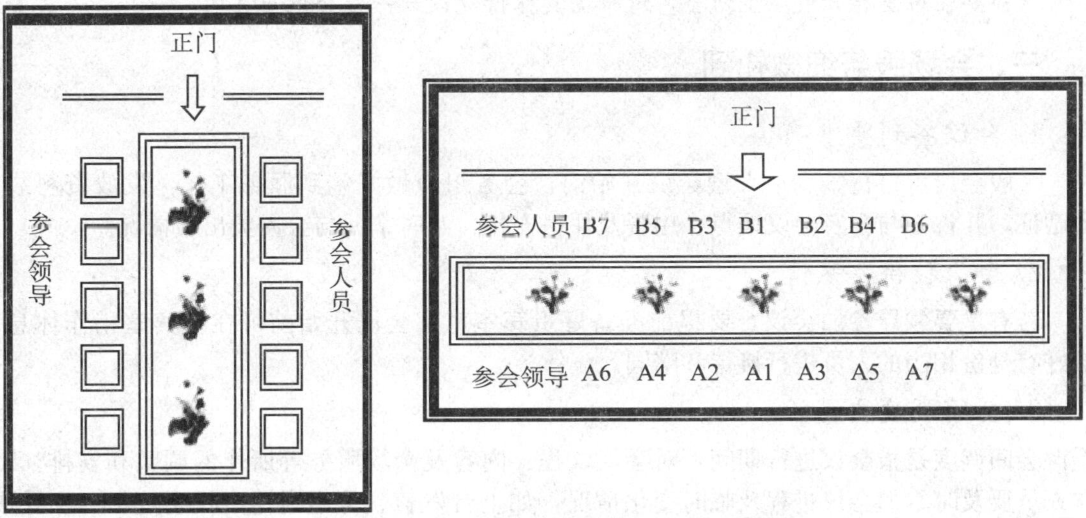

图 5—7　单方会议座次排列（2）

（四）物品材料一应俱全

1. 会标醒目

会场门口可悬挂横幅、竖幅、彩旗、指示牌、拱门等，会场内会议主题名称要字体规范、排列整齐、粘贴牢固、悬挂端正。一般悬挂在会议室主席台上方正中位置，若是以投影或 LED 显示会议主题，则颜色要亮丽醒目。

2. 桌椅摆放

会议室桌椅按会议性质、规模及要求摆放整齐。第一排桌椅与主席台保持至少 3 米以上的距离，台下每桌前后之间距离以 80～100 厘米为宜，座椅左右之间距离保持 5～10 厘米最佳。同时，室内卫生要干净整洁。

3. 花卉摆放

如果需要摆放花卉，一般主席台后 1 米外可放置较高绿植；主席台前可放三排鲜花；主席台下可放一排中高绿植。条形会议桌中间可放一排较矮绿植，高度不宜超过 30 厘米，以防遮挡双方视线。

4. 文件材料

每个座位的桌面上应准备会议议程、领导讲话、会议主持词、参会人员发言材料、记录本、笔等各一份。各种材料可装订成册，摆放整齐，一般距下桌边 2 厘米。席位卡名字打印准确无误，名字下方可显示单位名称，一般正面为中文，反面为英文，摆放在距上桌边 2 厘米处。

5. 服务用品

主席台上要摆放话筒、毛巾、矿泉水，台下桌面除文件材料外，还可摆放矿泉水。

除此之外，音响、照明、网络通信、录音摄像、空调、多媒体设备等要能满足会议需要。

课堂练习

老师要在班里召开民主生活会，请根据具体情况设计一张会议布置图。

三、会场服务细微礼到

1. 会议签到要准确

一般会议可自行签到。大型会议开始前，会务组应做好签到服务工作，发放资料袋、出席证，并告知与会者会议地点、用餐及住宿安排，及时掌握与会人员出席情况。

2. 会议接待要热情

若有重要领导参加会议，要提前准备好贵宾室，在会议开始前可在贵宾室稍作休息，最好有身份相当的人员进行接待和陪同。

3. 会间调度要灵活

会间调度是指会议进行期间，对会议议程、内容及会场服务等所作的调整和安排。工作人员要及时掌握会议进程及临时变化情况，如上台发言、分组讨论、投票选举、领导颁奖等环节要安排合理，使会场秩序有条不紊，保障会议顺利进行。

案例分享

礼仪服务稳秩序

某公司年终总结表彰大会非常隆重，200 多个座位座无虚席。在进行到会议第五项颁奖议程时，主持人一时高兴，把所有奖项的20名得主一口气宣布完毕，并请获奖组织及个人上台领奖，请主席台上7位领导为大家颁奖。这时领导们开始茫然了，台下的听众也在嘀咕着：奖品在哪里？先颁什么奖项？领奖人上台有顺序吗？7个人怎么为20个人颁奖？正在大家拭目以待的片刻，只听悠扬的进行曲响了，7位礼仪小姐身着整齐的礼仪服装，手持旌旗，款款走上台将第一组奖品依次递给七位领导，紧接着另一位礼仪小姐引领着一队获得先进部门领奖的代表队伍依次站在领导面前，颁奖、授奖、合影……第二组先进个人奖同样由礼仪小姐服务队控制着整个颁奖秩序……第三组特别贡献奖……大家的茫然和疑虑在秩序井然的氛围下很快消失了，一场规模盛大的表彰大会圆满结束。

组织会务看似简单，实则很费心。很多大型的会务工作一定要考虑周全、服务周到，否则一个细节就可能冲淡会场气氛，降低会议原本的价值。所以，诸如表彰、颁奖、剪彩、奠基、揭牌等大型庆典会务，都要请专业的礼仪服务人员来做保障。

四、参加会议礼规

无论参加何种会议，都是人员较密集的场所，懂得参加会议的礼仪，不仅对会议精神的贯彻有较大的促进作用，还可以通过自身修养增加集体的美誉度。

（一）入场的礼规

1. 提前入场

一般与会人员参加日常工作例会时，应提前10分钟入座，整理思路；参加大型研讨会议应提前20分钟入场，对号入座。会务人员提前30分钟入场，准备资料；主席台领导提前3分钟就座，即刻开会。注意：参会人员一定不能比领导晚到。

2. 正装出席

参会时的服装要求一般根据会议性质或会议通知要求而定。日常工作会议、专题会、研讨会、发布会、报告会等较为严肃、正式的会议，应穿着正装。茶话会、联谊会、庆典会等可穿着礼服。

案例分享

都是手机惹的祸

开会迟到的小李，悄悄从会议室后门溜进会场，找了个空座位，可是屁股还没坐稳椅子，兜里的手机就唱起了小曲儿，小李顿时成了万众瞩目的焦点，随即台上正开会讲话的总经理重申了会议纪律："会上手机铃声一响罚款100元。"这是开会前领导刚刚宣布的会议纪律，必须现场兑现。小李这才后悔平时不重视会议礼仪，结果受到了处罚。

会务活动一定要遵规守纪，否则，就可能出现尴尬。

（二）听会的礼仪规范

1. 举止端庄

会议过程中，应坐姿端正，不能东倒西歪或趴在桌上，不能有搔首、掏耳、脱鞋、剪指甲等不文明举止。

2. 认真倾听

领导讲话时要认真倾听报告或发言，并做好记录，深入体会会议精神并认真思考。他人发言时，应注视对方，专注听取，必要时以点头微笑表示认同支持，不能心不在焉。

3. 发言举手

会议上需要发言时，要先举手。发言时应对事不对人，不能有损他人人格及信誉。讲话时，准备要充分，态度要谦虚，口齿清楚、简明扼要，不要手舞足蹈、出言不逊。如果是在台前发言，上台讲话时和发言结束后要向听众鞠躬致谢。座谈会中，别人在发言时，不要随意打断对方，要注视发言人，以示尊重和认真。领导讲话或发言结束后，应鼓掌致意。

4. 严守会纪

参加会议时，每位与会人员都要严守会议纪律，端正会风。会议期间应保持手机静音状态，不能大声喧哗，或大声接打电话。除鼓掌外，不应出现任何噪音。开会时不能在下面闲聊、摆弄手机、抽烟、吃零食、打瞌睡等。会议中不能随意出入会场，若中途退场应轻手轻脚，不能影响他人。

（三）退场的礼仪规范

会议结束后，要等主席台领导先行退场后，方可依次离开，切不可出现拥挤情况。离场时，要清理干净自己座位上的纸屑、空瓶等杂物。若是合影留念，要服从组织者安排。

技能训练

画出并评比礼仪知识导读图

全班分两队，每队分四组。每队选择"会议准备、会场布置、会议服务、参加会议"四个主题，每小组分别选择一个主题，画出相应的礼仪知识导读图。最后展示出来，两队相同主题的小组对比导读图，评比出优胜组。

综合实训

▷情境模拟

1. 情境背景

行政办公室里的一天。

2. 模拟要求

要求 9 人一组，分别扮演办公室主任、副主任、秘书、办公室职员等不同角色，以“办公室里的一天”为主题，演练从上班到下班整个一天工作中的交往环节，其中包括主任在办公室召开一个“办公环境文化建设”现场会，要求充分展现办公往来礼节。

3. 实训目的

通过小组合作演练，复习巩固办公往来的各种礼仪规范，训练维护环境、见面招呼、工作任务的沟通协调、会议的组织参加等交往技能，为将来步入实际办公场所打好基础。

▷社会实践

1. 实践场所

学院团委办公室。

2. 实践要求

(1) 协助团委老师将团委办公室和团员活动室环境整理好。

(2) 协助团委老师组织开展团员活动。

(3) 注意个人形象、举止、语言、行为礼仪，有意识地培养彬彬有礼的好习惯。

3. 实践目标

将课堂所学到的办公往来礼仪用到实践中去，体验职场办公人士的日常工作状态，感受礼仪交往换来的尊重和认同，写出心得体会。

项目六

文书通联礼仪

任务要求

1. 接打电话应塑造礼仪形象，提高沟通效率。
2. 收发传真邮件应正确操作、及时通告，确保收发到位。
3. 编辑公文信函应积极维护组织形象。

职场启迪

“意外”的礼仪，意外的收获

人事经理张先生所在的软件公司收到了30余封求职简历电子邮件，在进行筛选后，他按简历上留的号码给其中比较优秀的5个人打电话，想了解、确认并通知他们面试时间。使他感到意外的是，5个人中有3人因“手机关机”“不在服务区”“无人接听”等原因无法联系上。这时他关注到一个简历中“联系方式”一栏里写得最全面的一个应届毕业生，这位学生留了两个手机号码、一个固话号码、一个QQ号、一个电子邮箱地址，他已做好了依次联系下去的心理准备，可没想到第一个手机号就拨通了，却是学生的家长接的电话，对方说：“我儿子今天参加一个志愿者活动不方便接打电话，手机放到家里劳烦我代接……”张先生便请他转告了对学生的面试通知和要求。

第二天早上一上班，张先生又意外地收到了这个学生的一封邮件，是昨晚零点之后发的，上面解释了志愿者活动很晚结束，回家后已不便打扰回复电话，随即发送邮件深表歉意……

张先生从这个学生的所作所为看出了他对人的尊重，也感受到了他的敬业和勤奋。面试顺利过关，也让这名学生收获了一份惊喜。

职场中通信联络方式随着科技的发展越来越多样、快捷，面对面的交流方式很多时候被声音、文字替代，但是如果缺乏

通联礼仪这一润滑剂，这些方式会在方便人们联系的同时也疏远人们之间的关系。

学习电话、手机、传真邮件、公文信函等通信联络礼仪规范，就是让人们在享受现代科技成果的同时也不断发展和谐的人际关系，促进工作顺利开展。

任务一　接打电话礼貌高效

知识认知

电话是工作往来不可或缺的通信工具，人人都会使用电话，但礼貌而高效地使用电话却不是每个人都能做得很好的。接打电话有很多礼仪规范，从通话前的准备到铃声的响起，从第一声的问候到礼貌地挂断，从电话形象的塑造到手机的管理使用，每一个环节都能反映出一个人的沟通能力、礼貌素质以及组织形象。

一、电话礼仪形象

接打电话时虽然眼睛看不到对方，但彼此的表情姿态、语音声调、语言态度都会通过耳朵给对方留下一个真实的印象，这就是所谓的电话形象。它不仅能反映通话者的个人素质，而且也能体现所在组织的管理水平。

(一) 姿态端正

面部表情和通话姿势都会影响声音的变化，所以接打电话也要抱着“对方看着我”的心态去通话。表情要体现热情尊重，如微笑着发声，声音是亲和甜美的。不论站姿或坐姿，上身都要保持端正，如果躺卧歪倒着通话，声音也是懒散的。另外，通话中要养成左手拿话筒右手随时做好记录准备的习惯（见图 6—1）。

图 6—1　接打电话的姿态

(二) 声音清晰

接打电话不同于面谈，对彼此信息的传递全凭声音，所以要尽量讲普通话，吐字清晰，语调柔和，语速适当放慢，音量适中即可。喜悦的心情能传递出欢快的语调，注意控制情绪，不能冲着电话大声叫喊，尤其是服务性质的工作电话，声音过大会给人盛气凌人的印象。

（三）语言文明

有些人感觉打电话彼此看不到，常常就忽略了使用文明用语，其实恰恰相反，越是看不见，就越关注说的每一句话，所以绝不可掉以轻心。“您好”“请问”“麻烦您”“对不起”“打扰了”“劳驾”“谢谢”“再见”等都是很常用的电话礼貌用语，几乎每次打电话都会涉及，接打电话时不能省略。

课堂练习

对比感受，强化训练电话文明礼貌用语（见表6—1）

表6—1　　电话用语对比

不礼貌、不规范的电话语言	文明礼貌的电话用语
喂?!	您好！
去叫刘涛来！	麻烦您，我要找一下刘涛。
你是谁?	请问您怎么称呼?
你找他干吗?	请问……
他不在！	抱歉，他刚暂时离开办公室了。
你告诉他……	劳驾您转告他……
你打的什么号呀，错了！	可以确认一下电话号码吗?
去叫你们领导来！	打扰了，请问能找一下王总吗?
我不知道！	请稍等，我去请示一下负责人

二、电话礼节要求

（一）拨打电话把握时间

给对方拨打工作电话要在对方上班10分钟后到下班10分钟前的时间范围内打。早7点之前、晚10点之后，以及他人休息、用餐时间段要避开。另外，要考虑下面两个因素。

1. 时机

周一，尤其是上午，大多数人或开例会，或计划一周的工作，都很忙碌不宜打；周五的下午除必要的工作通知外，一般的沟通电话就不宜打了，因为得到的答复很可能就是：等下周上班再联系吧。所以可以利用好周二到周四期间最合适的时机进行电话沟通。每天上午8～10点尽量不要贸然打电话，尤其是夏季的下午14～15点不宜打电话。

2. 时差

往外地拨打电话要考虑对方所在地区与本地的时间差，如新疆地区与北京时差晚2个小时，伦敦相对北京要晚8个小时，纽约相对北京要晚13个小时，如果忽略了时差，往往自己上着班而对方已休息了，就很失礼。

3. 时长

一般一通电话的时长主要由拨打的一方控制，“电话三分钟原则”已列进很多单位的规章制度中，所以，在拨打电话之前要事先估算好，做到长话短说，闲话不说。

案例分享

小李上午9点半给客户打电话：

“喂，是张总吗？”

“你是？”

“我是前两天拜访过你的小李呀。”

“哦，小李，我在吃早饭……”

“啊，都9点半了你还在吃早饭呀！”

“我到新疆出差来了……你晚点打吧……”

“哎，到哪儿出差都没关系呀，反正我就电话给你说点事……”

没等小李说事，张总的电话就挂断了。

显然，不懂时差，不考虑时机的通话会很失礼，最遗憾的是对方不高兴了自己还不知道为什么。

（二）接听电话注意“四声”

1. 关注“铃响声”

电话在接通之前礼仪就存在了。如果办公电话尤其是服务电话铃响4声以上才接通，会让人产生一种不坚守岗位或工作懒散的负面联想，超过5声以上接通，对方积极沟通的情绪就会受到影响。所以工作电话要在铃响2～3声时迅速接听。如果由于特殊情况铃声超过5声了，接通后要首先道歉。一般的工作岗位电话铃声响过一声时先不要仓促接起，除非是专岗服务转接电话。

2. 重视“第一声”

接通电话后的第一声是给对方留下第一印象的关键点，礼貌的第一声一定是先问好再自报家门，如：“您好，这里是×××（单位）。”或：“您好！我姓×。”内线电话只报清部门即可。如果对方误拨，要理解宽容，不能大声责怪。

3. 控制“背景声”

电话双方对话之外的声音都是“背景声”，这是不需要出现的通话噪音。避免背景声传到对方的耳朵，防止背景声干扰自己的思路，在接听电话前或过程中应注意控制。曾经一个客户咨询业务时对着电话说：“我现在很不喜欢闻烟味！”原来接电话的营销员在通话中点火抽烟又玩弄手中的打火机，让客户感觉到了对方的不耐烦情绪。所以，接听电话时要尽量远离嘈杂环境，控制周围声音，绝不能对着话筒抽烟、喝茶、吃东西、打哈欠、咳嗽等。

4. 礼貌“挂断声”

接听完毕后，一般情况下要等打进电话的一方先挂断电话，自己再挂断，除非你是客户、领导、长辈身份时可以先挂断，但要注意挂断声要轻稳。

案例分享

失礼的电话接听

某杂技团计划于下月赴美国演出，该团团长刘明就此事向市文化局作请示，于是他拨通了文化局局长办公室的电话。

可是电话铃响了足足有八九声，依然无人接听。刘明正纳闷着，突然电话那端传来一个不耐烦的女高音："什么事啊？"同时，刘明感觉到电话另一端环境很嘈杂，刘明一愣，以为自己拨错了电话："请问是文化局吗？""废话，你不知道自己往哪儿打的电话啊？""哦，您好，我是市杂技团的，请问王局长在吗？""你是谁啊？"对方没好气地盘问。刘明心里直犯嘀咕："我叫刘明，是杂技团的团长。"

"刘明？你跟我们局长什么关系？"

"关系？"刘明更是丈二和尚摸不着头脑："我和王局长没有私人关系，我只想请示一下我们团出国演出的事。""出国演出？王局长不在，你改天再来电话吧。"不等刘明再说什么，对方就"啪"的一声挂断了电话。

刘明感觉像是被人戏弄了一番，拿着电话半天没回过神来。

接听电话"四声"礼仪很重要，它不仅是个人素质的反映，也是单位组织管理形象的写照。另外，接听后，如果对方要找的人不在，应直接告知："抱歉，他现在没在，如果需要转告，我可以帮忙。"不能像上例中的接听者好奇心过重，刻意打探隐私，这都是很失礼的。

课堂练习

同桌一组，拟定一个话题，模拟训练接听电话的"四声"礼仪。

三、高效通话礼仪

（一）拨打前做好准备

1. 心境准备

拨打电话前首先要调整好精神状态，避免因过分懒散、紧张或过分兴奋造成误拨和说话缺乏条理。刚过完节假日上班的第一天、刚午睡后到岗、紧急事件的应对或者一些指标任务带来的工作压力等都难免会影响工作心境，在这些时刻拨打电话一定要做自我积极暗示，控制情绪，克服倦怠和烦躁心理后再拿起电话。

另外，有些电话内容可能会引起对方不快，还有，打电话讨论敏感问题时，都要提前做好思想准备，避免受到对方情绪的影响而造成通话障碍。

2. 内容准备

拨打工作电话往往是有事咨询、有事请教……为确保简明扼要、表达全面，拨打前应把电话的中心内容打个腹稿，重要的事情还要列出提纲，内容紧急重要、数据复杂、时间约定严格的电话必须先打好草稿，经核实无误后，方可拨号。这样的准备工作有助于提高通话效率，避免因对方的偶然插话打断或转移自己的话题中心。

（二）拨通后灵活应变

（1）电话拨通后，对于认识的人，简单问候后即可直奔主题；对于不认识的人，要先讲明自己的身份、目的再谈问题。

（2）需谈论有争议的问题、敏感性问题或机密事件时，要先问对方谈话是否方便。

（3）如果要找的人不在，必要时可委托对方，简要说明事情要求后要记住委托人的姓名，并表示感谢。

（4）中途若因不明情况断声，拨打方要主动再次拨通。

知识拓展

“5W1H”技巧

接打电话时，传达或记录重要工作事项常用到5W1H技巧：

When——何时：接通电话的时间

Whose——何人：接打电话人的姓名

Where——何地：接打电话人的所在地或单位部门

What——何事：需要转告或记录的事项内容

Why——为什么：事项的缘由或目的

How——如何进行：事项的处理方式或方法

（三）接听后认真负责

1. 准确记录

职场工作电话每一个都很重要，都跟工作密切相关，要认真聆听，不可敷衍。对重要事项可运用“5W1H”技巧，左手拿话筒，右手执笔记录，不留疏漏，这是确保电话沟通效率的基本习惯，否则放下电话因事务繁忙或时间关系而把电话内容忘了或记不准了，还得重新通话询问，浪费了时间不说，耽误了工作就会造成失职。

2. 复核应答

接听电话时一定要专心，不要频繁打断对方，要适时回应，如使用“嗯”“知道了”“好的”“明白”“记下了”等短语，让对方感觉你在认真聆听。

遇到对方说及重要信息时要强调、复述、确认，如提及的时间、地点、电话号码、数据等，防止自己误听误记造成差错，同时也给对方留下办事负责、认真的好印象。

3. 查询有方

当遇到需要查询资料或需要请示后才能答复对方的，要根据实际情况和工作经验考虑对方等候的时间，如果等候时间估计会超过2分钟，就要告诉对方，同时商定待机等候还是挂机回拨。

4. 转接有礼

很多时候在办公场所接通电话时，不是对方要找的人，这很正常，热情为他人转接电话是与人为善的表现。这时不要让对方久等；如果呼唤距离较远的人要用手轻捂话筒；如果要找的人不在或不便接听，应说“对不起，他刚离开了办公室，需要的话我可以转告”，然后对方需要转告时，一定记下身份、电话等信息。对方致谢后要说“不客气。”特别需要注意的是，不要随便将同事尤其是领导的手机号码告诉对方。

案例分享

恼人又无效的通话

甲：“喂，喂，你是小王吧？”

乙：“你才是小王八呢，会说人话吗，找谁？”

甲：“哦，我，我找小王。”

乙：“男小王还是女小王？”

甲：“当然是男的。”

乙：“他不在！”

甲：“不在？为什么不在？”

乙：“你问我，我问谁？！”

甲：“哦，他上哪里了？”

乙：“我怎么知道，他又没向我请假！”

甲：“那你就转告他……”

乙：啪！（重重的挂断声）

接打电话的言辞用语很重要，一些容易引起误会的、不礼貌的、闲散无用的话一定不要随意出口，否则会适得其反。

四、手机使用礼仪

当今职场，手机也常常作为办公往来的通信工具，除遵循上述电话礼仪的规范外，还要遵循以下两个主要方面的使用礼仪，以示对人对事的尊重，也是公共道德的体现。

（一）使用手机要看场合

1. 禁用场合

飞机上、加油站、驾驶中、音乐影剧院、庄严肃穆场合、医院手术室或重症室、法庭、活动仪式进行中以及有特殊规定的工作岗位等场合严禁使用手机，在这些场合要及时关机。

2. 静音场合

课堂、会议室、图书阅览室、病房、公共休息室、与他人洽谈沟通中以及需要避免声音干扰的场合要及时将手机调成静音。

3. 慎用场合

餐桌旁、公交车上、电梯里、行路中、办公室等公共场合或工作岗位，不可以旁若无人地接打电话，应谨慎使用，尽可能压低声音长话短说，尽量减少对他人的干扰，最好是将手机调成震动状态。

（二）正确利用短信功能

（1）不适宜接打电话的场合，或电话不易说清、对方不便记清某些信息的时候，可利用收发短信的方式相互联络。

（2）不清楚对方是否方便接听电话又怕打扰到对方时，可先短信留言：“方便时请回电。”

（3）收到领导、长辈、客户等位尊者的短信后更要及时回复。

（4）适时发送节日、生日等祝福短信最好署上自己的姓名。

（5）不要在与人交谈的同时查看短信或编辑短信。

（6）严禁编辑和转发不健康的或不文明的短信。

技能训练

电话情景模拟：

4月12日下午15点整要举办一个小型校园招聘会，地点设在学院行政楼第一报告厅。老师安排你电话通知三个班的班长，并要求班长给自己所在班级的全体同学传达此信息。

请分组模拟通知人和班长之间的接打电话情景，其中含有转接电话的情况。每组准备练习5分钟后，上讲台给大家模拟展示，老师点评。

任务二　传真邮件收发到位

知识认知

收发传真和电子邮件也是职场交往必不可少的沟通方式，它可迅速将工作文件、资料、信息快捷高效地传递给身处异地的交往对象，给工作带来很大的方便。懂得其正确操作及规范使用的礼仪，能确保与交往对象的传真邮件收发到位且促进工作往来，建立良好的合作关系。

一、使用传真机的礼仪

在工作中，传真机能够满足将某些重要的文件、材料、图表即刻投递给身在异地的来往对象，它的特点是操作简便、传送速度快、能传送真迹、可以自动收录稿件。在充分发挥传真机作用的同时，也要注意它的使用礼仪。

（一）依法使用，按时付费

国家规定：任何单位或个人在使用自备的传真设备时，均须严格依照电信部门的有关要求，实行必要的使用手续，否则即为非法。安装、使用传真设备前，须经电信部门许可，并办理相关手续，不得擅自安装、使用传真设备。安装、使用的传真装备必须配有电信部门正式颁发的批文和进网允许证。

使用自备的传真设备期间，按照规定，每个月都必须到电信部门及时缴纳使用费用。

（二）及时通报，规范操作

在工作交往中，自己或本单位所用的传真机号码，应准确无误地告知必要的交往对象。在商用名片上，传真号码是必不可少的一项重要内容。而对交往对象的传真号码，必须认真地记好。

在向对方发送传真前，要先向对方电话通报一下。这样既提示了对方，又确认了号码不至于发错，传真信息应在5分钟之内发送。文件传真完后，要及时拿走，否则若丢失了原稿造成信息泄露，会对工作带来不良后果。

单位所使用的传真设备，应当由专人负责。无人在场而又有必要时，应使之处于自动接收状态，但接收重要传真时，必须有专人在场，以防泄密。另外，为了不影响工作，单位的传真机尽量不要同办公电话共用同一条线路。

（三）依礼使用，注重实效

写传真信件时，内容应简明扼要，清晰明确，礼貌格式与书信一样，称呼、敬语、致谢词、签字都不能缺少。在发送传真时，要按规范操作，注意不失礼数，谨记礼貌提醒。

使用传真设备时，最为重视的是它的时效性。因而在收到他人的传真后，应该在第一时间采用恰当的方法回复对方；需要办理或转交、转送别人发来的传真时，要及时处理，这都是基本的礼貌和尊重。

知识拓展

传真机的由来

1883年，在英国一所大学读书的保尔·尼勃科夫产生了一个强烈的愿望：电报能传送人的意图，电话可传送人的声音，能不能发明一种传送图像、并在远方能够留下这种图像的装置呢？一天，课余时间，尼勃科夫看见两位同学正在做一种游戏，他们各自在桌上一张大小相同的纸上写了一个字，然后按一定的顺序告诉对方哪一个小格是黑的、哪一个小格是白的。对方同学将全部小方格都按指令处理后，纸上便出现了与对方同学写的相同的字。一直在琢磨设计一种传真装置的尼勃科夫看着看着，不禁脱口而出："真是个好办法！""任何图像都是由许多黑点子组成的，如果把要传送的图像分解成许多细小的点子，借助科学手段把这些点子变成电信号，并传送出去，而接收的地方只要把电信号再转化为点子，并把点子留在纸上，不就实现了图像的传真吗？"尼勃科夫决定实施这一方案。经过一段时间的研制，尼勃科夫做成了一台圆盘式的传输装置。他申请了专利。此后，美国的格雷、英国的考珀，也在传真装置的研制方面取得了巨大进展。在吸取众多科学家研制经验的基础上，美国无线电公司于1925年研制出了世界上第一台实用的传真机。

二、收发电子邮件的礼仪

电子邮件又称电子信函或电子函件，其优点是方便、快捷、省时、容量大、对他人干扰小，而且经济实用。通过收发电子邮件沟通信息，虽然互不谋面、听不到声音、看不到表情，但收发时同样要求遵循一定的礼仪规范。

（一）标题准确，主题突出

标题要提纲挈领，添加邮件标题是电子邮件和信笺的主要不同之处，在主题栏里用短短的几个字概括出整个邮件的内容，便于收件人权衡邮件的轻重缓急，分别处理。关于电子邮件的标题，主要有如下的礼仪要求：

（1）标题突出主题，让人一目了然，也可适当使用醒目字眼，以引起注意。

（2）每封邮件只针对一个主题，对同类的主题最好使用相同的标题命名格式，这样便于日后整理存档邮件。

（3）回复对方邮件时，一定要注意：如果谈论的内容已经和之前的内容发生了变化，可以根据回复内容的需要更改标题，使收件方更加清楚该邮件的主要内容。

（4）空白标题或不规范的标题是不职业、不重视对方的表现。

案例分享

疏忽了标题，邮件成了“垃圾”

某医药集团研发中心市场部刚入职的员工石竹在两周前接到了领导交代的任务：给200名医药代表发《新产品发布会会议通知》电子邮件，并要求电子邮件回执。可是过了一周多了，负责组织会议的工作人员查看邮件时竟然只收到几封回执。

根据以往的经验，负责组织会议的工作人员觉得这是不正常的，于是给医药代表们打电话询问，医药代表们竟然都说没有接到邮件通知。工作人员又问石竹，他说保证都发了，并且有已发邮件记录。经过查阅记录，工作人员发现石竹发出的邮件没有明确的主题标题，只是习惯地写了个“小石”就群发了，结果没有人知道小石是谁、是何内容。大多数人就直接将此邮件拽进了垃圾箱。

我们知道，在信息时代，垃圾邮件或误发邮件的情况也常常出现，如果不注意邮件的书写礼仪，就会出现上例中的情景，造成严重的工作损失。

（二）简明扼要，行文通顺

1. 开头称呼，礼貌问候

邮件的开头要称呼收件人。这既显得礼貌，也明确提醒收件人此邮件是面向他的，要求其给予必要的回应；在有多个收件人的情况下可以称呼大家。问候语是称呼换行空两格写“你好”“您好”或“你们好”。

2. 点明身份，以示尊重

若对方不认识你，首先应当说明自己的身份。姓名或你代表的企业名称是必须通报的，以示对对方的尊重。点明身份应当简洁扼要。

3. 语汇简洁，内容明了

电子邮件正文应简明扼要地说清楚事情，多用简单词汇和短句，准确清晰地表达，不要出现让人晦涩难懂的语句。多用列表形式，且一封邮件最好把相关信息全部说清。如果具体内容确实很多，正文应只作摘要介绍，然后单独添加附件。同时要在正文中提示收件人查看附件，如果附件是特殊格式文件，应在正文中说明打开方式，以免影响收件人使用。

4. 文字通顺，避免错误

文字尽可能避免拼写错误和错别字。在邮件发送之前，注意使用拼写检查，仔细阅读，检查行文是否通顺。另外，现在法律规定电子邮件也可以作为法律证据。因此，写电子邮件时须仔细推敲，这既是对别人的尊重，也是对自己的保护。

5. 结尾签名，必不可少

电子邮件末尾加上签名档是必要的。签名档可包括姓名、职务、公司名称、联系电话、传真、地址等信息。

（三）发送邮件，确保成功

有时因为网络问题或计算机本身设定等问题，邮件可能发送不成功或发送后被退回，因此点击发送后要检查电子邮件是否发送成功。重要的电子邮件还要得到对方的回复确认，或者至少让他知道有邮件过来。发送完毕后，还可电话通知并确认对方收到。

转发敏感信息或者机密信息要小心谨慎，不要把内部消息转发给外部人员或者未经授权的接收人；不发送垃圾邮件或者附加特殊链接。

（四）回复邮件，及时响应

收到他人的重要电子邮件后，及时回复对方是必不可少的礼节，这是对他人的尊重，理想的回复时间是 2 小时以内。

课堂练习

检查自己电子邮箱里保存的邮件，对照礼仪规范，查看邮件的标题、语言、格式、内容和收发回复的礼节等方面是否还存在需要改进的地方。

案例分享

一封电子邮件引发的争议

某案件的原告是上海亚肯企业形象设计有限公司深圳分公司，被告则是沃尔玛（中国）投资有限公司。该案在深圳市罗湖区人民法院正式开庭审理。争议的起因并不复杂，双方曾签约由亚肯公司为沃尔玛设计制作商场标牌，沃尔玛拖欠了原告大量货款；此外，由于沃尔玛通过电子邮件指示亚肯公司制作标牌，之后无故违约，致使大量标牌库存和半成品报废。在庭审中，沃尔玛认为，原告提供的电子邮件证据并不具备法律效力。

电子邮件订单是否具有法律效力呢？中国国际私法学会常务理事、法学博士詹礼愿认为，电子邮件订单的法律效力在法律上并没有任何障碍，但确认的过程却有许多技术难题，企业稍有不慎，就可能会陷入举证不能的窘境。詹礼愿建议：企业在进行电子邮件往来时一定要注意以下四点：一是可以通过书面合同的形式确定双方电子邮件往来时有效的电子邮箱地址。二是注意保存电子邮件，不要随便删除，以便应对不时之需。三是如果交易中发生纠纷，可以在公证处进行电子邮件的公证，明确该电子邮件的法律效力。四是通过邮件的后续行为确定电子邮件的存在。

知识拓展

中国第一封电子邮件

1987 年 9 月，CANET 在北京计算机应用技术研究所内正式建成中国第一个国际互联网电子邮件节点，并于 9 月 14 日发出了中国第一封电子邮件："Across the Great Wall we can reach every corner in the world."（越过长城，走向世界），揭开了中国人使用互联网的序幕。这封电子邮件是通过意大利公用分组网 ITAPAC 设在北京侧的 PAD 机，经由意大利 ITAPAC 和德国 DATEX－P 分组网，实现了和德国卡尔斯鲁厄大学的连接，通信速率最初为 300bps。

技能训练

（1）全班人员分两组，分别角色扮演公司商务人员，且适时互换，以通知一次商务活动为主题，模拟发送和回复电子邮件。

（2）主要内容：按照题目要求发送和回复电子邮件。

（3）要求：用心拟定邮件标题，认真检查邮件正文，及时准确回复邮件。

任务三　公文信函准确缜密

知识认知

在正式的公务、商务交往中所使用的信函通称公文信函。公文信函是职场中应用极为广泛的书面交流形式，在现代社会交往中依旧是有效而又实用的交流方式之一。相对于普通书信，由于公文信函使用于正式场合，在礼仪方面通常有着更为标准而规范的要求。

一、公文信函的基本礼仪

（一）主体写作的规范

一般的公文信函均由抬头、正文、结尾三部分构成，每一部分都应认真对待，要符合礼仪要求。

1. 抬头称谓，恰如其分

（1）称谓语准确。在写作信函抬头时，应以称谓语称呼收信人。在称呼收信人时，下列三点必须注意：

第一，姓名与头衔必须正确无误。

第二，以直接致信的有关单位或部门作为抬头中的称谓语。

第三，切忌滥用称呼。初次致信他人时，不要乱用"阁下""老板"这一类专用性称呼。

（2）提称语到位。所谓提称语，是指提高称谓语的词语。在公务信函里使用提称语，关键是要到位。在一般情况下，公务信函里最标准的提称语是"尊敬的"。

2. 正文主题，言简意赅

（1）注意人称使用。在公务信函里，若为了表示亲切、自然，宜采用第一人称。若意在表示公事公办、严肃正规，则可以采用第三人称。

（2）主要内容前置。一封标准公务信函在正文的开端即应直言自己认为最应当告诉收信者的信息以及收信者最希望了解的信息。

（3）删繁就简。在写作公务信函时，一定要注意控制篇幅，力求简明扼要。

（4）一信只议一事。这样可以突出主题，而且可以限制其篇幅。

（5）语言平易近人。尽管公务信函使用的是书面语言，写作者亦应尽量使之生动、活泼、亲切、自然。

（6）信息正确无误。公务信函所传递的信息应正确无误。为此应做到：避免写错字、用错标点符号；防止滥用成语、典故、外语；不宜采用过于生僻的词语或易于产生歧义的举例。

3. 结尾周全，面面俱到

（1）祝福语。其内容大都约定俗成，不宜空缺。

（2）附言。使用补述语时应注意三点：单字不成行；单行不成页；字数不宜多。

（3）署名。在公务信函里，署名宜为写信者全名。必要时，若为打印信函，最好由署名者本人在信上亲笔签名。

（4）日期。在署名之后，应注明写信的具体日期。所署日期越具体越好，至少要写明某年某月某日，必要时还应注明某年某月某日某时。

（5）附件。在一些公务信函的结尾往往附有其他有关文件。附件通常应置于公务信函之后，但其具体件数、页数、名称均应在信中一一注明，以便收信者核对查阅。

（二）交封邮寄的规范

1. 邮寄地址详尽

邮寄地址是通信的必要条件，越详尽细致，越容易送达。

2. 收信人姓名正确

以单位、部门作为收寄者时，应注明其正确的全称。

3. 邮编正确

正式交付邮寄的公务信函，一定要正确注明收信地址与寄信地址的邮政编码。

4. 格式标准

封文写作，通常都有一定的格式可依。

（三）写作工具的选择

1. 信笺

信笺又称信纸。公务信函所使用的信笺应当规格统一、纸质上乘、美观大方、统一印制。

2. 信封

公务信函所使用的信封最好是本单位统一印制的专用信封。

3. 笔具

手写公务信函时，通常应使用钢笔或毛笔。用毛笔写信宜用黑色墨汁；用钢笔写信宜用黑色或蓝黑色墨水。

知识拓展

中文信函的标准格式

中文书信的标准格式：

称呼顶格写。

问候语另起一行空两格。

正文另起一行空两格写，也可以紧接问候语写。

“此致”有两种安排法：一是“此致”接在正文后，后面不用标点符号；二是另起一行，空两格写“此致”，后面同样不用标点。“此致”可用“顺祝”“敬颂”之类的词语替换。此致后可以用“敬礼”，也可以不用。

“敬礼”另起一行，空两格写，后面用叹号。

落款另起一行，靠右写自己的落款。

落款下标注写信的日期。

二、应用信函的礼仪

在公务交往中，信函应根据具体情况来使用。在职场交往中，常用的联络函、通知函、确认函、感谢函、推荐函、拒绝函等，在写作上往往又有一些各自不同的要求，有着各自不同的礼仪规范，现就主要函件予以说明。

（一）联络函件，沟通得体

联络函是平时用以培养客户关系、与客户保持联络的一种专用信函。联络函应注意的礼仪规范如下。

1. 扼要介绍，加深了解

清晰明了地介绍自己，加深对方对自己的了解。

2. 表达关注，增进感情

在函件中，可以向对方表达自己诚挚的关心。

3. 相机合作，委婉表述

在联络函中，可含蓄表示希望与对方进一步交往、合作的意图。

（二）通知函件，客观真实

通知函主要用以向外界通报某项事务处理的具体情况，或是某项业务的具体进展情况。写作通知函时，应注意的礼仪规范如下。

1. 重在介绍，表述客观

通知函的主要作用是向有关方面通报事态的发展、变化，描述事实要客观。

2. 有头有尾，连贯一致

在介绍当前状况时，通知函要注意与此前函件的呼应。

3. 促进合作，含蓄委婉

通知函的目的之一，就是要推动收信方与寄信方的合作，因此在表达上要力戒语气生硬，强人所难。

（三）确认函件，正式严肃

确认函是指专为确认某事而向交往对象所寄送的信函。在公务交往中，确认函是最为常用的信函之一。因为确认函意在对某种事实、某种意向进行确定，所以它在写作上具有更高的规范性要求。写作确认函应注意的礼仪规范如下。

1. 明确事项，不出差错

此项内容是确认函的关键内容所在，应反复核对，确保没有任何差错。

2. 要求确认，签署备案

在一般情况下，确认方均会在确认函中要求对方对此进行确认，并签署意见。

3. 信函末尾，正式署名

正规的确认函均需有关人员或相关单位的负责人在其末尾亲笔签署自己的姓名。有时，往往需要联合署名，或由单位法人代表亲自署名。必要时，还须加盖本单位公章。

（四）感谢函件，情真意切

感谢函是指专为感谢某人或某单位而写作的信函。一般来说，收到礼品、出席宴会、得到关照之后，均应寄出专门的感谢函。一封恰如其分的感谢函，往往可以显示写作者的教养。感谢函的写作通常应注意如下的礼仪规范。

1. 内容简练，表述清楚

感谢函往往不必长篇大论，只要在信中将自己的感谢之意表达清楚即可。

2. 面面俱到，防止遗漏

很多时候，在感谢函中应当致谢的对象不止一人，那么一定要向所有应予感谢者一一致谢。

3. 尽量手写，尽早寄达

为了表示自己的真心实意，感谢函要尽量亲自动笔撰写。感谢函的时效性很强，它最好是在有关事件发生后 24 小时之内寄出，并应尽量使之早日寄达。

（五）推荐函件，客观全面

推荐函是指专为向其他单位推荐某位人士而使用的信函。在求职应聘时，一封有力度的推荐函往往有助于被推荐者脱颖而出。写作推荐函时通常应注意如下的礼仪规范。

1. 介绍情况，说明关系

在推荐函的开始部分，写作者应简述一下自己的情况，并对自己与被推荐者之间的关系略加说明。

2. 评价客观，全面详尽

这部分是推荐信的主要内容，应当全面而客观地从能力、阅历、特长与业绩等方面介绍被推荐者的基本情况，后可附材料佐证。

3. 感谢收件，表示问候

在推荐函中，应表达对收信者的问候与感谢。

（六）拒绝函件，盼求理解

拒绝函是指为拒绝外人或外单位的某项请求而使用的信函。在所有的公文信函中，拒绝函是最难写作的一种。因为拒绝函既要正式拒绝对方，又要保证不会因此而损害双方关系。写作拒绝函时在礼仪上尤其要注意以下几点。

1. 当机立断，讲究实效

使用拒绝函要当机立断，尽早拒绝对方。一拖再拖，往往会令对方产生其他想法。

2. 具体陈述，予以明确

在拒绝函里，对拒绝的事项不要一概而论、模棱两可，那样更会耽误事情。

3. 阐明原因，表达歉意

对于拒绝对方的具体原因要在拒绝函里认真地进行说明，以便使对方理解。另外，在拒绝函里应向被拒绝者表达真诚的歉意，尽量做到不会因此而影响双方的关系。

课堂练习

列表对比总结6种应用函件（联络函件、通知函件、确认函件、推荐函件、感谢函件、拒绝函件）的礼仪规范，重点明确它们的不同特点。

案例分享

一封令人感动的拒绝函

×××：

您好！

万分感谢您对中国核工业集团公司的关注和认同，我们已经详细地看了您的简历，您的确是一名相当不错的毕业生，具备了优秀的特质和潜能，但由于我们招聘岗位有限，不能给包括您在内的数万名优秀学子提供面试的机会，希望您能理解。事实上，我们感到十分遗憾，因为我们很可能因此而错失了一名优秀的员工，失去了同您一起开创伟大事业的机会！

然而，此刻的错过，无法抵挡您成就未来辉煌的人生。希望您在今后的日子里继续关注中核集团公司的发展，继续关注中国的核事业。中核集团作为国家核科技工业的主力军和国家队、国家战略核力量的核心、国家核电发展的中坚、核燃料的专营供应商、核技术应用的骨干，未来发展仍然需要大批像您这样的优秀人才！高速发展的中核集团公司员工队伍会不断壮大，新的职位也将会不断产生。我们相信：今朝的惜别错过，正预示着明天的相逢！

请相信自己的能力，勇敢地前行，因为您的能力足以支撑起美好的未来！让我们在不同的岗位，共同为中华民族的伟大复兴、为祖国的繁荣昌盛努力奋斗。

衷心祝您一路好运！

中国核工业集团公司

××××年×月×日

公文信函代表的是组织形象。认真负责的公文信函，即使是一封拒绝函，也会让对方心生敬意，从而树立起良好的组织形象。

技能训练

全班分6组，分别按照6种不同的应用函件规范要求，自拟命题写作公文函件，最后展示评比。

综合实训

▷情境模拟

1. 情境背景

某集团公司招聘办公室负责人王女士，从几十封求职信中初选出5位比较优秀的大学生，计划通知他们来参加公司的应聘面试。

2. 模拟要求

（1）10人一组，5人扮演王女士，另5人扮演初选上的5位大学生。

（2）5位“王女士”分别用5种不同的通信联络方式通知5位大学生来参加面试。

（3）通信联络方式要包含电话、短信、传真、电子邮件和通知函。

3. 实训目的

通过小组合作演练，复习巩固职场交往中常用的5种通信联络方式的礼仪规范，提高礼貌的“不见面”的交流能力。

▷社会实践

1. 实践场所

学院行政办公室秘书处。

2. 实践要求

（1）协助秘书处老师接听电话、收发相关函件。

（2）协助秘书处老师收发传真及电子邮件。

（3）观察学习秘书处老师撰写公文信函。

3. 实践目标

将课堂上所学到的文书通信联络礼仪规范用到实践中去，协助创建文明和谐的办公通信联络氛围。

项目七

为人处世礼仪

任务要求

1. 职场立足先立德，忠于职守，爱岗敬业。
2. 为人处世先律己，以礼敬人，以礼服人。
3. 与上下级交往应突出尊重的礼仪本质。
4. 与同事相处应遵循和谐共事的礼仪原则。

职场启迪

“积极”表现反遭冷眼

一天，某公司即将召开员工大会，会前早到的几位职员正在紧张地擦桌、拖地搞会议室卫生，而同事小李却站在一旁熟视无睹，无动于衷。“总经理上楼了……”随着一声通报，只见小李迅速走过来，坚持夺过一同事的拖把积极地拖地。刚接过拖把不一会儿，总经理推门而入，小李这时一边拖地一边走向总经理身边，积极主动地招呼道：“张总您早，您真是一位守时守约、勤劳敬业、能力超群的老总，跟您这样的领导干工作真是我们的荣幸呀。”这位并不熟识的下属突如其来的赞美，让刚到公司新任职的张总感到一丝尴尬，只是冷冷地点了一下头回应小李，在场的其他同事们也对她冷眼相看、窃窃私语。

后来，小李为自己的人际关系不和谐感到非常苦恼……

本杰明·富兰克林说：“成功的第一要素是懂得如何搞好人际关系。”一个人在职场交往中，首先得懂得处理好上下级、同事之间的人际关系，而处理好人际关系的第一要素就是要学会为人处世。

为人之道就是学会做人，处世之能就是学会做事。在职场交往中要爱岗敬业，立德立功；要学习礼仪，律己敬人；要尊重为本，以和为贵。只有这样，才能不断完善自我，走向成功。

任务一　忠诚敬业以德为先

知识认知

职场立足先立德。德诚于中，礼形于外，无德则无礼，无礼则不立。德行是从业的先决条件，无论从事什么职业岗位，德行上首先要摆正自身位置，同时要端正工作态度。

一、摆正位置，争当优秀员工

社会是一个大舞台，每个人都是演员，每个演员的角色都在不断变化中。登上职场舞台，就要对自己的岗位角色有一个准确定位，即摆正自身位置，履行岗位职责，从争当一名优秀员工做起。

知识拓展

世界500强企业优秀员工十二条核心标准

(1) 敬业精神。

(2) 忠诚。

(3) 良好的人际关系。

(4) 团队精神。

(5) 自动自发地工作。

(6) 注重细节，追求完美。

(7) 不找任何借口。

(8) 具有较强的执行力。

(9) 找方法提高工作效率。

(10) 为企业提好的建议。

(11) 维护企业形象。

(12) 与企业共命运。

(一) 优秀员工要勇于担当，敢于负责

“有错都是我的错!”“客户永远是对的。”“把对让给他，把错留给已。”这种“出现问题先从自身找原因”的勇于担当和负责任的精神，无疑能使工作不断进步，使自己不断提高。先来看一个现象：在一个公司大门的入口处，有一支人铁钉被丢弃在那里，员工进出从那经过，结果出现三种情况。第一种是视而不见，抬脚横跨过去；第二种是看到后会警觉可能带来危险，但又想“这小事不归我管”，于是，也心安理得地绕着过去；第三种是马上弯腰捡起并做妥善处理。显而易见，第三种人就是勇于担当、敢于负责的人，也正是企业能够委以重任的人。很多时候，公司老总就是拿这样简单的小事来考察一个员工素质的。

海尔总裁张瑞敏曾说过：什么是不简单？能够把简单的事干千百遍都做对，就是不简单；什么是不容易？把大家公认的非常容易的事情认真地做好，就是不容易。这就是最基

本的忠诚敬业、担当负责。

（二）优秀员工要善于学习，勤于执行

知识日新月异，技术不断创新。学习力是现代岗位胜任能力的一项基本功。学为了用，不用则无用，用就要勤于执行。学历只代表过去，执行才能证明现在。

一位优秀企业家曾说过："当你在执行任务时如果感到辛苦，我要恭喜你，说明你在成长；如果感到可以轻松偷懒，我要说遗憾，因为你在燃烧你未来的砝码。"善于学习、吃苦耐劳、勤于执行、完成任务，永远是优秀员工的工作品质。

（三）优秀员工完成任务，要树立结果意识

"完成任务不等于结果"是现代企业最新的管理理念，即完成任务的本身只是一个过程，而企业要的是结果。我们必须要把完成任务和得到结果区分开来。不能有"当一天和尚撞一天钟，得过且过"的想法，也不能如井底之蛙，只看到自己的一片天，不能认为自己"做了"就"行了"。要知道，领导把任务交给你，最终要的是完成的结果。如果得不到预期的结果，你就没有任何理由为所谓的"完成任务"来辩解。只要结果，不要借口。努力过后，结果就会在眼前。

（四）优秀员工团队合作，要常存感恩之心

当今职场，单打独斗的个人英雄主义已没有市场了。众所周知，没有团队合作，企业就没有长久的发展，个人更不会取得理想的成绩。

感恩企业给我们搭建工作的平台，感恩领导给我们提供成长的机会，感恩同事朋友和我们一起分享经验，感恩长辈老师给我们智慧的启迪。常存感恩之心，融入职场团队，我们才能走得更快、更远，我们的人生舞台才能绽放出绚丽的光彩。

知识拓展

感恩新理念

感谢伤害你的人，因为他磨炼了你的意志。
感谢绊倒你的人，因为他强化了你的双臂。
感谢欺骗你的人，因为他增进了你的智慧。
感谢藐视你的人，因为他觉醒了你的自尊。
感谢嫉妒你的人，因为他坚定了你的自信。
感谢遗忘你的人，因为他教会了你应该自立。

课堂练习

测测你的执行力

星期一早上，领导布置给你一项任务，要求你下班之前完成，完成任务需要收集大量信息，还要做分析，写长篇报告，时间非常紧迫。可是到了下午2点，领导又布置给你一项任务，制作几十页的PPT演示文件，也是要求下班之前完成，对于你来说，同时完成两项任务是不可能的，你会怎么做？

A. 明知完成不了，但是会全接下来。

B. 告诉领导你完成不了。

C. 告诉领导在5点之前你一个人肯定完成不了，与领导讨论哪项工作最重要，需要先完成，或者推荐一位合适人选和你一起完成。

二、端正态度，实现自我价值

有人说：态度决定一切。

有人说：态度决定你的成败，态度决定你成功的高度。

也有人说：态度决定行为，行为决定习惯，习惯决定命运。

态度是什么呢？

态度是个人内心的一种潜在意志，是个人的能力、意愿、想法、价值观等在工作中所体现出来的外在表现。勤勉进取，精神抖擞；积极乐观，永争第一是一种态度，悠闲自在，按部就班，不求有功，但求无过是一种态度。牢骚满腹，悲观失望，得过且过，自我设限又是一种态度。不言而喻，只有端正的、积极的工作态度才能享受到工作的乐趣，获得事业的成功，最终实现自身的价值。

忠诚、敬业、勤奋、进取是我们端正的工作态度！

（一）忠诚胜于能力

忠诚是一种品德。职场中人忠诚于企业，忠诚于自己的事业，是做人的基本职业道德和工作态度。在经济化全球的大潮中，在竞争激烈的市场上，人才的竞争，已经从单纯的知识竞争，转向了品德与技能两方面的竞争。而在所有品德中，忠诚排在第一位，忠诚胜于能力。很多企业会通过各种形式测试应聘者的忠诚度，如果被认定是忠诚度不足的人，哪怕你拥有不俗的学历学位，拥有超群的技术能力，拥有众多的成功案例，都可能不会被聘用。因为招聘考官们很清楚，一个缺乏忠诚的人，不可能为企业放心所用。忠诚，已经成为职场上的第一竞争力。

“忠诚”最能考验一个人，也最能成就一个人。与企业共命运，为荣誉而工作，用真心去执行，不好高骛远，不恃才自傲，不发牢骚抱怨，势必成就未来。

（二）敬业才能创业

敬业就是敬重自己所从事的事业，专注于自己所从事的事业。敬业既包含了个人做事的执著，又有着对本职工作的忠诚；敬业是将自己对岗位、对工作的热爱化为奋发而持久的工作激情，为圆满完成任务而调动自己所有的细胞，勤奋拼搏、坚忍不拔、不达目的誓不罢休，这是一种精神。如果一个人以一种尊敬、虔诚的心态对待自己的职业，甚至对自己的职业有一种敬畏的态度，那么它就是敬业的。尊敬并重视自己的职业，即使付出再多也心甘情愿，并能够坦然地面对各种困难，努力去克服它们，做到始终如一，善始善终。因此，敬业也是一种人生态度，是珍惜生命、珍视未来的表现，是我们创业的强大动力。

（三）勤奋不畏艰苦

勤奋是成功的基石。勤奋就是不怕苦、不怕累、不畏艰难、不计个人得失。勤奋就是对自己的工作负责，做好工作中平平凡凡的每一件事，全心全意、尽心尽力地去完成每一项工作任务。

日本西武企业集团董事长堤义明在用人方面有一个著名的原则，那就是不用聪明过头的人。他说："我不需要天才为我做事。天才是不会为职业尽责的。我要用的是勤奋而敬业的人，他们会珍惜公司给他的每一个工作机会。这样的人，才是企业最需要的人。"的确，被企业需要，才能得到机会，才能很好地实现自身的价值。

（四）进取走向成功

进取就是超越昨日的自己，就是永不满足现状，不懈追求，向前发展。进取意味着技术水平的进步、专业能力的增强和综合素质的提高。进取精神，就是永不言败，不断创造新的业绩，不断挑战更高目标。多少年来，进取精神已成为人类挑战极限、积极向上的最宝贵的财富。

良好的工作态度同时也来源于一个人积极乐观的生活心态。积极的心态像太阳，照到哪里哪里亮；消极的心态像月亮，初一十五不一样。切记：改变不了环境，就适应环境；改变不了别人，就改变自己；改变不了事实，就改变对事实的态度。

总之，应更新观念，与时俱进，端正工作态度，成就美好未来。

案例分享

态度决定成败

在名牌大学财会专业学习的阿强大学毕业后，很快就幸运地被一家著名的会计师事务所录用。上班后的第一个月，因为能力强，他很快就拿到了每月 6 000 元的工资，而且事务所还对他承诺，一年后他的收入就可翻一番。拿了高薪的阿强很快成为同学们羡慕的对象。可是，几个月下来，阿强的神气劲儿仿佛没有了。因为枯燥的工作让他觉得这样的日子又乏又累，于是思想开始溜号，工作开始偷懒，后续的工作也漏洞百出。后来迫于压力，阿强只好辞去了这份高薪的工作。

一个人无论从事何种职业，无论身处何位，都要树立正确的工作态度，正确看待工作的意义，珍惜工作的机会，体会工作的乐趣，焕发工作的热情，在工作中得到满足，进而实现自己的人生价值。

技能训练

1. 准备用品

一个透明杯子，一袋绿豆和两袋红豆（每袋豆子的量均能装满杯子）

2. 操作步骤

（1）拿出一袋绿豆装满透明杯子，放到桌面上。

（2）接着拿出一袋红豆开始往杯子里倒，结果除少量红豆进入杯子外，大部分红豆散落到杯子外。

（3）面对散落了一桌子的红豆，请问你看到了什么？悟到了什么？

（4）将装满绿豆的杯子倒空后，再将一袋红豆往空杯子里倒，请问这时你又看到了什么？悟到了什么？

3. 课堂讨论

（1）分享前后两次往杯子里倒红豆的感受。

（2）“空杯心态”和“满杯心态”对学习各有什么影响？

任务二　律己敬人以礼立身

知识认知

礼仪是人们在社会交往中为表达尊重友善之意而共同遵守的言行规范，其本质是“敬人”，要求是“律己”。孔子曰：“恭而无礼则劳，慎而无礼则葸，勇而无礼则乱，直而无礼则绞。”意思是：恭敬而不懂礼就会徒劳无功，谨慎而不懂礼就会畏缩拘谨，勇敢而不懂礼就会鲁莽生乱，直率而不懂礼就会尖刻伤人。可见，为人处世中，如果不懂礼，不受礼的约束，就会变得不被接纳，不受欢迎，造成人际关系的紧张，打破人际和谐，进而影响自身的发展，影响事业的成功。

一、职场礼仪立身之本

职场礼仪是人们在职场交往中为表达尊重友善之意而共同遵守的言行规范。“没有规矩，不成方圆”，礼仪规范对企业而言，是企业文化的重要组成部分，体现企业员工互敬互爱的精神风貌；对个人而言，是融入企业文化，树立个人形象，立身处世的根本。

案例分享

20名大学生被开除，缘于失德失礼

某市科技产业有限公司招聘了一批应届毕业生，结果在短短4个月的时间里，公司便陆续开除了其中20名大学毕业生。这是为什么呢？

这20名大学生被公司开除主要是由于以下三类原因。

第一类是随地吐痰，甚至还当着客户的面吐痰。

第二类是上班时间化妆。在家睡懒觉，到单位占用工作时间打扮，又无视公司规定，不听警告。

第三类是抢位置被开除。一次公司总经理带领员工到青岛度假，在海边租了一套别墅，有20多间床铺，但员工有100多人，这就意味着大部分人都要打地铺。而这些新来的大学毕业生一进别墅，就张罗着选择好房间，选好后，就把门锁上，独自一人在房间看电视，很多年龄大的员工，甚至总经理本人都只能在过道打地铺。

就这样，20名刚进来的大学毕业生都被公司除名了。

荀子言：“人无礼则不生，事无礼则不成，国无礼则不宁。”

有“礼”走遍天下，无“礼”寸步难行。

在多元文化背景下，在经济快速发展的社会中，职场礼仪是人际交往的润滑剂。作

为现代职场人，不知礼，则必失礼；不守礼，则必无礼；失礼无礼，必定会遇到尴尬、困惑、难堪与失落，进而影响和谐的人际关系。上述案例启示我们：“不学礼，无以立”，职场礼仪是立身之本。

二、职场礼仪竞争之力

现今，职场的竞争不仅是专业技能的较量，而且是个人礼仪、文化教养的比拼。学习职场礼仪有助于塑造职业形象，有助于提高沟通能力，有助于提升综合素质，特别是对于还没有走向社会、走向职场的学生来说，学习职场礼仪，无疑可以增加未来求职就业的竞争砝码。

知识拓展

职场礼仪小贴士

（1）有礼貌。打招呼时要看着对方的眼睛。

（2）嘴要甜。不要吝惜你的赞美。

（3）少说多听。人多的场合多聆听。

（4）遵守时间，信守诺言。

（5）勇于担当，不推脱责任。

（6）不在背后议论他人是非。

（7）乐于助人，待上以敬，待下以宽。

（一）有助于塑造职业形象

德诚于中，礼形于外。职场礼仪的一个最大的特性就是形象性。职业形象是一个人的德、才、学、识等内在素质，通过其仪容修饰、仪表着装、仪态举止等反映出来的外在表现。一个整洁端庄、文质彬彬、气质高雅、风度翩翩的人会赢得领导的赏识、同事的喜欢、客户的尊重。职业形象是职场交往中无言的介绍信，是一张名片，是一块敲门砖。

职场礼仪的学习，既可以丰富人们的精神内涵，又能教会人们如何规范行为举止，塑造良好的职业形象。“内强素质，外塑形象”正是职场礼仪的价值所在。

（二）有助于提高沟通能力

人们愿意与知礼懂礼的人交流沟通，互通信息，共商大计。社会学家研究分析发现，成功的因素里有75%来自良好的人际沟通，同样，企业中75%的工作障碍也是因为沟通问题。然而，掌握了言谈沟通礼仪，就懂得了如何表达对交往对象的尊重友善，从而增进彼此的了解与信任，造就和谐融洽的沟通氛围，消除沟通障碍。

案例分享

小小名片引起不快

新影文化传播公司的王娜一天去拜访客户，临走时客户要求跟她交换名片，王娜把自己的包拿过来了，挺高档一个包，一打开首先拿出一串钥匙，客户装作没看见，然后翻出一个化妆包，最后告诉客户名片忘带了。客户顿时皱起了眉头……

名片是职场交往沟通的常用备品，“来而不往非礼也。”上述案例中的王娜因小小的名片礼仪的疏忽导致了沟通障碍，引起客户的不快，结果很可能因小失大。

（三）有助于提升综合素质

“衣冠不整则宾客不肃，进退无仪则政令不行。”职场中，礼仪体现于细节，细节展示素质。得体的问候、优雅的举止、恰当的礼节、热情周到的待人接物，不仅能有效地展现一个人的礼仪修养，还能体现出一个人对社会的认知水平和适应能力。高素质的人受人欢迎，易赢得信赖，进而使其在职场竞争中立于不败之地。

技能训练

仅仅因为一口痰吗？

这是一场艰难的谈判。

一天下来，美国约瑟先生对于对手——中国某医疗机械厂的范厂长既恼火又钦佩。这个范厂长对即将引进的“大输液管”生产线行情非常熟悉，他不仅对设备的技术指标要求高，而且价格压得很低。在中国，约瑟似乎没有遇到过这样难缠又有实力的谈判对手。他断定，今后和务实的范厂长合作，事业将会是顺利的。于是信服地接受了范厂长那个偏低的报价。双方约定第二天正式签订协议。天色尚早，范厂长邀请约瑟到车间去看一看。车间井然有序，约瑟边看边赞许地点头。走着走着，突然，范厂长觉得嗓子里像是有条小虫在爬，不由得咳了一声，便急急地向车间一角奔去。约瑟诧异地盯着范厂长，只见他在墙角吐了一口痰，然后用鞋底擦了擦，油漆的地面留下了一片痰渍。约瑟快步走出车间，不顾范厂长的竭力挽留，坚决要回宾馆。

第二天一早，翻译敲开范厂长的门，递给他一封约瑟的信：“尊敬的范先生，我十分钦佩您的才智与精明，但车间里您吐痰的那一幕令我一夜难眠。恕我直言，一个厂长的卫生习惯，可以反映一个工厂的管理素质。况且，我们今后生产的是用来治病的输液管。贵国有句谚语：人命关天！请原谅我的不辞而别，否则，上帝会惩罚我的……”

范厂长觉得头“轰”的一声，像要炸了。

请分析此案例。

任务三　敬上礼下尊重为本

知识认知

职场中，无论你身处企业还是机关办公室，也无论这个组织有多少成员，最基本的角色只有三个——上级、下级、平级，角色级别之间的关系是否协调决定了组织工作能否顺利开展。其中，上下级相处尤为重要，它直接影响组织管理与任务实施。职场礼仪在对待等级方面注重职位的高低，上下级之间的和谐相处更要体现职场交往礼仪，敬上礼下，尊重为本，服从、定位、守礼、关心、赞美、鼓励等都是尊重的表现。

一、与上级相处的礼仪

（一）服从上级是天职

“领导在宣布命令时，领导永远没有错；如果你认为领导错了，那就请你走开吧。”这一现代管理理念揭示了一个道理，即服从上级是天职。作为下级，要时刻恪守本分，维护上级的权威，这是最基本的尊重。

美国五星上将马歇尔一生中的大部分时间都处于副手的位置，但却被人称为“伟大将领中的最伟大将领”。马歇尔说过：“年轻人，要想领导别人，先学会服从吧。”当然，服从上级，并非唯命是从。接受上级指令时，如果对指令有疑问或认为有不妥之处，一定要选择合适的时间、场合委婉陈述个人的看法或意见，并提出合理化建议，切忌只是反驳与抱怨。如果个人意见没有被采纳，上司执意要求按原指令去执行，则应保留意见，依上级意思办理并努力完成。这样不但能赢得上级的信任与好感，也是磨炼自己、增强工作能力的大好机会。

（二）摆正位置是前提

作为下级，在工作上，不能超越自己的权限，不能越俎代庖，即与上级相处的前提是摆正位置，不错位不越位。如果下级替代了上级，定会招致上级的不满，还会给工作造成混乱。

案例分享

深得信任的元帅

苏联元帅华西也夫斯基卫国战争时期在总参谋部工作，深得斯大林的信任。他在和斯大林交谈时会有意识地犯一些小错误，给斯大林充分的机会去纠正错误，表现其英明，然后把自己最有价值的想法含混地讲给斯大林，由斯大林形成完整的战略计划公开“发表”。斯大林的许多重要决策就是这样产生的。

在工作中，要认清自己工作的位置和地位，尊敬上级，争取上级的帮助和支持。尽可能地帮助上级排忧解难，识大体、顾大局。在上级决策前当好参谋，当上级决定后，就要无条件地执行。初涉职场的新人对领导的决策不背后评判，更不能通过贬低领导来抬高自己。

与上级交往时，忌恃才自傲，目中无人；忌自卑拘谨，唯唯诺诺。同时，更要注意分寸适度。过俗，易把上下级关系搞成权钱关系；过媚，过于关注他的私生活和个人经历，易使正直的上级反感。因此，正确的做法是对领导既热情又不过火，既大度相处又不缩手缩脚，切实摆正领导与被领导的关系。

（三）请示汇报懂礼仪

与上级工作往来，应多请示、常汇报，同时一定要注意礼节到位。

请示工作要及时真诚、科学严密。拟订详细的工作计划后要与领导探讨目标的可行性，仔细聆听领导的意见，但不能一味附和，“抬轿子”“吹喇叭”等做法只能有损自己的人格，反而得不到重视与尊敬，很可能引起上级的反感和轻视。

在即将开展工作时，多汇报自己的工作想法、实施步骤；在工作执行过程中要阶段性地汇报工作进展情况；完成工作之后要及时总结汇报，遇突发状况需要紧急处置时更要随时汇报。汇报工作的礼仪要求做到：信息准确，实事求是；熟悉材料，说服力强；简明扼要，抓住重点；结论建议，全面妥善。

案例分享

魏征进谏

唐太宗时期著名的谏臣魏征以耿介直言著称于史。他一生中共向唐太宗进谏 200 多次。魏征并不是不看时间、地点一味地直谏，而是尽可能选择唐太宗心情比较舒畅的时候，采取最能为他接受的方式，运用最能打动他的语言提出建议。

可见，就连魏征这样的诤臣，在唐太宗这样的贤明帝王手下做事，也是讲求礼仪策略的。

（四）完成任务是根本

尊重领导，愉快地完成上级交办的任务，并在工作中体现自己的创造性。在任务没有完成之前，只有一个字就是——干。如果确实完不成的，要主动向领导说明情况并提出可操作的建议或办法。

案例分享

任务是这样完成的

一次，主任叫小贾到公司以前采购过的 A 地方买一种活动用具样品，然而，当小贾匆匆忙忙地赶到那个地方时，却发现那种样品刚好卖完了。小贾无奈地回到主任办公室，汇报了“样品卖完”这一事实后，等待主任进一步指示。见到空手而归的小贾，主任很是恼火，称其办事不力，不再做出新的指示。

第二天，主任又安排了小陈到 A 地方看看那种样品是否到货了。同样，因样品货没到，小陈转了一大圈后也是空手而归，但小陈是这样汇报的：“A 地方的样品货还没到，我问了一下，老板说明天肯定到货。另外，我又转了 B 地方，发现有此样品，价格是×××；C 地方也有，价格是×××。主任，您看怎么办?”主任听罢很高兴地作了进一步的指示，结果小陈圆满地完成了领导交办的工作任务。

有句话是这样说的：“要向领导问‘选择题’而不是问‘问答题’。”上述案例中小贾和小陈因工作任务的执行方法和汇报方式的不同，得到了领导的不同反应。所以，要想得到领导的认可和赏识，完成工作任务才是根本。

知识拓展

与不同类型领导相处的礼仪技巧

领导类型	相处技巧
沉默型上司	注意从他的只言片语中找到他的要求以及他对你的评价，养成“少说话，多做事”的习惯
外向型上司	尽力完成本职工作，多揣测领导的意图，多请示多请教
挑刺型上司	做事要力求完美，让他知道这事是在他的带领之下完成的。有指示的，一定要按领导的意思去办
固执型上司	在他发脾气的时候千万别吱声，等他说完了，你再说：“我一定照您的要求去办。”
鼓励型上司	心存感激，加倍努力
与你称兄道弟的上司	分清分内工作与工作之余的事
爱大声嚷嚷的上司	学会聆听，努力记住他所说的每一句话，出色工作
笑里藏刀型的上司	小心翼翼地做好他所交代的事情，留意他笑容背后的另一种含义。如果他说你“不错”，你可要当心。当然，这种上司是很少的

课堂练习

分析感悟，谈看法：

《三国志》里有这样三个人物：祢衡、孔融和杨修。三人皆为当时才俊，名望超群，都曾受到曹操的器重。不同的是：祢衡目空一切，把谁都不放在眼里；孔融自视望族，几经辱上；杨修自作聪明，妄自揣测上司意图并且擅自提前泄密。由于这三个人始终采取不和上司曹操合作的态度，或对上司轻薄无礼，或以戏辱上司为乐，或对上司意图不知深浅妄加推测并泄密，或者参与上司家庭内部纷争，冥顽不化，屡教不改，最后都被曹操处死了。

二、 与下级相处的礼仪

案例分享

总经理的苦恼

李总是一家商务咨询公司的经理，他手下有十多个人，公司的待遇不错。可是，每过一段时间就会有人辞职，咨询业务经常是半途而废，这让他很苦恼。终于有个职员辞职时对他说："你总是爱摆领导架子，你的发号施令让大家觉得你傲慢无礼，让我们做职员的总觉得自己能力不够，被领导看不起，心里不舒服。"

作为一个管理者，与下级相处要懂礼仪。无论职务大小，都应尊重下级，当好领导，否则，伤害到下级，对自己的管理及工作的开展都将是一种损失。

（一）尊重下级是美德

管理者往往注意对陌生人表示礼貌，却常常忽视对熟悉的下级施予礼貌。清晨上班，管理者的一声亲切问候，正是赢得一天合作与友谊的开始。下级得到尊重和鼓励，信心十足地走向岗位，才能保证一天工作取得更高的效率。关心、爱护、帮助、重视员工，给员工表现的机会，给员工创造发展的平台，这些都是尊重下级的美德。

1. 信守诺言

尊重下级就要信守诺言。说了算，定了干。信誉从某种意义上讲是管理者的生命。要想在下级面前树立起信誉，就必须守信用。管理者应周密地考虑实际情况，一旦许下诺言就应尽力去实现。确实因客观原因不能兑现的，也应及时解释，否则下级是不会长期支持你的。

2. 征求意见

遇到问题多向下级请教，给他们机会表达他们的意见，尤其在决定一些与下级利益有关的政策时，更应多听取他们的提议。如他们的建议得到讨论或采纳的话，他们将会以愉快的心情接受你的决定。

3. 以身作则

作为一个管理者，必须对工作兢兢业业，并且是遵纪守法的模范。以身作则，树立风纪；勇于承担，大家风范。只有这样才能获得下属的尊重。

4. 关心下属

管理者必须经常关心下属，注意选拔、培养下属，激发他们做更多的事。在工作顺利时，要提出更严格的要求；在工作不顺利时，不要过分指责，要及时纠正员工的错误，但批评人应单独进行，当然，极少数与法规及制度公开对抗的人，应当众批评。

案例分享

在美国，一个颇有名望的富商在散步时，遇到一个瘦弱的摆地摊卖旧书的年轻人，他缩着身子在寒风中啃着发霉的面包。富商怜悯地将 8 美元塞到年轻人手中，头也不回地走了。没走多远，富商忽又返回，从地摊上捡了两本旧书，并说："对不起，我忘了取书。其实，您和我一样都是商人！"两年后，富商应邀参加一个慈善募捐会时，一位年轻书商紧握着他的手，感激地说："我一直以为我这一生只有摆摊乞讨的命运，直到你亲口对我说，我和你一样都是商人，这才使我树立了自尊和自信，从而创造了今天的业绩……”

不难想象，没有那一句尊重鼓励的话，这位富商当初即使给年轻人再多的钱，那位年轻人也不会出现人生的巨变，这就是尊重的力量啊！

（二）一视同仁最关键

上级与下级处理好关系，有一个关键点，就是一视同仁，尤其是在调节处理员工们之间出现的矛盾时，一定要实事求是、不偏不倚。下级最反感领导有疏有近，过分偏爱自己的“亲信”，这样，会让员工们认为你是个徇私情的人，大家的工作情绪便会低落。管理者千万不能因为一些微不足道的人情世故影响众人的情绪，妨碍团队的工作。

（三）公平处事赢信赖

每一位上级领导都希望赢得下属的信赖，所以公平处事很重要。上级要有一个公正的心态，时刻提醒自己不能对属下有偏见或偏袒的心理；树立制度面前人人平等的思想，一切按制度办事，避免个人主观臆断；一定要制定好评价和考核标准，如企业的薪酬标准、晋升条件等，只要严格按客观、公正的标准去办事，员工也就无话可说了；加强沟通说服工作，引导下属尽可能多地从企业和工作的角度考虑问题。上司要赢得员工信赖，必定要先使员工信服，因此对待员工要平等视之，避免使员工认为你有失公正。利益分配是个非常敏感的问题。作为领导者，在考虑自己的同时，也要考虑到下级。不能只顾自己，更不能吃“大锅饭”，一定要公正公平。

（四）赞美鼓励多包容

馆理者必须看到下级的长处，多想想他们的优点。下级把事情办得很漂亮，应该反复当着众人的面提起，并时常把他记在心里，因为每一位员工都渴望得到领导的赞美表扬。人们不断受到鼓励，才能将工作干得更好。

上下级的关系有时候就处在一个矛盾体中，下级对上级发牢骚、诉埋怨是正常的，作为领导者可不必记在心上，而且还可以从“牢骚”话中了解到下级的一些具体情况。即使遭到下级的拒绝，也要合理分析，冷静处理，做一个有涵养的领导。

总之，诚于赞美、宽容大度、虚怀若谷的领导总是能够得到下级的认同和支持。

课堂练习

我们敬爱的周恩来总理待人处世的佳话美谈不胜枚举。1964 年，周总理和陈毅副总理出访亚非 14 国，在离开加纳时专门举行特别宴会，宴请所有的加纳服务员，当那些黑人朋友端着中国贵宾敬的酒时感动得流下了眼泪。一个目光敏锐的西方记者报道说：“这是传奇式的礼遇，中国人巧妙地把友谊传给了非洲的子孙后代。”尽管这只是一场特殊的宴会，却体现了一个泱泱大国总理的风采和气度，饱含着周恩来尊重他人、平等待人的品格和深情。直到 20 世纪 80 年代，我国新华社记者深入非洲腹地访问一些偏远、闭塞的部落和村庄时，那里普通的黑皮肤农民还在用当地话对中国客人喊“周恩来”。这反映了周恩来总理播撒的友谊种子已在非洲地区开花结果！

讨论题：

此案例对你有哪些启示？为什么非洲居民把周恩来当成是新中国的象征？

知识拓展

上级喜欢的下属品质

爱岗敬业，忠诚可靠。

独当一面，开拓创新。

自觉主动，服从第一。

乐观向上，勇担责任。

善于沟通，乐于合作。

技能训练

帮助总经理出谋划策

有一位年轻的总经理，对恃才傲物的下属张某常常批评训斥，但效果不佳，不知道该怎么驾驭。这个下属很能干，公司对他也挺依赖，但他的毛病是经常自作主张，替老板推掉一些想要成交的生意。请问这位总经理该怎么办？

小组讨论，分析案例中上下级相处时出现的问题，并帮这位总经理出谋划策。

任务四　同事交往以和为贵

知识认知

同事是与自己一起工作的人，与同事相处得如何，直接关系到自己的工作、事业的进步与发展。如果同事之间关系融洽、和谐，人们就会感到心情愉快，有利于工作的顺利进行，从而促进事业的发展；反之，同事关系紧张，相互拆台，经常发生摩擦，就会影响工作，阻碍事业的发展。处理好同事关系讲究以和为贵，和睦相处，和谐融入，合作共进。

一、尊重同事，和谐融入

相互尊重是处理好同事关系的基础。同事关系不同于亲友关系，它不是以亲情为纽带的社会关系。亲友之间一时的失礼，可以用亲情来弥补，而同事之间的关系是以工作为纽带的，一旦失礼，创伤难以愈合。所以，处理好同事之间的关系，最重要的是尊重对方，以礼相待。

尊重同事就要接受同事的工作习惯、工作方式、性格特点等。俗话说，趣味相投，容易和谐相处。融入同事的兴趣爱好中，比如在工作单位用餐可以常聚分享，工作之余放松可以相约一起运动娱乐等。有了共同的目标方向，大家也容易沟通和交流工作感受，进而自然而然地增进同事之间的工作友谊。

尊重同事还要注意尊重同事的隐私，不在背后议论是非。每个人都有隐私，隐私与个人的名誉密切相关，背后议论他人的隐私，会损害他人的名誉，引起双方关系的紧张甚至恶化。

二、物质往来，一清二楚

同事之间可能有相互借钱、借物或馈赠礼品等物质上的往来，但切忌马虎，每一项都应记得清楚明白，即使是小的款项，也应记在备忘录上，以提醒自己及时归还，以免遗忘，引起误会。向同事借钱、借物，应主动给对方打张借条，以增进同事对自己的信任。有时，出借者也可主动要求借入者打借条，这也并不过分，借入者应予以理解，如果所借钱物不能及时归还，应每隔一段时间向对方说明一下情况。在物质利益方面无论是有意或者无意地占对方的便宜，都会在对方的心理上引起不快，从而降低自己在对方心目中的人格。

三、和睦相处，互相帮助

同事之间应和睦相处，谦恭有礼。如果你是新来的同事，不要卑躬屈膝，更不要目无尊长，要虚心学习，汲取老同事的工作经验。如果你是老同事，要热情关心帮助新来的同事。

同事的困难，通常首先会选择亲朋帮助，但作为同事，应主动询问。对有困难的同事应尽力帮忙，增进双方之间的感情，使关系更加融洽。

四、取长补短，克服嫉妒

有的人对比自己条件好的人，由羡慕生嫉妒，由嫉妒生恨，然后就开始不停地抱怨，抱怨客观环境、抱怨别人，搞坏了自己的心态。但是，有人却将这种嫉妒心转化为动力，鞭策自己不断努力，最终超过嫉妒的对象。

一个人嫉妒在哪里，也就意味着他的自卑感在哪里，也就意味着他的自尊心在哪里，进而也就意味着他所可能追求的目标在哪里。应将注意力放在丰富自身知识，提高自身能力的过程中，而不是由于心理不平衡就把别人拉下来。多看同事的长处，多赞美多欣赏同事的优点，同时克服嫉妒心理，时常告诫自己："临渊羡鱼，不如退而结网。"

案例分享

因嫉妒失去了机会

小张最近换了一份工作，在一家期货公司从事文案宣传的工作。由于她很喜欢这份工作，而且是亲戚介绍，不想给家人丢脸，她工作起来非常努力，即便是一个小小宣传稿，也是反复审核，领导因此很看重她，有时候会在同事面前夸奖她，一些重要的工作也点名让她去负责。

坐在她办公桌对面的同事小李看到这些，心生嫉妒，工作情绪很受影响。一次，领导让她们办公室全体人员共同完成一个项目策划案，可是，小李却带着嘲讽的口吻对领导说："小张能干得很，她一人就可以完成这点事儿……"结果，领导也不客气了，说："好吧，那我就安排小张和其他同事完成，项目奖金就都分给参与策划的同志们了……"

嫉妒心理是一种正常的心理活动状态，但是，如果把控不好，因嫉妒影响了自己的工作热情，结果失去工作成长的机会和待遇，吃亏的还是自己。

五、摆正关系，严格自律

职场上，本来同事之间就处在一种隐性的竞争关系之下，如果一味刻意表现，不仅得不到同事的好感，反而会引起大家的排斥和敌意。真正善于表现的人常常既表现了自己，又不露声色，真正展示教养与才华的自我表现绝对无可厚非，刻意表现才是不妥当的。在工作岗位对待同事要一视同仁，不要遇到有能力的同事是一个样，遇到能力较弱的同事又是一个样，给人一种"势利小人"的印象。在一个单位，势利小人是最让人瞧不起的，也是最不受欢迎的，即便其工作是优秀、成功的。

同事之间共事，一时的失误在所难免。如果出现失误，应主动向对方道歉，征得对方的谅解；对双方的误会应主动向对方说明，不可小肚鸡肠，耿耿于怀。那种唯我独尊、自私自利、逢迎谄媚、道人是非的人是职场中最不受欢迎的同事。所以，和谐同事关系就要严格要求自己，摆正关系，赢得尊重。

课堂练习

陆鹏是某公司销售部的一名员工，他为人随和，不喜争执，和同事的关系处得都比较好，很受领导赏识。但是，前一段时间，不知道为什么，同一部门的张力老是处处和他过不去，有时候故意在别人面前指桑骂槐，对跟他合作的工作任务也都有意让陆鹏做得多，甚至还抢了陆鹏的好几个老客户。起初，陆鹏觉得都是同事，没什么大不了的，忍一忍就算了，但是看到张力如此嚣张，于是一赌气，告到了经理那儿。经理把张力批评了一通，但结果是，陆鹏和张力从此成了绝对的冤家了。

请讨论，如果你是陆鹏，该如何处理？经理的处理有欠妥的地方吗？

知识拓展

与不同类型的同事相处的礼仪技巧

同事类型	相处技巧
过于傲慢的同事	对待这种人，多说无益，说话应尽量言简意赅，用简短的话语阐明你的意思，给对方一个干脆利落的印象，也使他难以施展傲气，即使想摆架子也摆不了。减少与他相处的时间，免得在你面前"尽显神威"
尖酸刻薄的同事	与这样的人要尽量保持距离，不要招惹他，同时要有宽容之心，吃一点小亏，听到一些闲言碎语时，切忌不可动怒，否则会自讨没趣

续前表

同事类型	相处技巧
深藏不露的同事	和这类人交往，要有防范之心，以谨慎为妙，不要轻易地把自己的想法或秘密告诉他，否则他会掌握你的底细和秘密，陷入圈套之中
过于敏感的同事	对待这种人说话要特别委婉，如果要向他提意见，首先要肯定他非常出色的地方，增强他的自信心，然后用比较公正、客观的话语指出其不足，并且强调是针对事件本身，而不是针对个人。避免让他对你的话语产生曲解
冷漠死板的同事	与这一类人打交道，你不必在意他的冷面孔，相反，你应该热情洋溢，以你的热情来化解他的冷漠，也不能急于求成，可以仔细观察他的言行举止，从他的言行中寻找出他真正关心的事来
口蜜腹剑的同事	碰到这样的同事，最好的应对方式是敬而远之。不要给他接近的机会，尽量不要与他合作，如果避免不了，一定要小心，避免被他抓住把柄
多嘴多舌的同事	与这样的同事相处，千万不能把自己的真心话告诉他们
有雄才大略的同事	有雄才大略的同事，要虚心向他学习，如果大家利害一致，大可共创一番轰轰烈烈的事业

技能训练

帮助莉莉解决问题

办公室里有同龄人，这原本是件好事，因为同龄人之间最容易相处，但莉莉却觉得与办公室中的同龄人相处起来好难。办公室里只有娜娜和莉莉是同龄人，但不知为什么，娜娜总带着要和她较量一下的架势。有一次莉莉在办公室感慨："我怎么就不明白×××导演的电影想要表达什么意思呢？"娜娜立马冷笑道："不会吧？你连这都看不懂？"就连平时盒饭里比她多块肉，娜娜都会阴阳怪气地对她说："我随便一挑，碗里的肉都比你多。"莉莉是个与世无争的人，但觉得娜娜总把她当作眼中钉。

莉莉想过和娜娜好好谈谈，但她总摆出一副"懒得理你"的表情。莉莉也想过和部门主管反映情况，但她担心领导认为自己多事、小心眼。一走了之呢？她又不甘心，凭什么为娜娜这样的人辞职？可是继续留守，天天抬头不见低头见的，莉莉也不知道该如何与她相处……

请帮莉莉解决这个问题吧。

综合实训

▷情境模拟

1. 情境背景

小丽是某杂志社的一名职员，最近杂志社出版了一本杂志。一天，小丽接到一个电话，电话那边说杂志上有她的一篇文章，希望杂志社主编能给她两本。当时主编不在，小丽便很爽快地答应了，叫她随时来拿杂志。主编知道后，大发雷霆，并严厉地处分了小丽。

2. 模拟要求

3人一组，分角色完成情境对话，充分利用可用道具。

3. 实训目的

通过模拟情境，结合职场交往礼仪规范找出问题所在，感悟职场为人处世礼仪的重要性。

▷社会实践

1. 实践场所

某公司人力资源部。

2. 实践要求

用采访、请教沟通、实习实践等方式，了解体验不同身份角色的人员工作交往状况，观察现象（主要针对职场办公人员的为人处世进行观察），分析问题，感悟职场交往氛围。

3. 实践目标

养成良好的为人处世的行为习惯，结合本项目任务内容，写出实践体会，课上与同学分享。

模块三 商务场合礼仪

随着市场经济的深入发展，商务活动越来越频繁，商务人员在各种商务活动中建立起相互尊重、彼此信任、平等协商、友好合作的商务关系，进而取得事业的成功，这正是商务场合礼仪发挥的巨大作用。在商务接待、拜访、宴请、庆典等各种交往的场合，礼仪能够规范人们的行为举止，构架沟通的桥梁，维系情感的纽带，不断提高商务人员的职业素质，促进社会的和谐发展。

项目八 商务接待礼仪

任务要求

1. 迎客环节要准备充分，热情引导。
2. 待客环节能正确引座，礼貌奉茶。
3. 送客环节要关注细节，送出一份情谊。

职场启迪

接待工作并不简单

张军刚参加工作不久，公司举办了一次大型的产品发布会，邀请了国内很多知名企业人士参加。张军被安排在接待工作岗位上。接待当天，张军早早来到机场，当见到来参加发布会的客人时，他张口便问："是来参加发布会的吗？报上您的单位及姓名，以便我们安排就餐与住宿。"张军也做好了记录。后来在会场，张军给客人引路，因为自己一向走路很快，所以与客人的距离时近时远，一路带着客人，上下电梯、出入房门，张军也总是走在前面。但是，在张军看来很简单的事情，却几次被上司批评。

案例中的张军在接待过程中，没有定位好自己的身份角色，见面沟通失礼，尤其不清楚引导陪同的礼仪，招致领导的批评。商务接待中迎客、待客、送客的每一个环节都不能马虎，应按照规范的接待礼仪操作，以确保在工作顺利开展的同时给客人留下良好的印象。

任务一　迎客引导积极热情

知识认知

“有朋自远方来，不亦乐乎？”迎接客人自然要积极热情了，要做到这一点，首先要做好充分的迎接准备工作，其次就是将客人引领到位。

一、迎客准备的礼仪

（一）接待日程安排周到

接待日程，即接待来宾的具体日期及接待事项的安排，其基本内容应包括迎送、会见、谈判、参观、游览、宴请等（见表 8—1）。

表 8—1　　接待安排表

接待日期		接待情况		迎接人员		会谈安排		参观安排	宴请	
日期	抵达时间	来宾单位	来宾人数	迎接部门	人数	会议室安排	会客室安排		午宴	晚宴

一般情况下，接待日程的具体安排应完整周全，疏密有致。它的制定通常应由接待方负责，但也需要宾主双方先期有所沟通，并对来宾一方的要求充分予以考虑。接待日程一旦确定下来，应向来宾立即通报。

（二）接待场所备品齐全

接待场所即我们通常所说的会客室。在客人到达前要根据具体情况，精心布置会客室，一般情况下应先打扫卫生，适当准备一些水果、饮料、茶具，摆放一些鲜花等。

如果是商务研讨类会谈，还应准备一些文具用品和可能用上的相关资料，以方便使用。总之，会客室的布置应本着整洁、美观、方便、实用的原则。

（三）接站工作妥善细致

来访者到来之前，要了解客人是乘坐什么交通工具而来的。如果是带车来访，那么就在单位门口做好迎接准备即可；如果是乘汽车、火车、飞机或轮船而来，就应做好接站的准备。接站时，如单位有车应带车前往车站、码头或机场候客，客人快到时要短信告知对方自己已在出口恭候，所以要留存好客人的联系电话，必要时还要准备一块接客牌，上面写上“迎接×××代表团”或“迎接×××同志或×接待处”等字样。迎接时要举起接客牌，以便客人辨认。妥善做好这些工作，能给客人以热情、周到的感觉。

（四）食宿安排遵从常规

对远道而来需要食宿的客人，主人首先要根据客人的生活习惯，提前为客人预订好住宿的酒店，客人到后帮客人办理好一切手续并将客人领进房间，同时向客人介绍住处的服务、设施，将活动的计划、日程安排交给客人，并把准备好的有关商务活动的介绍材料送给客人。

知识拓展

食宿方面接待规格的确定方法

在食宿安排方面，商务接待规格的确定有五种方法可循：

(1) 可参照国家的明文规定。

(2) 可执行常规做法。

(3) 可采取目前通行的方式。

(4) 对等的常规做法。

(5) 可学习他方成功的先例。

无论采用何种接待规格，在操作中要注意确定以下因素：

(1) 确定主宾身份（年龄、习俗、宗教信仰、政治倾向等）。

(2) 确认菜单。最好请客人过目确定，避免犯忌。

（五）服饰仪表体现尊重

美的仪表是美的心灵的体现，是对来宾的尊重。如果接待人员的服饰不符合接待场合的要求，就会引起对方反感甚至误会。

接待者对自己的仪表服饰要做恰当的选择，不可随随便便，特别是夏季更应注意，不要穿背心、短裤、拖鞋接待客人。

（六）欢迎致辞热情礼貌

欢迎词是迎接客人时使用的问候语言，一般情况下无须做出书面准备，但见到客人时要说“欢迎您的到来”“欢迎您指导工作”“欢迎光临”之类的话。

对于一些隆重的接待，则要准备一些简短的书面欢迎词。另外，在重要的商务接待中，还要准备一些欢迎标语，以示对来访者的尊敬。

（七）交通工具提前准备

出于方便来宾的考虑，对其往来、停留期间所使用的交通工具，接待方亦须予以必要的协助，故也要提前做好准备。

二、引导陪同的礼仪

（一）恭候客人的到达

根据客人约定到达的时间，主人应提前在指定迎接地点进行等候，以示对宾客的尊敬。

（二）遵守见面礼节

见到客人，主人应热情打招呼，主动伸手相握以示欢迎，同时要说“您路上辛苦了”“欢迎光临”“您好”等寒暄语。如客人提有重物，应主动帮其提携，但不要强行帮着拿客人的手提包或公文包。

（三）引导陪同客人

接待人员带领客人到达目的地，应该有正确的引导方法和引导姿势，即遵守引领礼仪。

1. 在走廊里的引导方法

接待人员在客人的左侧前方二至三步，配合手势，让客人走在右侧。

2. 上下楼梯的引导方法

当引导客人上楼时，应该让客人走在前面，接待人员走在后面；下楼时，应该由接待人员走在前面，客人走在后面。上下楼梯时，接待人员应该提醒客人注意安全。

3. 在电梯内的引导方法

引导客人乘坐电梯时，接待人员先进入电梯，等客人进入后关闭电梯门；到达时，接待人员按“开”按钮，让客人先走出电梯。

4. 进客厅的引导方法

当引导客人走近客厅时，接待人员要为客人开门，让客人“里面请”，随后请客人入座。

（四）情况及时告知

如客人要找的负责人不在时，要尽量告诉对方负责人的去向，以及返回本单位的大致时间。请客人留下电话、地址，以便转告。

如客人到来时，我方负责人由于种种原因不能马上接见，要向客人说明等待缘由与等待时间，若客人愿意等待，应该向客人提供茶水饮料、报纸杂志等。

案例分享

一天，当来访客户走进宏大药业集团有限公司经理办公室时，胡秘书正在办公桌前整理文件，他向客户点点头，并伸手示意请客户先坐下。10分钟后，忙完手头的工作，他用电话联系好客户要找的部门，在办公桌前起身向客户道别，并目送其走出办公室。为此事，胡秘书受到了办公室主任的批评。

接待客户时，应马上放下手头的工作，向客户问候致意，作自我介绍。应根据客户要找的相关部门，为客户联系，并亲自带领到目的地。如需等候一段时间，则应安排客户休息，为其提供茶水以及杂志报纸等，以免冷落宾客。

技能训练

情景模拟：两人一组，一人扮演客人，一人扮演接待人员，模拟迎接客人见面寒暄后，经过不同的路径（大门、电梯、楼梯、厅室）引领客人落座的过程。注意要通过角色互换，反复强化训练引领时的站位、手势、步态、礼节。

任务二　待客有方礼貌周到

知识认知

招待客人是商务接待工作中的核心环节，能否给客人留下“宾至如归”的印象，就看待客细节上是否礼貌周到，尤其是座次、奉茶、乘车等方面的礼仪要规范得体。

一、会客座次礼仪

陪同客人去面见领导时，到达接待室后应将客人引至上座的位置。上位也称尊位，即接待室中最重要、最尊贵的位子。尊位应居于中心意义的位置，应是视野上最佳的位置，应具有行动上最便利的条件。

现代商务场合，一般座次安排原则如下。

（一）面门为上（良好视野为上）

采用“相对式”就座时，通常以面对房门的座位为上座，应让之于来宾；以背对房门的座位为下座，宜由主人方人员在此就座（见图 8—1）。

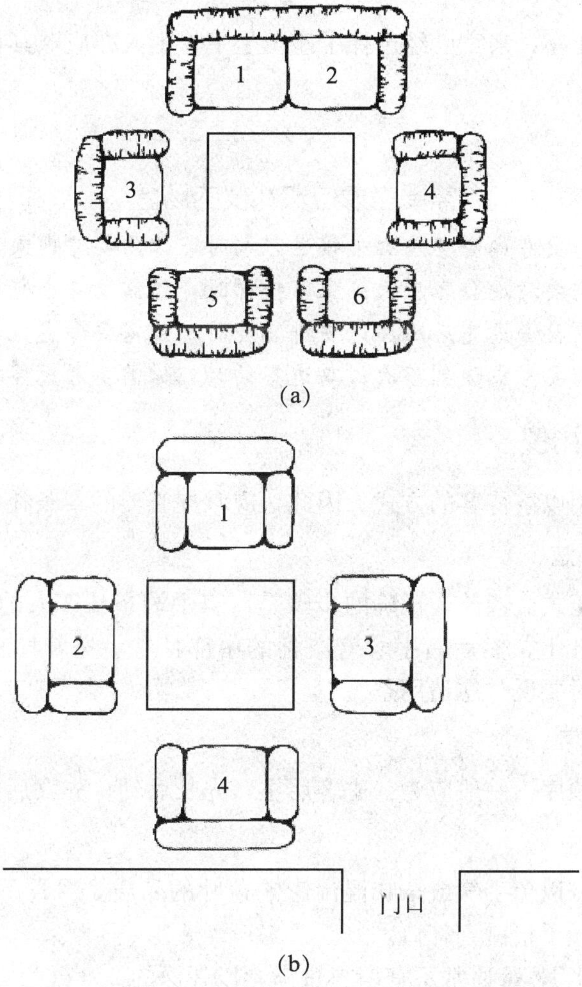

图 8—1　座次安排

（二）以右为上（遵循国际惯例）

“并列式”排位的标准做法，是宾主双方面对正门并排就座。此时，以右侧为上，应请来宾就座；以左侧为下，主人自己就座。

（三）居中为上（中央高于两侧）

如果来宾较少，而东道主一方参与会见者较多时，往往可以由东道主一方的人员以一定的方式围坐在来宾的两侧或者四周，而请来宾居于中央，呈现出“众星捧月”之态。

（四）以远为上（远离房门为上）

离房门近者易受打扰，离房门较远者则受到的打扰较少。

（五）佳座为上

长沙发优于单人沙发，沙发优于椅子，椅子优于凳子，较高的座椅优于较低的座椅，宽大舒适的座椅优于狭小而不舒适的座椅。

（六）自然为上

有时，未等主人让座，来宾已经选择了座位坐下，主人亦应顺其自然。

知识拓展

需要考虑位次礼仪的场合

组织会议时，你需要考虑会场座次；接送客人时，你需要考虑乘车座次；
会见客人时，你需要考虑会客座次；上下楼梯时，你需要考虑行进次序；
出入电梯时，你需要考虑先后次序；安排宴会时，你需要考虑就餐座次；
商务谈判时，你需要考虑谈判座次；双边签约时，你需要考虑签字座次。

二、奉茶待客礼仪

待客时，通常采用以茶待客的方式。因此，应掌握必要的奉茶礼仪。

（一）奉茶的方法

上茶应在主客未正式交谈前。正确的步骤是：双手端茶从客人的右后侧奉上。要将茶盘放在临近客人的茶几上，然后右手拿着茶杯的中部，左手托着杯底，杯耳应朝向客人，双手将茶递给客人同时要说“您请用茶”。

（二）奉茶的顺序

上茶应讲究先后顺序，一般应为：先客后主；先长后幼；先女后男。

（三）奉茶的禁忌

切忌用手抓茶叶，以免手气或杂味混淆影响茶叶的品质。尽量不要用一只手上茶，尤其不能用左手。切勿让手指碰到杯口。

俗话说“酒满茶半”，茶通常不宜斟得过满，以杯深的 2/3 处为宜。水温不宜太烫，以免客人不小心被烫伤。要把握好续水的时机，以不妨碍宾客交谈为佳，不能等到茶叶见底时再续水。

三、出行乘车礼仪

陪同客人乘车出行办事要遵循乘车位次方面的礼仪。

（一）轿车乘车位次

（1）主人或熟识的朋友亲自驾驶汽车时，副驾驶位置为上座。

（2）一般商务接待场合，专职司机驾车时，主要考虑乘车者的安全性和下车时是否方便，后排右侧位置为上座。而前排副驾驶位置一般为陪同人员座位。

（3）专职司机驾车接送高级官员、将领、明星或其他知名公众人物时，主要考虑乘坐者的安全性和隐蔽性，司机后方位置为上座，通常也被称作 VIP 座位。

（二）商务车乘车位次

司机后排为尊，离门近者为主座（司机后排右边靠门的座位为主座），由前向后，由右往左，离门越近，位置越高。

（三）吉普车乘车位次

吉普车的上座是副驾驶座，因为吉普车底盘高，功率大，主要功能是越野，其减震及悬挂较硬，坐在后排会颠簸得比较厉害。

上下车时，接待人员应首先为客人打开车门，并以手挡住车门上框，同时提醒客人小心碰头，等其坐好后再关门。抵达目的地后，接待人员应首先下车，下车后，为客人打开车门，同样，要以手挡住车门上框，协助客人下车。

课堂练习

某单位领导与刚来的客商正在会客厅里寒暄，秘书前来泡茶。他用手指从茶叶筒中拈了一撮茶叶放入茶杯内，然后冲上水。这一切，领导和客商都看到了。领导狠狠地瞪了秘书一眼，但碍于客商在场而不便发作。客商则面带不悦之色，把放在自己面前的茶杯推得远远的，同时说："别污染了我的肠胃！"领导知道自己属下做事欠妥，所以只得忍气吞声。

谈判时双方讨价还价。领导一时动怒，与客商发生争执。秘书觉得自己作为单位的一员，自然应该站在领导一方，于是与领导一起共同指责客商。客商一气之下拂袖而去。领导望着远去的客商的背影，气得脸红脖子粗，冲着秘书嚷道："托你的福，好端端的一笔生意，让你给毁了，唉！"秘书丈二和尚摸不着头脑，不知道自己有什么失误，他为自己辩解："我，我怎么啦？客商是你得罪的，与我何干？"

问题：请问这位秘书在接待礼仪上有哪些失误？你认为他应该怎么做？

技能训练

学习小组情景模拟：

假如你是某公司的一位办公室接待人员，领导安排你带由专职司机驾驶的小轿车去本市车站接两位客人（合作方经理和经理助理），并完成接到会客室后的入座和奉茶待客环节。

任务三　送客有道情深意厚

知识认知

送客是接待工作的最后一个环节。古人云："出迎三步，身送七步。"说明送客环节更要体现情谊。因此，接待结束时，要恭送对方返程。送客环节如果处理不好，将会影响整个接待工作，甚至可能使接待工作前功尽弃。送客礼节，重在送出一份友情。

一、婉言相留

无论接待什么样的客人，当客人准备告辞时，都要出言挽留，不要客人一说要走，主人马上站起相送，或者起身相留，这都有逐客之嫌。因为有些客人本来还想与主人交谈，因怕打扰主人或试探主人态度，于是以“告辞”来观察主人的反应，因此主人一定要婉言相留，如果客人执意要走，也要等客人起身后，主人再起身。送客时，要将客人送出门外或送到楼下，还要用热情友好的语言欢迎客人下次再来。不要在客人走时无动于衷，或点点头或摆摆手算是打招呼，这都是不礼貌的。

课堂练习

1962 年，周总理到西郊机场为柬埔寨西哈努克亲王和夫人送行。西哈努克的飞机刚一起飞，我国参加欢送的人群便自行散开，准备返回，而周总理这时却依然笔直地站在原地未动，并要工作人员立即把那些离去的同志请回来。周总理发了脾气，狠狠地批评了相关同志。

当天下午，周总理就把外交部礼宾司和国务院机关事务管理局的负责同志找去，要他们立即在《礼宾工作条例》上加上一条，即今后到机场为贵宾送行，须等到飞机起飞，绕场一周，双翼摆动三次表示谢意后，送行者方可离开。

分析：周总理为什么发火？工作人员违反了什么送客礼仪规范？

二、安排交通

在送客环节，若有必要为客人安排交通时，要根据客人的需求安排车辆，将客人送至车站、机场等地方。如客人自行带车，则要在客人的车子看不见后，方可转身离开。在办公室送客时，送毕返身进屋后，应将房门轻轻关上，不要使其发出声响。如需亲自到车站或码头送客时，应耐心等待客人进站后方可离开。送客到机场，最好等客人通过安检后再返回。

如果客人比较坚决地谢绝主人相送，则可尊重客人意见，不必硬行远送。

三、赠送礼品

赠送来客礼品是目前商务交往中拉近与客人之间距离的常见做法。如果能够恰到好处地向客人赠送礼品，以表达自己的友好、敬重，将起到融洽双方关系的润滑剂作用。

(一)赠送礼品的礼仪

(1) 赠送礼品时要说明原因及其用途。

(2) 商务交往的礼品应该由在场的地位身份最高者亲自赠送，以表示对对方的重视。

(3) 赠送礼品时，要双手奉上，以示尊敬。

(4) 对礼品要认真包装，意在让对方感受到真诚。

（二）赠送礼品禁忌

赠送礼品一定要考虑对方的禁忌，避免犯了忌讳，适得其反。

知识拓展

各国禁忌礼俗不一，具体见表 8—2。

表 8—2　各国禁忌礼俗一览表

适用对象	禁忌内容	禁忌原因
中国人	凡是大贺大喜之事，所送之礼，均好双忌单	习俗
	忌讳“4”这个数字	“4”听起来就像是“死”，不吉利
	忌讳白色	白色被认为是大悲之色和贫穷之色
	忌讳黑色	不吉利，是凶灾之色、哀丧之色
	给老人不能送钟表	“送钟”与“送终”谐音，不吉利
	给夫妻或情人不能送梨	“梨”与“离”谐音
	不送绿色帽子	妻子不忠
英国人	不送百合花	百合花意味着死亡
日本人	不要送比你得到的贵得多的礼品	免得让他觉得欠你人情
	尽量不要自己包装礼品，勿将扎带打成蝴蝶结形	礼品店都有包装服务
	不能以双数组成的一套礼品送人，如茶杯等	日本商店里出售的大多是五只一套的
	避开数字 4 和 9，一些日本医院没有 4 楼和 9 楼	因为它们与“死”和“苦”同音
	去日本人家里做客时一定要带上礼品，不要拒收礼品	喜欢送礼
	不要在礼物上刻字作画	方便他们以后转送
	不能给日本人送刀	意味着让他自杀
	不能当场打开礼物	习俗
	忌讳绿色	不吉祥
中东人 日本人	不能先送礼物	这会使主人很尴尬
欧美人 阿拉伯人	不能初次见面就送礼	认为您想贿赂
阿拉伯人	不要送旧物品和酒	认为酒是万恶之源
	不要送雕塑和女人的画片	认为不礼貌
	不要送带有动物形象的东西	动物形象会带来厄运

续前表

适用对象	禁忌内容	禁忌原因
意大利人	忌送手帕	认为手帕是亲人离别时擦眼泪的不祥之物
俄罗斯人	送鲜花要送单数	习俗
	忌讳送钱	这意味着施舍和侮辱
	不把礼物送到办公室或会议室里	礼物是很私人化的东西
法国人	不向女士赠送香水	有过分亲热和“不轨企图”之嫌
	不送剑、刀叉、餐具之类的物品	意味着双方会割断关系
	不送有明显广告标记的礼品	有做广告的嫌疑
韩国人	不送数量为“4”和“4”的倍数的礼物	与“死”同音
欧美	忌讳数字“13”	耶稣第13个门徒犹大将其出卖
德国人	花束不要是偶数的，特别是不要送10支花	反感“论打出售”的物品
	不送女主人红玫瑰	对女主人有献媚之意
印度人	不赠送饰以牛皮的产品	牛在印度被认为是神圣的
东欧人	不送黄色的花	悲伤和离别的标志
危地马拉人	忌讳白色的花	丧葬之色
墨西哥人 巴西人	忌讳紫色的花	与丧葬相关
智利人	忌讳黄色的花	黄色的花表示蔑视
讲法语地区	不可送菊花	菊花是用来扫墓时献祭的

课堂练习

借助网络，整理出以鲜花赠送友人的礼仪。

技能训练

请同学们分组模拟训练：

某考察团一行5人来我院考察结束后，你作为学院办公室主任，为其安排送行事宜。

综合实训

▷情境模拟

1. 情境背景

沈阳华星汽车制造有限公司是国内知名汽车生产厂家，该公司开发的某汽车新产品需要选用上海某汽车配套生产厂家的发动机环保节能部分装置和配件，为此华星公司决定由负责技术的副总经理王××带领相关技术人员一行7人，对上海某汽车配套生产厂家进行采购前的全面考察。

2. 情景要求

请你以上海某汽车配套生产厂家秘书的身份为本次商务考察活动拟出具体接待方案。

3. 实训目的

能够安排商务接待各个环节的工作，提前做好准备，在接待过程中做到有条不紊、热情周到、注重细节。

▷社会实践

1. 实践场所

学院校企合作单位的洽谈室。

2. 实践要求

(1) 承担学院校企合作企业洽谈室的接待服务工作。

(2) 观察并体验迎宾、引领、引座、奉茶待客的接待礼仪。

3. 实践目标

总结商务接待礼仪细节，提交社会实践报告。

项目九

商务拜访礼仪

任务要求

1. 拜访他人做足准备，不做不速之客。
2. 拜访为客时要有礼有节，言行举止得体大方。
3. 拜访馈赠礼品时不能忽略礼仪与禁忌。

职场启迪

一次草率的拜访

星期一早晨，某公司业务部王经理约好9点到合作伙伴李总办公室见面，结果因为下雨迟到了。王经理被淋得湿漉漉的，上气不接下气地赶到对方公司，对前台说："你们头儿在吗？我与他有个约会。"前台说："我们李总在等您，请跟我来。"王经理拿着湿漉漉的雨伞和公文包进了李总办公室。穿着比王经理正式许多的李总出来迎接他，并把前台接待又叫进来，让她把王经理滴水的雨伞拿出去。

两人握手时，王经理随口说："我花了好长时间才找到地方停车！"李总说："我们楼后有公司专用停车场。"王经理说："哦，我不知道。"王经理随后拽过一把椅子坐在李总办公桌旁边，两只脚使劲地在地板上跺，想把脚上的泥跺掉。然后一边从公文包里往外拿资料一边说："哦，李总，非常高兴认识你，看来我们将来会有很多机会合作。我有一些关于产品方面的想法。"李总停顿了一下，好像拿定了什么主意似的说："好吧，我想具体问题你还是与赵秘书谈吧。"

在这次拜访中，王经理不但没有提前做好准备，而且对于自身的行为举止也没有注意，导致李总的反感，相信这次合作也不会成功。

商务拜访的礼仪很重要，关系到拜访目标能否达成。在拜访前，一定要做好充分准备，做一名彬彬有礼、举止得体的拜访之客。

任务一　拜访之前准备充分

知识认知

古话说得好：不打无准备之仗。商务拜访同样需要提前做好充分准备。

一、预约应牢记

拜访之前必须提前预约，这是最基本的礼仪。一般情况下，商务拜访应提前三天给拜访者打电话，简单说明拜访的原因和目的，确定拜访的时间，经过对方同意以后才能前往。

二、目的须明确

拜访必须明确目的，出发前对此次拜访要解决的问题应做到心中有数。例如，你需要对方为你解决什么问题，你对对方提出什么要求，最终你要得到什么样的结果等，这些问题的相关资料也要准备好，以方便沟通。

三、礼物增感情

无论是初次拜访还是再次拜访，礼物都可以起到联络双方感情，缓和紧张气氛的作用。所以，在礼物的选择上还要下一番苦工夫。既然要送礼，就要送到对方的心坎里，了解对方的兴趣、爱好及品位，有针对性地选择礼物，尽量让对方感到满意。

四、仪表要注重

虽说“人不可貌相”，但第一印象的好坏在很大程度上取决于仪表形象，上门拜访要成功，就要选择与身份相适应的服装，以体现专业形象。不整洁、不得体的服饰，是对被拜访者的轻视。被拜访者会认为你不把他放在眼里，对拜访效果有直接影响。所以，需注重自己的仪表形象。一般情况下，做商务拜访时，女士应着深色套裙、中跟浅口深色皮鞋配肉色丝袜；男士最好选择深色西装配素雅的领带，外加黑色皮鞋、深色袜子。

五、资料准备足

在做商务拜访前，不仅要准备好相关活动资料、公司资料、同行业资料等，还要努力收集对方的资料，尽可能了解对方的情况，并把所得到的信息加以整理，记入脑中，以备协商沟通时有的放矢。

六、到达守时间

提前与对方预约好时间的，应准时到达，到得过早会给对方增加一定的压力，到得过晚会给对方传达“你不尊重我”的信息，同时也会让对方产生不信任感。最好是提前 5 分钟到达，做好进门前的准备。

知识拓展

销售拜访：好的开场就是成功了一半

曾雄踞日本百科全书推销冠军数年之久的“推销大王”井户口健二曾说：“七八分钟内推销一定成功，如果推销超过两分钟仍没有定论则注定要失败。”或许你会说，井户口健二先生说得太绝对了，但是有一点你不能够否认，那便是开场白的重要性。

技能训练

王莉在某公司市场部工作，她准备去拜访顺达公司的市场部经理胡军先生。王莉事先预约的时间是本周三下午3点。事先王莉准备好了有关的资料、名片，并对顺达公司及胡军先生进行了相应的了解。拜访前王莉对自己的仪容、仪表进行了精心、得体的修饰。到了周三，王莉提前5分钟到达顺达公司。在与胡军先生的交谈过程中，王莉简明扼要地表达了拜访的来意，交谈中能始终紧扣主题，给胡军先生留下了很好的印象，最终促成了合作。

请分析王莉在进行商务拜访之前都做了哪些准备工作？谈谈自己的感受。

任务二　拜访为客彬彬有礼

知识认知

拜访他人，彬彬有礼必能赢得主人的欢迎；一个受欢迎的拜访者能更加融洽商务往来关系，更容易达成商务拜访目标。

一、时间观念应强

拜访他人可以早到却不能迟到，这是一般的常识，也是拜访活动中最基本的礼仪之一。早些到可以从容地整理拜访时需要用到的资料，并正点出现在约定好的地点。而迟到则是失礼的表现，不但是对被拜访者的不敬，也是对工作不负责任的表现，被拜访者会对你产生看法。

值得注意的是，如果因故不能如期赴约，必须提前通知对方，以便被拜访者重新安排工作。通知时一定要说明失约的原因，态度诚恳地请对方原谅，必要时还要约定下次拜访的日期。

二、先通报后进入

到达拜访地点后，如果没有直接见到拜访的对象，拜访者不得擅自闯入，必须经过通报后再进入。一般情况下，前往大型企业拜访，首先要向负责接待的人员介绍自己的基本情况，待对方安排好以后，再与被拜访者见面。当然，实际工作中不免存在这样的情况，被拜访者身处某一宾馆，如果拜访者已经抵达宾馆，切勿鲁莽直奔被拜访者所在的房间，而应该由宾馆前台打电话通知被拜访者，经同意后再进入。

三、举止大方文雅

见面后，打招呼是必不可少的。如果双方是初次见面，拜访者必须主动向对方致意，简单地做自我介绍，然后热情大方地与被拜访者行握手礼。如果双方已经不是初次见面了，主动问好致意也是必要的，这样可显示出你的诚意。需要强调的是，如果对方是长者、领导或女士，自己绝对不能先将手伸出去，这样有抬高自己之嫌，同样可视为对他人的不敬。

见面礼行过以后，可在主人的引导之下，进入指定房间，待主人礼让后，自己再坐在指定的座位上。

课堂练习

金勇是一位刚刚大学毕业分配到利华公司的新业务员，今天准备去拜访某公司的王经理。由于金勇没有王经理的电话，所以他没有预约就直接去了王经理的公司。金勇刚入职，还没有公司制服，所以他选择了休闲运动打扮。到达王经理的办公室时，刚好王经理正在接电话，就示意让他在沙发上坐下等。金勇便往沙发上一靠，跷起二郎腿，一边吸烟一边悠闲地环视着张经理的办公室。在等待的时间里不时地看表，不时地从沙发上站起来在办公室里走来走去，还随手翻了一下放在茶几上的一些资料。

讨论：请问金勇在这次拜访中成功的几率高吗？如果不高，请你指出他失礼的地方。

四、谈话开门见山

谈话切忌啰唆，简单的寒暄是必要的，但时间不宜过长。因为被拜访者可能有很多重要的工作等待处理，没有很多时间接见来访者，这就要求谈话要开门见山，简单的寒暄后直接进入正题。当对方发表自己的意见时，打断对方的讲话是不礼貌的行为，应该仔细倾听，将不清楚的问题记录下来，待对方讲完以后再提问。双方意见产生分歧时一定不能急躁，要时刻保持沉着冷静，避免破坏拜访气氛，影响拜访效果。

五、把握拜访时间

在商务拜访过程中，时间为第一要素，拜访时间不宜拖得太长，否则会影响对方其他工作的安排。如果双方在拜访前已经设定了拜访时间，则必须把握好已约定的时间，如果没有对时间问题做具体要求，那么就要在最短的时间里讲清所有问题，然后起身离开，以免耽误被拜访者处理其他事务。

六、拜访结束告辞

拜访结束时，如果谈话时间已过长，起身告辞时，要向主人表示“打扰”歉意。出门时主动与主人握别，说“请留步”。待主人留步后，走几步再回首挥手致意，道声“再见”。

商务拜访是商务交往的一种常用办公形式，也是对礼仪要求最多的活动之一。掌握好上述礼仪要领，将有助于商务工作的顺利进行。

技能训练

李军是某公司的业务员，通过预约，今天去拜访大客户张经理，并在拜访中向张经理介绍本公司的一项新产品。如果你是李军，请你模拟一下他进入张经理办公室进行拜访时应该有的言谈举止。

训练要求：先请几位同学面向全班进行模拟表演，然后全班展开讨论，看看哪一种做法更好，并说出理由。

任务三　拜访馈赠适情适宜

知识认知

拜访馈赠作为商务活动的重要形式之一，受到人们的普遍肯定。商务馈赠所表达的是一种职业联系，既是友好的、礼节性的，又是公务性的，所以商务拜访时应把握好馈赠的技巧和礼仪。得体的馈赠，恰似无声的使者，给拜访活动锦上添花，给人们之间的感情和友谊注入新的活力。

一、馈赠技巧

（一）选择礼品

礼品有贵贱厚薄之分，有善恶雅俗之别。礼品的贵贱厚薄，往往是衡量交往人的诚意和情感浓烈程度的重要标志。“千里送鹅毛”的故事在我国妇孺皆知，被标榜为“礼轻情意重”的楷模和学习典范。“折柳相送”也常为文人所津津乐道。我们提倡“君子之交淡如水”，提倡“礼轻情意重”。

（二）把握时机

就馈赠的时机而言，及时适宜是最重要的。中国人很讲究“雨中送伞”“雪中送炭”，即要注重送礼的时效性，因为只有在最需要时得到的才是最珍贵的，才是最难忘的。因此，要注意把握好馈赠的时机，包括时间的选择和机会的择定。一般来说，时间贵在及时，超前滞后都达不到馈赠的目的。“门可罗雀”时和“门庭若市”时，人们对馈赠的感受会有天壤之别。商务拜访馈赠多选择在公关活动、庆典活动、祝贺开张开业及适逢重大节日等时机。

（三）体现实效

同一切物品一样，当礼以物的形式出现时，礼物本身也就具有了价值和实用价值。就礼品本身的实用价值而言，人们的经济状况不同，文化程度不同，追求不同，对于礼品的实用性要求也就不同。一般来说，物质生活水平的高低，决定了人们精神追求的层次，在物质生活较为贫寒时，人们多倾向选择实用性的礼品，如食品、水果、衣料、礼金等；在生活水平较高时，人们则倾向于选择艺术欣赏价值较高、趣味性较强和具有思想性或纪念性的物品为礼品。因此，在馈赠礼品时，应视受礼者的物质生活水平，有针对性地选择礼品。

（四）投好避忌

由于民族、风俗习惯、生活经历、宗教信仰以及性格、爱好的不同，不同的人对同一礼品的态度也是不同的，或喜爱，或忌讳，或厌恶等，因此我们要把握住投其所好、避其禁忌的原则，尤其强调要避其禁忌。馈赠前一定要了解受礼者的喜好，尤其是禁忌。例如，中国人普遍有“好事成双”的说法，因而凡是大贺大喜之事，所送之礼，均好双忌单，但广东人忌讳“4”这个偶数，因为在广东话中，“4”听起来就像是“死”，是不吉利的。另外，我国人民还常常讲究给老人不能送“钟”，给夫妻或情人不能送“梨”，因为“送钟”与“送终”，“梨”与“离”谐音，是不吉利的。类似这样的禁忌，还有许多需要我们去注意。

课堂练习

2005年4月29日，我国台湾地区领导人连战访问北京大学，获得一份特殊的礼物：其母亲赵兰坤女士在76年前毕业于燕京大学的学籍档案和相片，其中包括在宗教系就读的档案、高中推荐信、入学登记表、成绩单等，大多是她亲笔写的字。在这份特殊的礼物面前，一贯严谨的连战先生也难掩内心的激动。他高举起母亲年轻时候的照片，然后放在面前细细端详，眼里泛着晶莹的泪光。这一刻，他满脸都是幸福的微笑。

讨论：请问这份礼物送得成功吗？为什么？

二、馈赠礼仪

要使拜访对象愉快地接受馈赠，并不是一件容易的事情。因为即便是你在馈赠原则指导之下选择了礼品，如果不讲究赠礼的艺术和礼仪，也很难使馈赠收到预期的效果，甚至会适得其反。那么，馈赠时应注意哪些技巧和礼仪呢？

（一）包装须精美

精美的包装不仅能使礼品的外观更具艺术性和高雅的情调，并显现出赠礼人的文化和艺术品位，而且还可以使礼品产生和保持一种神秘感，既有利于交往，又能引起受礼人的探究心理和好奇心理，从而令双方愉快。好的礼品若没有讲究包装，不仅会使礼品逊色，使其内在价值大打折扣，使人产生“人参变萝卜”的缺憾感，而且还易使受礼人轻视礼品的内在价值，从而无谓地折损了由礼品所寄托的情谊。

（二）场合要适合

赠礼场合的选择是十分重要的。一般馈赠的场合有公开场合也有私下场合。例如，初次在办公室或公开场合见面就送一份重礼，会有行贿之嫌；在大庭广众前，送很私人化的衣物、营养食品之类的礼物也不合适，尤其是那些出于酬谢、应酬或有特殊目的的馈赠，更应注意赠礼场合的选择。只有礼轻情重的纪念性的、荣耀性的特殊礼物才适宜在大庭广众下赠送。因为这时公众已变成你们真挚友情的见证人。如一本特别的书、一份特别的纪念品等。

（三）言行讲礼仪

赠礼时应当着受礼人的面，以便于观察受礼人对礼品的感受，并适时解答和说明礼品的功能、特性等，还可有意识地向受礼人传递你选择礼品时独具匠心的考虑，从而激发受礼人对你一片真情的感激和喜悦之情。

只有那种平和友善的态度、落落大方的动作，并伴有礼节性的语言表达，才是令赠受礼双方所能共同接受的。那种心虚似的悄悄将礼品置于桌下或房中某个角落的做法，不仅达不到馈赠的目的，甚至会适得其反。

（四）时间掌握好

商务拜访馈赠的时间一般选择在双方见面谈业务之前或者结束道别时。注意不要在商业交易中送礼。最好的时间是进到大门，寒暄几句就奉上礼物，如果错过了此时，不妨在坐定后，主人倒茶时赠送。

三、馈赠的禁忌

送礼的禁忌问题时常为人们所忽视，因此有必要强调。礼品选择不当是馈赠礼品的最大禁忌。礼品的选择要充分考虑到各国的历史、文化、风俗习惯的影响，再加上社会与宗教的因素，更要清楚受礼对象所在国家、个人和民俗的禁忌。至少要注意以下三点。

（一）要尊重由于风俗习惯、民族差异和宗教信仰等形成的禁忌

选择礼品不要凭自己的“想当然”办事，要自觉地、有意识地避开对方的礼品禁忌，注意礼品的品种、色彩、图案、形状、数目和包装等。比如说，在我国是绝不能把一台崭新的钟送给老年人的；不能送给基督教徒一尊佛像，就算那是古玩也是不妥的。

（二）要尊重个人的禁忌

每个人由于经历、兴趣和习惯的不同，可能形成个人的禁忌，选择礼品时，也要注意了解受礼对象的个人忌讳。

（三）要遵守国家的有关规定，不能选择违法违规的物品作礼品

比如，不能将涉黄、涉毒的物品作为礼品送人。许多国家对公务员接受礼品有明确的规定，送的礼品价值过重就会有行贿之嫌。

除了上述三点，应选择什么样的礼品才合适呢？其实，并没有固定的答案。一般来说，礼品可以分为两种：一种是可以长期保存的，如工艺品、字画、照片、相册等；一种是保存时间较短的，如挂历、食品、鲜花等。馈赠时可根据自己的实际情况加以选择。喜礼，如朋友结婚，可送鲜花、书画、工艺品、衣物等；贺礼，如企业开张、大厦落成、厂庆等可送花篮、工艺品等。宜选的礼品应具有一定的宣传性、纪念性、独特性、时尚性，有时还应注意礼品的便携性。

知识拓展

商务馈赠“八不送”

（1）不送现金、信用卡和有价证券。

（2）不送价格过高的奢侈品。

（3）不送不合时尚、不利健康之物。

（4）不送易使异性产生误解之物。

(5) 不送触犯受赠对象个人禁忌之物。

(6) 不送涉及国家机密之物。

(7) 不送其他有违国家法律、法规之物。

(8) 不送不道德的物品。

技能训练

罗涛在实验中学的实习快结束了。在实习期间，罗涛得到了科室王主任的帮助与指导，在临别时罗涛想购买一份礼物赠送给王主任以示感谢。你认为罗涛应该准备一份什么礼物最适合？应该在什么场合把这份礼物送给王主任？

训练要求：请同学讨论并给出相应的建议。

综合实训

▷情境模拟

1. 情境背景

红胜集团的业务员张新去拜访飞创公司的王经理，为了感谢王经理在工作中对自己的关心和支持，他代表红胜集团向王经理送去了一份礼物。请模拟从拜访前到拜访结束的情境。

2. 模拟要求

要求三人一组，分别扮演王经理、秘书、张新等不同角色，演练初次见面的问候、介绍、握手、交换名片、馈赠礼品等。

3. 实训目的

在商务拜访中能恰当地与人招呼问候，注意拜访礼仪及禁忌，提高拜访沟通的能力，做到拜访有礼，馈赠适宜，言行得体。

▷社会实践

1. 实践场所

趁放假时机拜访你的恩师。

2. 实践要求

(1) 拜访前做好准备。

(2) 注意拜访时的礼仪细节。

(3) 为恩师选定馈赠的礼物以表达感恩之情。

3. 实践目标

(1) 体现拜访馈赠的礼貌礼节。

(2) 提交心得体会，课上与同学分享。

项目十

商务宴请礼仪

任务要求

1. 宴请准备应做到目的明确、内容丰富、形式新颖。
2. 桌次席位安排要尊卑有序、主次分明。
3. 进食就餐应做到举止儒雅，言谈得体。
4. 敬酒斟饮既要活跃气氛，又要有礼有节。

职场启迪

尴尬的宴请

英国施维斯集团与中国华安集团经过谈判，终于达成合作协议。签字仪式后，中方在白金五星酒店宴请英国施维斯集团代表全体成员。华安集团董事长已六十有余，为了显示很有活力，宴请当天他特意打扮得很年轻，带了一条珍珠制成的彩色昂贵领带。为尽东道主之谊，他还特意安排了当地的一道特色菜——酱大骨。用餐时，为避免弄脏，董事长细心地把珍珠领带塞进衬衣纽扣间的缝隙，又亲自用手挑了根酱大骨给施维斯集团的代表。看着中方华安集团的代表低头啃着大骨头，英国施维斯集团的代表们却不知如何下口。

商务宴请礼仪，是指人们在商务餐饮活动中所应遵守的行为规范和行为准则，它是商务活动中表示欢迎、庆贺、饯行、答谢，以加强了解和融洽气氛的基本形式和重要手段。商务宴请中的餐饮形象、桌次位次、餐食菜品、斟酒敬酒等许多细节都有严格的礼仪规则，不懂规则，就会出尴尬、闹笑话。

任务一　宴请准备精心细致

知识认知

宴请准备是成功举办宴请活动的良好开始，特别是邀请方从宴请形式、地点、时间、菜品、酒水等各种细节上都要提前做好充分的准备。

一、邀约与赴约礼数周到

（一）邀请方邀约体现尊重

1. 邀请形式以尊重宾客为宜

在商务宴请中，主办方对交往对象发出宴会邀请，称为邀约。邀约的方式分为正式邀约与非正式邀约。正式邀约多采用书面形式。非正式邀约通常是以口头形式来表现。

正式邀约又分为请柬邀约、书信邀约、电话邀约、面对面邀约、传真邀约、电报邀约、便条邀约等具体形式。

非正式邀约有面对面邀约、托人邀约以及电话邀约等不同形式。

在比较正规的商务往来中，应以正式邀约作为主要形式。依照惯例，正式的宴会应以请柬邀约客人。一般情况下，请柬应当提前 10 天以上送达客人手中，以便对方提前进行安排。主人在邀请客人出席宴会时，如果在请柬上有什么具体要求，诸如是否偕同配偶、是否穿礼服、应何时到场等，客人均应予以遵守。通常情况下，若请主宾偕夫人出席，主人若已婚，可以夫妇名义发出邀请。

2. 请柬邀约以体现档次为重

请柬邀约是正式邀请形式中档次最高的，也是政界、商界人士最常用的邀约方式。请柬又称请帖，它一般由正文与封套两部分组成。不管是购买的印刷成品，还是自行制作，请柬在格式上和行文上都应当遵守成规。具体要求如下：

在商务交往中所采用的请柬，基本上都是横式请柬。它的行文，是自左向右，自上而下横写的。除此之外，还有竖式请柬。它的行文则是自上而下，自右而左竖写的。

请柬正文的用纸大都比较考究。它多用厚纸对折而成。以横式请柬为例，对折后的请柬的左面外侧多为封面，右面内侧则为正文的行文之处。封面通常讲究采用红色，并标有“请柬”二字。请柬内侧，可以同为红色，亦可采用其他颜色，一般忌讳用黄色或黑色。

请柬上亲笔书写正文时，应采用钢笔或毛笔，并选择黑色、蓝色墨水，其他鲜艳的墨水则不宜采用。在请柬的行文中，通常包括活动形式、活动时间、活动地点、活动要求、联络方式以及邀请人等项内容（见图 10—1）。

（二）应邀方赴约及时明确

1. 认真对待邀约

任何书面形式的邀约，都是在邀请者经过慎重考虑，认为确有必要之后，才会发出的。所以应邀者无论能不能接受对方的邀约，均须按照礼仪的规范，对邀请者给予明确、合理的回答，或者应邀，或者婉拒，不能置之不理。

图 10—1　请柬

2. 准确回复邀约

应邀者在接到邀约后，要尽快答复能否接受邀请。对书面邀约所进行的答复，通常采用书信的形式，在商务礼仪中被称为回函。回函一般需要亲笔书写，以示重视。如果打印回函，应当亲笔签名。

无论是接受还是拒绝邀请函，均须在接到书面邀约后三日之内回复，而且回得越早越好。如果拒绝，则应讲明理由。

回函的格式可参照邀请者发来的书面邀约。接受邀请后，就不要失约了，临时取消，会给对方带来许多麻烦。若拒绝邀约，理由应当充分，但不要忘记向邀约者表示谢意。

（三）赴宴时着装端庄典雅

出席比较正式的宴会，特别是在晚间举行的盛大宴会，对赴宴者的服饰大都有所规定，通常要求穿礼服参加。男士应着黑色、深色西装或中山套装。女士应穿高跟鞋和高雅端庄的裙式服装，尺寸、款式、颜色要适合自己，颜色不宜超过三种，不要过于暴露，要淡妆，可佩带少量首饰。总之，着装要正式、规范，符合身份，展现端庄典雅的风度。

课堂练习

请根据以下条件撰写一份宴请邀请函：

（1）宴请目的：20××年1月20日海天集团成立100周年。

（2）宴请地点：希尔顿国际大酒店三楼豪华厅。

二、目的与形式因事而异

宴请的目的多种多样，可以为某人或某事而举行，如为庆祝某一节日、纪念日、贵宾来访，为展览会的开幕、闭幕，某项工程的动工、竣工等。

确定邀请名义和对象的主要根据是主、客双方的身份，也就是说主、客身份应该对等。例如，作为东道主宴请来访的代表团，出面主人的职务和专业一般同代表团团长对口、对等，身份低使人感到冷淡，规格过高亦无必要。具体请哪些人？请到哪一级别？请多少人？主人一方请什么人来作陪？这都是需要考虑的因素。

宴请采取何种形式，在很大程度上取决于当地的习惯做法。一般来说，正式、规格高、人数少的以宴会为宜，人数多则以冷餐会（见图 10—2）或酒会更为合适。

图 10—2　冷餐会

三、时间与地点灵活机动

（一）选择时间要以宽松为宜

宴请的时间应对主、客双方都合适，注意不要选择对方的重大节假日、有重要活动或有禁忌的日子和时间。例如，对信奉基督教的人士不要选 13 日，更不要选 13 日星期五。小型宴请应首先征询主宾意见，同意后可按此时间约请其他宾客。

一天当中的宴请时间最好定在晚上。商务宴请中通常午餐称为便餐，晚餐称为正餐。因下午大都需要工作或处理一些问题，因此午餐时间不宜过长，菜品酒水安排相对较为简单。晚餐时间相对就较长，工作了一天，身心也都处于放松愉悦的状态，菜品酒水的安排要丰盛一些。

（二）确定地点应以方便为主

在选择宴请客人的地点时，通常要考虑宴请的对象、目的和宴请的形式，尽量做到有独特的风格，并考虑在何种规格下招待客人。

如果是比较熟识的朋友，又无明确的宴请主题，只是联络一下感情，为今后办事做铺垫的话，那么地点和人员的选择都可以随意一些，气氛也应力求轻松自然。

如果宴请比较重要的人物到场，在地点的选择上则不能过于随意，因为酒店的档次是身份与诚意的象征。一般可选择环境幽雅，宴会厅中另设休息区域，宴会前可简短交谈，且交通方便、车位较多的酒店。

无论是什么档次的酒店，宴请方一定要做到心中有数。宴请的层次与标准可以根据接待贵宾的身份来定，比如“贵宾宴请”“尊贵宴请”“豪华宴请”“奢华宴请”等按照宴请对象品阶的不同而递进，从而选择相应的宴请地点。

四、菜品与酒水丰富多样

宴请的准备工作还需要确定菜单和酒水吗？很多人会提出疑问，定好了酒店喜欢什么菜就点什么菜不就行了？当然，这只是其中的一种方式，适用于普通且较为熟悉的客户。对于宴请重要的贵宾，在宴请准备这个环节，菜单与酒水的斟酌与拟定就显得尤为重要了。具体定什么菜品，要提前了解贵宾的饮食喜好。如：有无宗教信仰、是否是少数民族、有无忌口或特别喜爱的菜品等。

图 10—3 竹简式菜单

一般情况下，宴请前的菜品准备分为“套菜菜单”和“现场点菜”两种形式。“套菜菜单”就是宴请前到所预订酒店，提前选定酒店设计好的不同标准的菜单。如果是很重要的贵宾，可将菜单精致设计后摆放在餐桌上，供贵宾赏阅。如图 10—3 所示，就是将菜单设计成“竹简”形状呈放于每个餐位上，让贵宾了解宴会餐单的同时还深深融入古韵清雅的文化氛围中，为宴请增色不少。“现场点菜”就是宴请的贵宾都落座后，再按照菜单进行点菜。这两种形式都比较常见，但各有不同。“套菜菜单”可提前控制宴请预算，但不能保证所安排的菜肴都合宾客的口味。“现场点菜”所点菜肴会很受大家欢迎，但对于宴请预算不好把控。

无论采用哪种形式，菜单的安排都要特色突出，注意冷热及色、香、味搭配。选菜不应以主人的爱好为准，要考虑主宾的喜好与禁忌。

技能训练

商务宴请需要做哪些准备工作？请绘出知识导读图。

任务二　桌次席位各得其所

知识认知

商务宴请时的桌次席位安排非常重要，必须严格按照位次礼仪规范执行，因为它体现着对宾客身份、宾主关系的重视和尊重，否则会因小失大，影响宴请效果。

一、桌次安排尊卑有序

参加商务宴请时，如果宴请桌数超过两桌以上，就会有桌次尊卑的问题。中餐圆桌的尊卑次序包括两桌、三桌、四桌、五桌以上排列等。一般排列时遵循“一中心、二平放、三三角、四四方、五梅花”的原则，超过六桌时会采用“教室型”的排列方法。通常多桌的礼宾次序是“以中为上、以右为上、以远为上”，重要商务宴请可根据每张桌子上的名签对号入座。具体如图 10—4 所示。

举办超过 5 桌以上的宴会时，宴会现场要有工作人员安排前来的宾客入座。对于参加宴会的客人而言若没有专人引领，自己又实在不知该坐在何处时，就找熟识的人群或和同伴同坐即可。

二、座次安排突出主位

在进行宴请时，每张餐桌的座次也有主次尊卑之别。按照我国的座次习惯，同一桌的

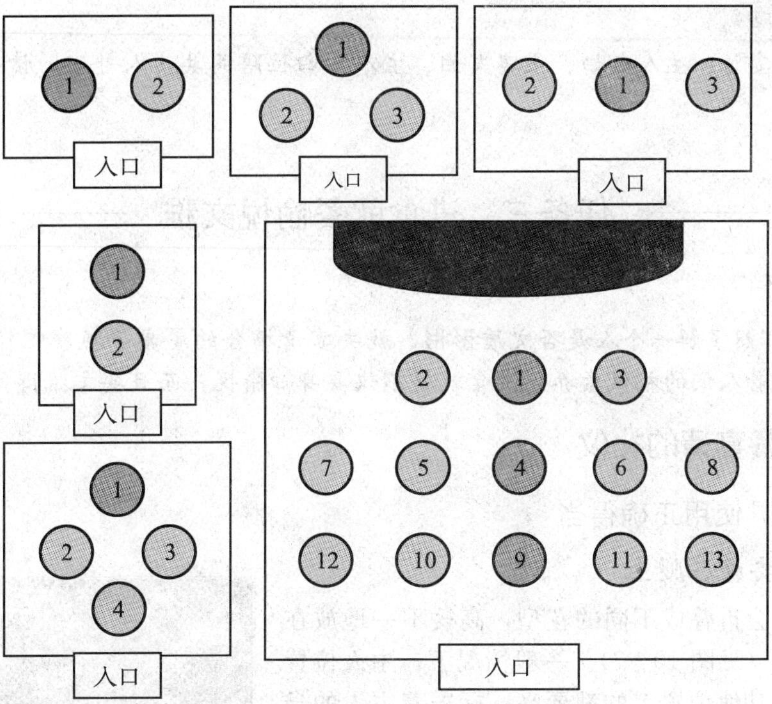

图 10—4　几种常见的中餐桌次安排

座次高低以离主人座位远近而定。以右为尊，即主宾坐在主人的右侧。如果有双方夫妇共同出席，通常把女士安排在一起，即男主人的右侧是男主宾，女主人的右侧是主宾夫人。西方国家的座次习惯是男女穿插排列，以女主人为首，男主宾坐在女主人右侧，女主宾坐在男主人的右侧。正式隆重的商务宴请座次如图 10—5 所示，一般的商务宴请座次如图 10—6 所示。

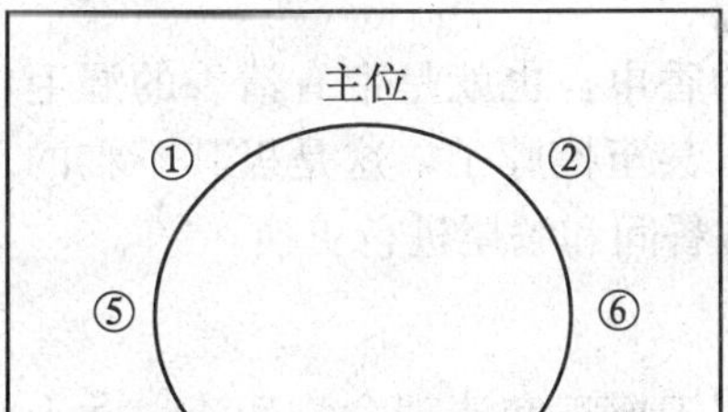

图 10—5　正式商务宴请座次

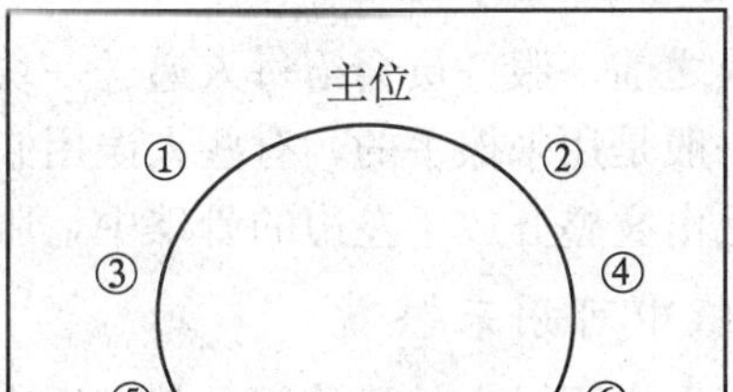

图 10—6　一般商务宴请座次

若是被邀请的主宾，落座时就不要太客气了，寒暄过后主动先入座，其他人才好落座。若是一般陪同人员，如果不知该坐在何位置上，就不要贸然先入座，要等主人、主宾等重要客人都坐下后，自己再坐在适当的位置上。

技能训练

普通商务宴请：主人夫妇、主宾夫妇、主人方四位陪同共八人赴宴，请画出座次平面示意图。

任务三　进食就餐愉悦文雅

知识认知

有人说："想了解一个人是否文质彬彬，就去宴请场合的餐桌旁观察吧！"这说明餐饮形象直接反映着人们的礼仪素养。进食就餐不仅要身心愉悦，而且要文雅得体。

一、中餐宴请的礼仪

（一）餐具使用正确得当

1. 餐巾要放在腿上

餐巾通常会折叠成不同的花型，高矮不一地放在盘中或水杯中（见图 10—7）。一般情况下，主人位置的餐巾花型比其他位置上的都要高，标志着主人的身份与地位，所以身份较低的陪同人员就不要贸然坐在这个位置上了。

图 10—7　中餐宴会餐具

餐巾的功能主要是预防调味汁滴落弄脏衣物，起保洁作用。因此，正确的使用方法是将餐巾轻轻打开铺在腿上，或将餐巾一角的 1/3 放于餐盘下，其余部分盖于腿上。

2. 香巾应用来擦手

上菜之前，服务员会给每人递送一块热腾腾的香巾，也就是带有清香的湿毛巾。这个湿毛巾一般是用来擦手的，有些人误用它来擦脸，甚至擦脖子，这是极其不雅的。使用后可将湿毛巾叠整齐放于左边的骨碟中，服务员会在餐间和餐尾进行更换。

3. 纸巾可用来擦嘴

餐桌上必不可少的清洁用品就是纸巾了，多用于擦嘴和清理食物残渣。女士赴宴都会化淡妆，可用纸巾擦去口红。用餐过程中，还可以将口中的食物残渣吐于纸巾中，折叠后让服务员收走，切忌将纸巾团成团扔在桌下；此外放入食物残渣后一定要将纸巾折叠起来，切不可将纸巾摊在桌上。

4. 餐盘可盛接食物

中餐宴请中的餐盘一般使用套盘，就是双层的餐盘。下面的餐盘较大而且有漂亮的花纹图案，多为瓷盘、金盘、银盘或高档的水晶盘；上面的餐盘较小，一般是白净的瓷盘。上面的瓷盘才是就餐时真正使用的餐盘，下面的餐盘也称装饰盘，只是点缀而已。

就餐时，可将食物先夹放于餐盘上，再慢慢品尝美食。食物中的骨刺也可放入餐盘中，服务员会更换新的餐盘，切不可将骨刺或不吃的食物放于下面的装饰盘中或桌面上。

5. 筷子使用八大忌

使用筷子是中国饮食的传统，其使用也有很多禁忌。筷子是用来夹取食物的，用来抓痒、剔牙或夹取食物之外的东西都是失礼的。筷子使用时忌讳很多，具体如下：

（1）忌长短筷。筷子放在筷架上或桌上时，筷子要并拢，两端要对齐，不能一长一短，也不能将筷子随意地交叉放在桌上，形成一个“×”形，这是非常不礼貌的。

（2）忌飞舞筷。与人交谈时，要暂时放下筷子，不能一边说话，一边像指挥棒似的舞筷子，更不能用筷子指点他人，这是典型的不敬人行为。

（3）忌嘬筷子。很多人夹菜前有先嘬一口筷子的习惯，甚至声音还很大，这是对别人的不尊重，也是不卫生的。

（4）忌敲筷子。我们在电视中见过用筷子敲打盘子、碗或杯子来演奏出曼妙的音乐，甚为神奇。但是在实际宴请中万万不可用筷子敲打餐具，这是对主人的极其不尊重，被认为是乞丐行为。

（5）忌插筷子。不要把筷子竖着插入饭中，因为在中国习俗中，只在祭奠上香时才用这种插法。夹菜时，也不能用一只筷子去插食物，这种行为被认为是对同桌用餐人的羞辱。

（6）忌筷子落地。在我国传统礼俗中，筷子掉落在地上是一种严重失礼的表现，是大不敬的行为。如果不小心筷子掉在地上，可用“大家快乐啊”来化解尴尬局面，因为“快乐”为“筷落”的谐音。

（7）忌翻筷子。夹菜时，不要举着筷子在菜肴上盘旋，也不能用筷子在菜中翻来覆去挑拣爱吃的，更不能加起菜后，又放回盘中，这样的动作很不大方。

（8）忌滴筷子。夹菜时，连菜带汤滴满桌面，给人感觉就很不讲卫生，也很不雅观。

6. 勺子不可用嘴吹

勺子主要是用来舀汤的，也可用于取食形状过于细小的菜肴。汤碗再小，盛汤时也不可过满，甚至溢出来。用汤碗喝汤时要用勺子舀着喝，但不宜盛得过满，以免勺子里的汤溢出来，滴落在桌上或衣服上。用勺子喝汤时，不能把勺子全部塞入口中。如果汤很烫，要晾一晾再喝，切不可用嘴对着勺子吹。

7. 杯子使用要得当

中餐宴席上的杯子主要有茶杯、酒杯和水杯。茶杯是用来喝茶的，不要当酒杯倒酒。因茶杯是不透明的瓷杯，用它来喝酒对方不知道你喝了多少，有作弊嫌疑，对别人是不敬的。

酒杯在使用时，要注意手持杯子的杯腿或杯底，而不要直接用手指握住杯身。手指握住杯身一是会留下指纹，显得很不雅观，二是手的温度会使酒的温度升高，从而影响酒的口感。不喝酒时，不要倒扣酒杯。女士注意不要把唇印留在杯口。

水杯在使用时，要注意手握杯子的中下部位，切忌用手指握住杯口直接饮用（见图10—8）。

图 10—8　正确使用杯子

8. 牙签剔牙有讲究

用餐结束后，很多人都有用牙签剔牙的习惯。宴会中，最好不要当众剔牙，非剔不可时，要用手掩住口部，不要张大嘴巴剔牙，或叼着牙签（见图 10—9）。剔出来的食物，不要当众“观赏”或再次入口，更不要乱弹乱吐。剔过牙的牙签也不可再用来扎取食物。

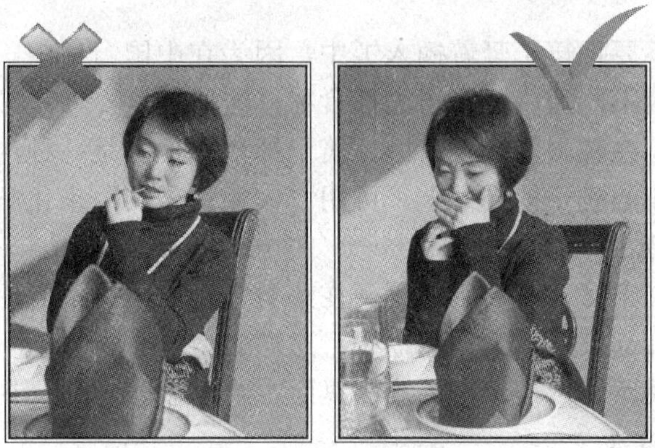

图 10—9　正确使用牙签

课堂练习

在宴请中，你是如何使用餐巾的呢？判断下图餐巾使用的正误，并说明理由。

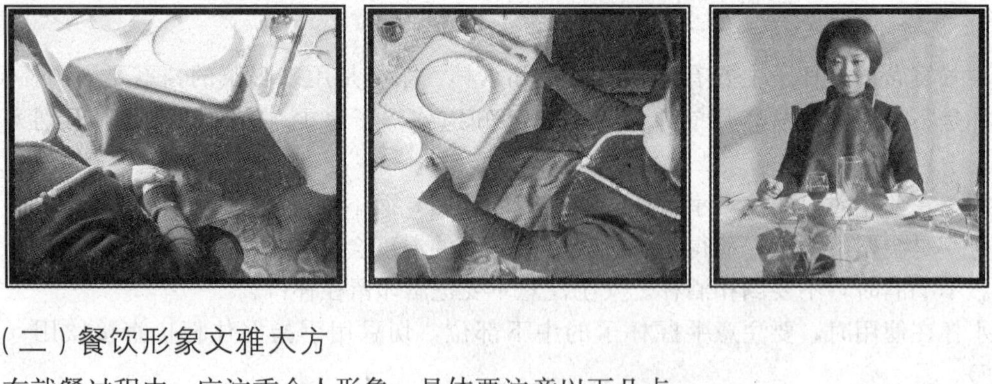

（二）餐饮形象文雅大方

在就餐过程中，应注重个人形象，具体要注意以下几点：

（1）上桌后不要先拿筷子，应等主人邀请、主宾动筷时再拿筷子。

（2）主人向客人介绍名贵菜肴或特色菜品，要趁热品尝，但不能争抢，应首先礼让邻座客人后，再伸筷取食。

（3）筷子不要伸得太长，更不要在菜盘里翻找自己喜欢的菜肴，应先将转台上自己想吃的菜转到自己眼前，再从容取菜。

（4）不要嘴里一边咀嚼一边说话，更不能说一些令人喷饭的笑话。

（5）一些冷菜、虾、蟹等需要蘸调料的食物可自由调味，如果是大家共用的调料盘，切忌将咬过的食物再放进调料盘中。

（6）餐桌旁不要梳理头发、整理服饰、涂抹口红；也不宜旁若无人地大声接打电话。

（7）当其他客人还没有吃完时，不要独自先离席。在宴会餐桌上，进餐速度快慢不要依个人习惯，而应适应宴会的节奏，等大家都吃完、主人起身、主宾离席时再致谢退席。

知识拓展

敬菜时的说辞

在宴席上，喝酒时可以有一些说辞，为客人夹菜时也可以有说辞。比如整只鸡上桌时，给领导献上鸡头叫“头号人物”；给办公室主任鸡脖叫“左右逢源”；给部门主任鸡爪叫“一把手”；给中层干部鸡腿叫“中流砥柱”；给基层干部鸡翅叫“展翅高飞”。

（三）餐中礼节不容忽视

1. 斟茶敬茶

进餐过程中，常常需要为别人添加茶水，斟茶时茶水不宜倒得过满。所谓“茶满欺客，酒满敬人”“茶七饭八酒十分”就是这个道理。那么，为何茶水要斟倒七分满呢？这里有三层含义：

一是茶味使然。茶圣陆羽的《茶经·五之煮》云：“茶性俭，不宜广，广则其味黯澹。且如一满碗，啜半而味寡，况其广乎！”就是说茶叶中可溶于水的物质较贫乏！泡茶时水不能过多，多则茶味淡薄，更不可久泡，久则茶尽苦涩。

二是饮用方便。沏茶的水都是滚烫的，倒得太满，客人不好端杯，而且容易洒出来烫手。

三是一份意境。茶倒七分，留得三分人情在。因此，茶水要倒七分，过多或过少都是礼数不周。

斟倒茶水时，正确的方法是一手端茶壶一手按壶盖，以防壶盖滑落（见图 10—10）。斟完茶后，要将茶壶嘴朝向自己放置茶壶，切不可将壶嘴对着别人，这是非常不礼貌的。

端茶敬茶时，还要注意姿态。用双手给人端茶，并且用左手托杯底，用右手扶杯身送出（见图 10—11）。摆放前，一定要轻声示意“请用茶”，避免对方无意碰撞。摆放位置为对方右手上方 5～10 厘米处，有杯耳的则将其转至右侧便于取放。

2. 叩指鸣谢

当别人给自己的杯子里斟茶或倒酒时，要行叩指礼以示感谢。此礼是从古时中国的叩头礼演变而来的，叩指即代表叩头。早先的叩指礼是比较讲究的，必须屈腕握空拳，叩指关节。随着时间的推移，逐渐演化为将手指弯曲，用几个指尖轻叩桌面，以示感谢。

图 10—10　斟茶

图 10—11　敬茶

3. 公筷敬菜

用餐时，主人为表示热情，往往要主动为客人夹菜，称为“敬菜”。一般情况下，不主张随意为客人夹菜，若是你夹的菜客人不爱吃，又不得不吃，就会叫人尴尬为难。如果一定要为客人夹菜，要注意不要使用自己的筷子，一定要使用公用筷子，如果没有或是不方便拿，用客人自己的筷子为他夹菜即可。

知识拓展

“茶满欺客”的由来

相传宋代有一位很有名望的官员，他为人随和，热情好客，经常有朋友来找他聊天，凡来做客的人他都会热情招待，奉上一杯茶后边喝边聊天。住在他官邸附近的一位秀才经常到他府上来聊天喝茶。

一天，该秀才与往常一样来到这位官员的官邸，当时这位官员正在处理一件紧急公务，秀才的到来打乱了他的思路。但是，既然客人来访，他不得不停下手中的公务，命人冲泡一杯靓茶奉上并与其倾谈。谈了一阵后，这位官员觉得秀才并无大事相商而纯属聊天时，便礼貌地告诉秀才今天有紧急公务要处理，没有时间奉陪，敬请秀才理解。本来这位秀才应该立即告退离开，但他偏不离开，继续与这位官员聊天饮茶，急得这位官员不知如何是好。

于是，这位官员心生一计，在与秀才聊天时颠三倒四，斟茶倒水时故意倒得满满的并使茶水溢出，意即我已心急如焚，无心再与你聊天。起初，秀才并不在意，后来见这位官员接二连三地如此，才恍然大悟，知道主人已下了逐客令，于是赶紧离开。

后来，这件事逐渐在民间流传开来，并逐渐演变成为“茶满欺客”这一茶俗。

二、西餐宴请的礼仪

一提到西餐就使人想到白色台布、银色蜡烛、幽暗的灯光、悠扬的音乐……虽然西餐对于我们来说早已不再陌生，但西餐与中餐相比，西餐宴请的礼仪要相对烦琐复杂。掌握好西餐礼仪也是商务宴请的必修功课。

(一)餐具使用规范有序

1. 刀叉交替品尽美味佳肴

(1) 西餐中刀、叉又分为肉类用、鱼类用、前菜用、甜点用(见图 10—12)。使用时基本原则是右手持刀或汤匙,左手拿叉(见图 10—13)。若有两把以上,应由最外面的一把依次向内取用。刀叉的拿法是轻握尾端,食指按在柄上。汤匙则用握笔的方式拿即可。如果感觉不方便,可以换右手拿叉,但更换频繁则显得粗野。吃体积较大的蔬菜时,可用刀叉来折叠、分切。较软的食物可放在叉子平面上,用刀子整理一下。

1. 冷菜刀　2. 汤勺　3. 鱼刀　4. 主菜刀　5. 主菜叉　6. 鱼叉　7. 冷菜叉
8. 黄油刀　9. 面包盘　10. 黄油碟　11. 甜品勺　12. 甜品叉　13. 水杯
14. 红葡萄酒杯　15. 白葡萄酒杯

图 10—12　西餐餐具

(2) 用刀叉切割时,应从食物的右侧开始,切割的大小正好可一次送入口中,切不可将食物分割得过大,插着食物分两次以上咬着吃,这是极不雅观的。也不要将食物先用刀叉分割成若干块,然后再一块一块插着吃。

(3) 右手切割食物时,刀刃不可与餐盘发出摩擦声,两手肘要向身体夹紧靠拢,不能将两手臂抬得过高,这种姿势也是极不雅观的。

图 10—13　刀叉的使用

(4) 使用刀叉时,英、法、俄、美等国家的饮食习惯并不一样。常用的方法是,吃肉菜时,左手拿叉,叉尖朝下,把肉扎起来,送入口中。如果是烧烂的较碎的蔬菜,就用餐刀把菜拨到餐叉上,叉尖朝上送入口中。而美国人使用刀叉相对灵活些,用同样的方法切肉，然后右手放下餐刀，换用餐叉，叉尖朝上，插到肉的下面，不用餐刀，把肉铲起来，送入口中，吃烧烂的蔬菜也是这样铲起来吃。

2. 刀叉摆放暗示餐具去留

刀与叉除了将食物切开送入口中之外，还有另一项非常重要的功能，就是刀叉的摆置方式可以传达出“用餐中”或是“结束用餐”的信息。而服务生正是利用这种方式，判断客人的用餐情形，以及是否要收拾餐具准备接下来的服务等。

（1）用餐过程中，如果中途暂时休息片刻，可将刀叉在餐盘上摆成八字形，刀头与叉尖相对，刀刃朝向自己，叉尖朝下，表示继续食用（见图 10—14）。

（2）用餐结束后，可将叉尖朝上，刀子的刀刃朝左，与叉子并拢，将刀叉柄朝向自己平行放入餐盘内，表示不再食用，即使里面还有食物（见图 10—15）。

图 10—14　正在食用

图 10—15　不再食用

3. 酒水甄选珍馐锦上添花

如果你面前放着四个杯子，不要随便拿起一只就用，要知道其中的区别。

（1）大杯用于盛水，不要用它来干杯，可在餐中随时饮用。

（2）中杯用于盛红葡萄酒，“红酒配红肉”，一般食用牛扒、羊扒或猪扒等呈红色食物时，可同时配以红酒，会使食物更加鲜美。

（3）小杯用于盛白葡萄酒，“白酒配白肉”，一般食用虾、蟹等海鲜或是鸡肉之类呈白色食物时，可同时配以白葡萄酒，有驱寒提鲜之功效。

（4）细长杯子用来盛香槟酒，可在餐中随时饮用。

（二）佳肴尽享优雅有素

1. 西餐的上菜顺序

（1）开胃菜。又称头盘，有冷头盘和热头盘之分，以质量高、数量少为特点，以咸和酸为主要口味，如焗蜗牛、鹅肝酱、鱼子酱等。

（2）汤。西式的汤一般分为奶油汤、清汤、蔬菜汤和冷汤四种。

（3）副菜。一般是面包、蛋类等，西餐对于副菜的酱料是很重视的。

（4）主菜。一般为肉类、禽类配以特制的酱汁，是整个西餐的重头戏。

（5）沙拉。一般为各种水果、果冻等，可安排在主菜之后，也可以与主菜同食。

（6）甜品。一般在主菜后食用，可以是煎饼、蛋糕、巧克力、冰淇淋等。

（7）咖啡和茶。最好是红茶或什么都不加的黑咖啡。

2. 西餐用餐时的形象礼仪

（1）再昂贵的休闲服，也不能随意穿着上餐厅。

（2）最得体的入座方式是从左侧入座。当椅子被拉开后，身体在几乎要碰到桌子的距离站直，领位者会把椅子推进来，腿弯碰到后面的椅子时，就可以坐下来。

（3）用餐时，上臂和背部要靠到椅背，腹部和桌子保持约一个拳头的距离，两脚交叉的坐姿最好避免。

（4）喝汤时，先用汤匙由后往前将汤舀起，汤匙的底部放在下唇的位置将汤送入口中。汤匙与嘴部呈 45°较好。身体的上半部略微前倾。碗中的汤剩下不多时，可用手指将碗略微抬高。如果汤是用有握环的碗盛装时，可直接拿住握环端起来喝。

（5）主菜若是肉类应搭配红酒，若是鱼类则搭配白酒。

（6）用三根手指轻握杯脚。酒类服务通常由服务员负责将少量酒倒入酒杯中，让客人鉴别一下品质。只需要把它当成一种形式，喝一小口并回答“好”。接着，侍者会来倒酒，这时，不要动手去拿酒杯，而应把酒杯放在桌上由侍者去倒。正确的握杯姿势是用手指轻握杯脚。为避免手的温度使酒温增高，应用大拇指、中指、食指握住杯脚，小指放在杯子的底台固定。

（7）喝酒的方法。喝酒时绝对不能吸着喝，而是倾斜酒杯，像是将酒放在舌头上似的喝。轻轻摇动酒杯让酒与空气接触以增加酒味的醇香，但不要猛烈摇晃杯子。此外，一饮而尽或边喝边透过酒杯看人，都是失礼的行为。不要用手指擦杯沿上的口红印，用面巾纸擦较好。

（8）喝红酒时是很讲究步骤的，通常分为三个步骤：观其色、闻其香、品其味（见图 10—16）。

图 10—16　红酒品尝三步骤

1）观其色：先要握住杯腿，举起酒杯欣赏酒之美色，已成熟的酒，外围酒边带褐色，而里面的酒色泽较深。

2）闻其香：将酒杯放于胸前鼻下方，轻轻晃动酒液，嗅闻酒的香味，年份短的酒闻起来尚有果香味，年份长的酒则有复合香味。

3）品其味：举起酒杯品尝酒的美味，年份短的红酒略带涩味，随着时间的变迁会逐渐变得柔和。

（9）面包的吃法。可先用两手撕成小块，再用左手拿来吃。吃硬面包时，用手撕不但费力而且面包屑会掉满地，此时可用刀先切成两半，再用手撕成块来吃。

（10）鱼的吃法。鱼肉极嫩易碎，因此餐厅常不备餐刀而备专用的汤匙。这种汤匙比一般喝汤用的汤匙稍大，不但可切分菜肴，而且还能将调味汁一起舀起来吃。若要吃其他混合的青菜类食物，还是使用叉子较好。首先用刀在鱼鳃附近刺一条直线，刀尖不要刺透，刺入一半即可。将鱼的上半身挑开后，从头开始，将刀叉在骨头下方，往鱼尾方向划开，把主骨剔掉并挪到盘子的一角。最后再把鱼尾切掉。由左至右，边切边吃。

（11）如要吐出嘴中的硬核、鱼刺等，不要直接吐在手上，而要用叉接住放在盘子边缘。

（12）边吃边谈时，可以拿着刀叉，无须放下。但若是做手势时，就应放下刀叉，千万不可手执刀叉在空中挥舞。应当注意，不管任何时候，都不可将刀叉的一端放在盘上，另一端放在桌上。

（13）如果吃到一半想放下刀叉略作休息时，应把刀叉以八字形状摆在盘子中央。若刀叉突出到盘子外面，不安全也不好看。用餐后，将刀叉摆成四点钟方向即可。

（14）使用刀叉时，即使不小心掉了也不算出丑，但是自己弯下腰去捡就很丢脸，最好是请服务生过来替你捡起。服务生随时都在注意客人的情况，所以会很快地再拿新的餐具过来，万一服务生没有注意到，可以面向服务生稍微地将手抬高一下，尽量不要引起其他人侧目注视。服务生的工作是为了使客人能更愉快地用餐，所以尽可向他们提出要求。

知识拓展

点菜技巧

“点菜”是一门大学问，如何能做到好吃、营养、价廉兼得呢？点菜最先考虑的除了口味偏好，还有菜肴搭配。

（1）谁来点合适。如果是宴请别人，出于礼貌，应该让客人点菜，若是客人谦让不点，主人才能全权代表进行点菜，但要考虑到大多数人的口味及重要客人的喜好。

（2）点多少合适。一般比较正式的场合，人均每道热菜是比较合适的菜量，如果是成年女性较多的话，至少还要加两道面食点心，外加一道汤。无论出席人员为单数还是双数，菜点都应是双数。例如8人吃饭，一般冷菜点3～4个，热菜点5～6个，一个大菜一道汤，1～2个点心或主食就够了。

（3）点什么合适。一桌饭菜主要由冷菜、热菜、汤三大类组成，而原料主要以肉类、海产品和蔬菜为主。一般按照上菜顺序进行点菜，分为冷菜、热菜、主食、汤、水果等。冷菜品种最好不要与热菜重样。热菜中又包括头菜（一般名贵菜或特色菜为主）、海鲜、炸类菜、汤煲类菜、大菜（一般为整形类菜）、炒菜、鱼（整形）、素菜、甜菜等。主食又包括咸、甜面点等。

（4）怎么点合适。怎样点菜才能做到菜品的多元化呢？菜肴应强调荤素、浓淡、干湿、形状、多种烹调方法搭配。比如，点了香辣虾，就不要再点基围虾，因为原料重复，可选其一；点了糖醋鱼，就不要再点菠萝咕咾肉，因为口味相近。

技能训练

1. 参加中餐宴请时，实践中餐就餐礼仪。

2. 进行一次西餐进餐体验，正确使用西餐餐具，并注意进餐形象。

任务四　敬酒斟饮有礼有节

知识认知

“无酒不成席”，酒作为一种交际媒介，在迎宾送客、聚朋会友、彼此沟通、传递友情方面发挥了独特的作用。在商务宴请中，斟酒、敬酒、饮酒都需要遵守一定的礼仪规范。

一、斟酒要有礼

（一）斟酒的姿势应规范

一般商务宴请由主人或服务人员为大家斟酒，尤其在宴会开始第一次斟酒时，作主人的可以亲自为所有客人斟酒。斟酒时要把酒瓶拿出来给客人看看，持酒瓶时要将商标冲向外侧，酒杯一般不拿在手中，但斟啤酒类的汽酒时可用左手持杯略斜，右手持瓶将酒沿杯壁缓缓倒入，以免酒中的二氧化碳迅速散逸。

倒完一杯酒后，应将瓶口迅速转半圈，并向上倾斜，以免瓶口的酒滴至杯外。如果斟酒的技术不算很高，可以在瓶颈部位垫上一条毛巾防滑，而且瓶口尽量朝上，免得酒洒出来。

（二）斟酒的顺序有讲究

斟酒一定要从位高者开始，先首席客人后其他宾客，然后按顺时针方向进行。斟酒者要在每一位客人的右侧逐一斟酒，最后才给自己斟。

宴会开始后，可以自由斟酒敬酒。如果领导宾客较多，坐的位置都不统一，最好叫酒店的服务人员斟酒，这样做既不失礼，又能显示出你自己的身份。

客人喝完一杯后，坐在附近的次主人可以帮忙为他人添酒。

客人如果不需要酒了，可以把手挡在酒杯上，说声“不用了，谢谢”就可以了。这时候，斟酒者就没有必要非得一再要求斟酒。

（三）斟酒的量要合适

中国人在酒席上大多喝的是白酒。斟白酒时要注意不能斟得太满，虽然我们有古话说：茶半酒满，但是也是仅仅限于朋友之间或者较为熟悉的人之间，这里的“满”也只是个量词而已，“满”代表的是八九分满，以免初次喝酒碰杯时把酒洒在手上或者桌子上。

为了留下旋转葡萄酒以及闻葡萄酒的空间，不要将红酒杯斟满，斟至杯子的 1/3 处最佳（这符合为葡萄酒通气的概念）。白葡萄酒可以斟至酒杯的 1/2 处；葡萄汽酒则可斟至酒杯的 3/4 处；啤酒斟倒 8 分酒 2 分酒沫为宜；白兰地只需倒至 1/3 杯或更少些。

知识拓展

斟啤酒的技巧

斟啤酒时，都碰到过酒还没斟一半泡沫就已经溢出来的尴尬，现在教大家一种斟啤酒的技巧，只要练到炉火纯青的地步，保证滴酒不溢。

(1)“歪门斜倒”：左手将酒杯拿起，向右倾斜30°，酒瓶口搭在杯口边沿斟倒。

(2)“杯壁下流”：将酒慢慢倒入杯中，酒水顺着杯壁内侧缓缓流入，就不会产生大量泡沫。

(3)“改‘斜’归正”：当酒快斟满时，慢慢调正酒杯。

这样倒出的酒可保证滴酒不溢且姿势优雅，站起来倒也可以体现出风度。

二、敬酒要尊重

在商务宴请中，先由主人提议为了某种事由而敬酒，亦称为祝酒。在敬酒时，通常要准备一些祝愿、祝福之言，亦称为祝酒词。主人提议干杯的时候，所有人都要端起酒杯站起来，互相碰一碰。主人主持敬酒结束后，来宾可以随时向他人举杯敬酒，同时送上祝酒词，使宴请氛围欢快愉悦。

敬酒时的祝酒词内容越短越好，切忌长篇大论，喋喋不休。被敬酒的人应停止用餐或交流，坐在自己座位上，面对敬酒人洗耳恭听，以示尊重。

敬酒前一定要充分考虑好敬酒的顺序，分清主次，避免出现尴尬的情况。一般情况下，应按宾主身份、职位高低、年龄大小为序。即使你分不清职位、或身份高低不明确，可以按“走圈”的顺序敬酒，比如先从主位宾客开始或自己身边开始按顺时针方向敬酒。

一般是身份高者能一人向多人敬酒。身份低着向长辈、上级敬酒时，应起身站立右手举杯，左手托杯底，面含笑意目视敬酒对象说出祝酒词，同时将自己的酒杯低于对方酒杯进行碰杯（见图10—17），以示尊敬，并一饮而尽。若是距离较远，碰不到酒杯，也可用酒杯杯底轻碰桌面，表示和对方碰杯。

图10—17　敬酒碰杯

在规模盛大的宴会上，主人将依次到各桌上敬酒，而每一桌可派遣一位代表到主人的餐桌上去回敬一杯。

别人向你敬酒的时候，要手举酒杯到双眼高度，在对方说了祝酒词或“干杯”之后再喝。喝完后，还要手拿酒杯和对方对视一下，这一过程才结束。

案例分享

敬酒不当引来的麻烦

白雪莹是刚毕业的大学生，在A公司总经理办公室实习。她漂亮机敏，待人热情，工作出色，不久就转为正式员工，成为一名她梦寐以求的白领丽人。由于工作业绩突出，办公室主任将公司一次重要的宴请活动交由小白操办，并一同出席宴请。小白欣喜若狂，有点酒量的她暗想表现的机会来了。宴请准备工作安排得非常周到细致，小白又得到了领导的表扬。宴请中，前三杯酒刚结束，总经理一句“三杯过后尽开颜”，刚要给主宾敬酒，小白忙端起酒杯起身敬主宾，并预祝合作成功，同时又敬总经理，感谢他对自己工作的认可和帮助，总经理端着酒杯皱起了眉头。自此以后，公司重要的宴请活动总经理再未让小白参加过。

敬酒时一定要考虑顺序，只有主人、领导、长辈都先互敬完后，才轮到年轻位低者敬酒，否则就有越级越位之嫌。

三、饮酒要适度

（一）饮酒要量力而行

酒桌上虽然“感情深，一口闷；感情浅，舔一舔”，但喝酒的时候，绝不能把这句话挂在嘴上。正式宴请中，还要依据自己的酒量量力而行，留得三分清醒。若是逞强喝得烂醉如泥，不仅伤了自己身体，还贻笑大方，甚至惹是生非。

（二）拒酒要巧妙依礼

宴会中如果不胜酒力，最好学会拒酒。酒文化中既有劝酒词，也有拒酒词。这样，你既不会伤自己的身体，又不会让劝酒者扫兴。拒绝他人敬酒通常有以下几种方法：

一是主动要一些非酒类的饮料，并说明自己不饮酒的原因。

二是让对方在自己面前的杯子里稍许斟一些酒，然后轻轻以手推开酒瓶，按照礼节，杯子里的酒可以斟上，也可以不喝。

三是当敬酒者向自己的酒杯里斟酒时，用手轻轻敲击酒杯的边缘，这种做法的含义就是“我不喝酒，谢谢”。

四是委托他人代为饮酒。

当主人或朋友们向自己热情地敬酒时，不要东躲西藏，更不要把酒杯翻过来，或将他人所敬的酒悄悄倒在地上。

知识拓展

喝酒为什么要碰杯

关于喝酒碰杯礼仪的由来，一种说法是古希腊人创造的。传说古希腊人注意到这样一个事实：在举杯饮酒时，人的五官都可以分享到酒的乐趣。鼻子能嗅到酒的香味，眼睛能看到酒的颜色，舌头能品出酒的美味，而只有耳朵被排除在这享受之外。因此，希腊人想出一个办法：在喝酒之前，相互碰一下杯子，碰杯时发出的清脆响声就可传到耳中。这样，耳朵也就能享受到喝酒的乐趣了。

另一种说法是，喝酒碰杯起源于古罗马。古罗马人崇尚武功，常常开展“角力”竞技。竞技前，选手们习惯饮酒，以示相互勉励之意。由于酒是事先准备的，为了防止心术不正的人给对方喝的酒中放毒药，人们便想出一种防范的方法，即在角力前，双方各将自己的酒向对方的酒杯中倾注一些。后来，碰杯逐渐发展成为一种礼仪。

技能训练

文秘1班在学校文明礼仪大赛中获得第一名，辅导员与参赛同学决定共同宴请指导教师。

（1）请为参加宴请的同学每人准备好祝酒词。

（2）请与不胜酒力的同学分享礼貌拒酒的技巧。

综合实训

▷情境模拟

1. 情境背景

上海市A公司总经理带领团队精英一行5人赴沈阳市B公司进行项目考察，B公司总经理及4名相关人员定于次日晚6：30在国际大厦388雅间宴请A公司来宾，请10名学生分别代表A、B公司的各个成员进行宴请模拟。

2. 模拟要求

（1）10名学生要能够按照自己的身份正确就座。

（2）所安排菜品能够符合宴请对象的民俗礼仪。

（3）进餐过程文雅，符合宴请形象礼仪。

（4）斟酒敬酒符合礼仪规范。

3. 实训目的

（1）能够根据既定商务宴请活动撰写宴请请柬。

（2）能够根据出席人员要求安排宴会菜单。

（3）巩固就座、进餐、敬酒等宴请礼仪。

▷社会实践

1. 实践场所

某酒店宴会厅。

2. 实践要求

（1）按照宴请时间准时赴宴。

（2）穿着得体，符合宴请气氛。

（3）找准自己就餐位置并适时入座。

（4）席间能够察言观色、优雅用餐并能适时祝酒。

3. 实践目标

利用宴请机会观察学习，亲身体验宴请礼仪文化，并提交宴请体验报告。

项目十一

商务沟通礼仪

任务要求

1. 交流沟通遵照礼仪要求确保及时有效。
2. 营销沟通运用礼仪技巧达成营销目标。
3. 商务谈判遵守礼仪细节建立友好关系。
4. 网络沟通遵循不谋面的礼规顺畅交流。

职场启迪

问题出在沟通上

周强毕业后应聘到某塑胶厂的业务部工作。一天，经理外出了，他接到一个客户的电话，对话的内容如下：

客户："是塑胶厂吧，你们经理在吗？"

周强："是，他不在。"

客户："我是你们的老客户了，你们最近批发销售塑胶手套吧，多少钱一打？"

周强："18 元。"

客户："照顾一下老客户呗，16 元一打行不行？我买得多。"

周强："不行的。"

客户："那你再问问经理看能不能便宜些？"

周强："我们经理说了，批发价就是 18 元一打。"

客户："哦，那就算了。"

经理外出回来后，周强也没把电话的事告诉他。过了一周，经理高兴地告诉大家他刚谈成一笔大生意，以 14 元一打卖出了 10 万打塑胶手套。听罢，周强脱口而出："哎呀！上周有个客户问 16 元一打行不行，我说不行，他说那就算了……"经理当即脸色一变说："你的销售能力太差了，你被解雇了！"周强感到很惊讶，同时也为自己没有及时向领导汇报沟通就擅自拒绝客户而懊恼不已。

管理上有一个著名的“双50%”理论，即经理人50%以上的时间都用在了沟通上，如开会、谈判、指示、评估……可是，工作中50%以上的障碍都是在沟通中产生的。美国著名学府普林斯顿大学对一万份人事档案进行分析，结果发现：“智慧”“专业技术”和“经验”只占成功因素的25%，其余75%决定于良好的人际沟通。同样，企业中约75%的工作停顿、发生问题也是因为沟通的问题，可见沟通的重要性。

商务沟通是商务交往中为了设定的目标，把信息、思想和情感在个人或组织间传递，并达成共同协议的过程。如何得到领导同事的支持帮助，如何赢得客户的尊重信赖，如何将交流、营销、谈判等商务工作顺利开展都是有沟通技巧的。学习沟通礼仪，掌握沟通艺术，有助于实现高效沟通，实现共同目标。

任务一　交流沟通及时有效

知识认知

著名管理大师约翰·奈斯比特预言：“未来的竞争是管理的竞争，竞争的焦点在于每个社会组织内部成员之间及和外部组织的有效沟通上。”商务沟通能否及时有效，反映出个人或组织在商务交往中市场竞争力的强弱。及时有效的商务沟通应遵循“说、听、问、答”四项礼仪要求，真诚交流，达成共识，实现目标。

一、有效沟通“说”的礼仪

（一）围绕主题

商务交往有效沟通的基本要求就是围绕既定主题展开交流。既定主题就是交谈双方业已约定，或者其中一方先期准备好的主题，如经营管理规章制度传达实施、日常事务工作信息传递、征询意见、求得业务帮助、讨论问题看法、研究业务合作项目等。

围绕主题“说”就是强调沟通的目标明确性，就某个问题达成共识，即成为有效果的沟通。

围绕主题“说”也强调了沟通的时间观念，在尽量短的时间内完成沟通的目标，成为有效率的沟通。

知识拓展

交流沟通中的对象性原则

当与小孩沟通时，不要忽略了他的“纯真”；
当与少年沟通时，不要忽略了他的“冲动”；
当与青年沟通时，不要忽略了他的“自尊”；
当与男士沟通时，不要忽略了他的“面子”；
当与女士沟通时，不要忽略了她的“情绪”；
当与领导沟通时，不要忽略了他的“权威”；
当与长辈沟通时，不要忽略了他的“尊严”。

（二）真诚赞美

赞美是沟通的润滑剂。赞美是人们的一种心理需要，是对他人敬重的一种表现，是有效沟通“说”的礼仪技巧。真诚适度的赞美令人愉快，能很快拉近彼此之间的心理距离，为有效沟通提供前提。

真诚赞美是情真意切的、发自内心的赞美，是实事求是、措辞恰当的赞美。相反，若毫无根据、夸大其词地赞美别人，则让人感到虚情假意，甚至会陷入尴尬境地，也就阻碍了沟通的深入开展。

真诚赞美的前提是发现对方的闪光点。法国雕塑家罗丹曾说：“对于我们的眼睛而言，这个世界不是缺少美，而是缺少发现。”只有发现了美，才能具体翔实、热情洋溢地赞美到对方的心坎里，才能表现出真诚友善。

借用第三者的口吻来赞美对方，是真诚赞美的一种技巧，运用好这一技巧，更有利于及时有效地沟通。如：“早听说您的办事能力很强，今天更深刻感受到了！”

此外，赞美并不一定总用一些固定的词语，见人便说“好”，而是可以赞美得不留痕迹。

课堂练习

将表11—1的赞美句进行修改，换一种自然、具体的说法，让对方的感觉更好。

表11—1　　修改赞美句

简单、直接、普通的赞美句	真诚、具体、令人满意的赞美句
你的皮肤真好！	
你真漂亮！	
老师，您的课讲得真好！	
王总，您的建议太好了！	
我太崇拜你了！	

（三）巧妙说服

交流时，你可能常常会遇到对方的思想或要求欠妥，不能被你所接受，或许想指出对方的缺点和不足之处，这时的沟通尤其要注意“说”的礼仪，即运用技巧巧妙地说服对方，才能实现有效沟通。

巧妙说服常用到“同理心原则”。建立同理心是指观察和确认他人的情绪状态，并给予适当的反应，站在对方的角度，委婉含蓄地让对方接受自己的观点或建议。说话时要慎用“我觉得”“我认为”，要多使用“您”“你们”“我们”。如“小刘，我发现你的建议很好，同时把……考虑上就更好了”“一开始我也这样认为，让我们换一个角度……”“我也有过相同的经历……如果我是你的话也会……我们一起想想……”。

说服对方时，要选择恰当的提议时机，尽量将案例、资讯及数据摆出来，用事实说话，但要注意千万不能伤到对方的自尊。

说服对方时，要推心置腹，动之以情，通过感情这座桥梁到达对方的内心世界，以真心打动对方。

说服对方时要求同存异。“沟通没有对错，只是站的立场不同罢了。”求同存异，满足对方“被肯定、被接受”的心理需求，缩短彼此的心理距离，就一定能够达到有效沟通的目的。

案例分享

晏子谏杀烛邹

齐景公很喜欢鸟，就派烛邹为他养鸟，结果因烛邹不慎，鸟飞跑了。齐景公大怒，要下令杀了他。晏子对齐景公说：“烛邹有三条罪状，请让我将他的罪状一一列出，加以斥责后再杀掉他。”齐景公说：“可以。”于是召见烛邹，晏子在齐景公面前列数他的罪过，说：“烛邹！你是我们君王的养鸟人，却让鸟飞跑了，这是第一条罪状；让我们君王为了一只鸟而要杀人，这是第二条罪状；让诸侯听到这件事，认为我们的君王是看重鸟而轻视手下的人，这是第三条罪状。”晏子列完了烛邹的罪状，请齐景公杀掉烛邹。齐景公听罢说：“不用杀他了，我明白你的意思了。”

说服他人的方法很重要，有时避其锋芒，运用高超的语言技巧，就会收到事半功倍的效果。

课堂练习

你觉得下列三种表述，哪个是同理心的体现？

(1)“这是你自己的问题，你的密码我们怎么会知道！”

(2)“这是银行的规定，我也无能为力。”

(3)“看上去您很着急！虽然这事情很棘手，但是让我们一起来想想还有什么其他办法，好吗？”

二、有效沟通“听”的礼仪

(一)有表情地听

表情能表达丰富的情感态度。眼睛是心灵的窗口，在听的过程中，一定要礼貌注视对方，保持目光交流，用目光表情传递出积极主动、热情快乐的心情，并且适当点头示意，与对方进行表情互动，表现出有兴趣的状态，给到对方“说”的鼓励。相反，若总是低头不语、东张西望、左顾右盼、频频看表、抓耳挠腮，则表示对对方的话题或观点不耐烦，无形中表示拒绝交流，这就违背了沟通的双向性，背离了沟通的目标。

(二)有回应地听

除了用表情表示聆听外，还要有适时的语言回应，如表示肯定、认同时发出“哦”“嗯”“是的”等应答声。鼓励对方继续表达时说：“太好了，那下一步怎么打算呢？”“哦，原来是这样呀，那后来呢？”这样适时地回应，与对方形成心理上的默契，就能够使交流更为深入。也可以通过重复、强调对方谈话中的关键词，把对方的关键词语经过自己语言的修饰后，回馈给对方。如果没有听清楚、没有理解时，在不打断对方的前提下适时告诉对方，请对方做进一步解释，以便全面理解对方要传递的意思。

（三）有目的地听

有效沟通中的聆听环节是要听出对方的真实需求、思想、委屈、快乐等，还要对对方的话语和肢体语言在交流中传递的小细节进行快速汇总和分析，所以聆听不是简单的听就可以了，需要会心地、有目的地听，要把对方沟通的全部信息、内容，包括情绪、情感，甚至言外之意，都尽可能地把握好，并记在心里，这才能使自己在回馈给对方的内容上，与对方的真实想法一致，这是有效沟通的重要保障。

（四）“听”的禁忌

（1）忌听而不闻，不用心思，不做任何努力的听。

（2）忌随意打断对方，只满足自己的感受。

（3）忌随意插话补充，轻视他人、抬高自己。

（4）忌轻易否定对方，自以为是、目中无人。

课堂练习

曾经有个小国的使者到中国来，进贡了三个一模一样的金人，把皇帝高兴坏了。可是这小国使者不厚道，同时出了一道题目：这三个金人哪个最有价值？皇帝想了许多的办法，请来珠宝匠检查，称重量，看做工，却发现都是一模一样的。怎么办？使者还等着回去汇报呢。泱泱大国，不会连这个小事都不懂吧？最后，有一位退位的老大臣说他有办法。皇帝将使者请到大殿，老臣胸有成竹地拿着三根稻草，插入第一个金人的耳朵里，这稻草从另一边耳朵出来了。第二个金人的稻草从嘴巴里直接掉出来，而第三个金人，稻草进去后掉进了肚子，什么响动也没有。老臣说：第三个金人最有价值。

试用有效沟通“听”的礼仪要求分析“三个小金人”的故事。

三、有效沟通“问”的礼仪

商务沟通的最终目标是达成一个共同的协议。要充分了解并确认对方的需求、目的，经常会通过提问得知。常见的提问方法有两种，见表11—2。

表11—2　提问的两种方法对比

提问的方法	开放式问题提问	封闭式问题提问
特点	回答没有框架，可以让对方自由发挥；答案是多样的，是没有限制的	提问时给对方一个框架，让对方只能在框架里选择回答；答案是唯一的，是有限制的
举例	你午餐吃的什么？ 您什么时候有时间？ 你的订购计划是怎样的？ 你为什么喜欢这样的工作？	你吃午餐了吗？ 您是上午有时间还是下午有时间？ 你订购一套还是两套？ 你喜欢你的工作吗？

续前表

提问的方法	开放式问题提问	封闭式问题提问
优势	收集信息全面，得到更多的反馈信息，谈话的气氛轻松	可以引导对方直接给到自己想要的结论，容易控制谈话的时间
劣势	占用一定的沟通时间，谈话内容容易跑偏，不便于控制沟通节奏	收集信息不全面，不利于了解对方的真实意思，只能是确认信息。另外，封闭式问题有时会让对方产生一些紧张或戒备的感觉
应用	时间充裕，需要收集信息，想让对方充分参与、充分主导时用开放式问题	时间有限，需要尽快得出结论，想自己控制局面时用封闭式问题

如果在提问的过程中没有注意到开放式和封闭式问题的区别，往往会造成收集的信息不全面或者浪费了很多的时间，达不到有效沟通的目的。所以，在进行商务沟通时可用开放式问题开头，先营造一种轻松的氛围，一旦谈话跑题，就用封闭性问题引导，如果发现对方有些紧张，再给予开放式问题缓和对方情绪。

案例分享

大奏奇效的问法

在第二次世界大战结束时，日本有许多商店因人手奇缺，想减少送货任务，于是就将问话顺序进行了调整，将“是您自己拿回去呢，还是给您送回去”改为“是给您送回去呢，还是您自己带回去”，顾客听到后一种问法，大都说“我自己拿回去吧”，结果大奏奇效。

商务沟通中，为了高效获得所需要的答案，在尊重对方的基础上，应灵活运用提问的技巧。上述案例中巧妙地运用了封闭问题的提问方法，且渗透了人的心理习惯，收到了预期的效果。

四、有效沟通“答”的礼仪

（一）回答问题时要高效满意

1. 及时主动

在进行商务沟通时，及时主动地回答对方的提问是礼仪的基本要求。问而不答或假装没有听到提问避而不答都是影响沟通效果的，甚至会出现沟通障碍，自然就达不到沟通目标。最高境界的回答是“答在对方未开口之前”，即在明白对方的所需或理解对方的疑虑时，还没等对方开口提问就主动回答出，这样的回答无疑会给对方一个惊喜，留下一个热情友善、聪明睿智的印象。

2. 精练准确

漫无中心地回答或答非所问的回答都是无效的沟通，也是对对方的不敬和失礼。所以回答问题时要换位思考，站在对方的角度分析对方提问的真实需求，经过快速汇总和提炼，将问题的实质答案说出，这是体现高超的沟通能力的一个重要方面。

3. 忌否定回答

沟通时，人们最不愿意听到的是冷冰冰的一句“不知道”“不清楚”“没有”“可能”“大概”等否定的或模棱两可的回答。“一问三不知”的沟通是失效的。如果确实不知道答案，礼仪的要求是用歉意的、客气的语气回答：“抱歉，这点我暂时还不太清楚……”之后，再提供可参考的答案或引导对方寻求答案：“稍等，我帮你问问……”“要不看看说明书……”

案例分享

低效的回答

某超市菜摊老板叫来采购员小A，说道：“咱们的货架显空了，你去集市上看看都在卖些什么。”小A从集市上转完回来，答道：“我看见集市上只有一个老头在卖土豆。”老板接着问：“土豆多少钱一斤呢？”小A并没有问土豆的价钱，说“不知道”，又觉不妥，于是他急忙又跑回集市问清后，答复道：“老板，土豆8角钱一斤。”老板接着问：“那他那里一共有多少袋、多少斤呢？”小A挠了挠头，当他气喘吁吁地从集市上又跑回来时，老板脸上露出了无奈的表情……

回答问题要做到“答在对方未开口之前”，及时主动、精炼准确是需要动脑筋的，只有以负责任的态度，仔细聆听对方的问题，换位思考对方的真实需求，才能回答得令对方满意。上述案例中的小A如果这样回答：“老板，我去集市上看到只有一个老大爷在卖土豆，我问了一下，8角钱一斤，共有20袋600斤，我先买了两个回来给您看看。另外，我了解到他一会儿还会弄来几筐西红柿和青椒，价钱合适，如果买得多，还可以进一步洽谈。”这样的回答，没有老板会不满意的。

（二）拒绝对方时应委婉含蓄

在商务沟通中，有的问题需要直截了当地回答清楚准确，还有的内容，尤其是涉及商业机密的，就不能回答，但直接拒绝又会影响交往合作，这时，就需要既尊重对方的情面和心理感受，又不损害自身的利益，即需要委婉而含蓄地回答。如询问销售量、销售额一类涉及公司运营机密的问题，可以含蓄地回答“有多大销售能力，就销售多少”，“销售部都有一定的销售计划，部门定多少我们就完成多少”，“每年都有淡季、旺季，往往都不尽相同”。再如一个商户突然不邀而至，贸然来到你的办公室，而你实在不想用很长时间与之周旋，此时如果直接说：“我要开会了，你来得不是时候。”就会使对方很尴尬，这时就可以委婉相告：“我本来要去参加一个研讨例会，可您这位稀客驾到，我岂敢怠慢，所以专门请了5分钟晚到假，陪你叙一叙。”言外之意对方也就很清楚了，这样表达既不失敬意，也中听多了。

案例分享

令人折服的回答

一位西方记者曾在记者招待会上提问："请问，中国人民银行有多少资金?"周恩来委婉地答道："中国人民银行的货币资金吗？有18元8角8分。"当他看到众人不解的样子，又解释说："中国人民银行发行的面额为10元、5元、2元、1元、5角、2角、1角、5分、2分、1分的10种主辅人民币，合计为18元8角8分……"

周总理举行记者招待会，介绍我国的建设成就。这位记者提出这样的问题，有两种可能性：一是嘲笑中国穷，实力差，国库空虚；二是想刺探中国的经济情报。周总理在高级外交场合，同样显示出机智过人的幽默风度，让人折服。

在沟通中，我们很可能遇到这样的问题：在对方看来是没有理由拒绝的，但是由于一些情况只能拒绝。这时，可以给出替代此问题的方法，看似回答了，实则在变相地拒绝对方，这就需要一定的智慧和应变能力，平日要多积累，多学习，加强沟通技巧的训练。

技能训练

同桌之间任意选择一个话题，设定一个目标，进行5分钟的交流沟通。通过"说、听、问、答"四种方式，感受彼此沟通的高效性。如果5分钟内感觉沟通目标没有达到，请参考下列情况，找找沟通低效的原因。

(1) 没有说清楚。

(2) 说的方式不适宜。

(3) 只注重了"说"，没有注重"听"。

(4) 没有完全理解对方的话，以致询问不当。

(5) 时间不够。

(6) 情绪不良。

(7) 没有注重"回应"。

(8) 缺乏信息或知识。

任务二　营销沟通妙用技巧

知识认知

营销沟通是指通过与顾客的双向信息交流建立共识，从而达成价值交换的过程。由此可见，沟通是营销工作中的重要工具，没有沟通就无法开展营销。因此，在营销工作中掌握并灵活运用沟通技巧，才能顺利开展工作，达到事半功倍的效果。

一、接近顾客抓住营销沟通时机

（一）以专业的形象接近顾客

在营销沟通中，营销人员给顾客的第一印象极为重要，而这第一印象的很大一部分来自营销者的外在形象，即仪容仪表、仪态举止。专业的形象是和顾客交流的通行证。首先，要整理好自己的仪表服饰，按照岗位身份要求规范着装。其次，保持服务站姿，站立到位，即所站立位置不但可以照看自己负责的商品区域，而且易于观察顾客和接近顾客。站立时要面向顾客来临的方向，给顾客以专注恭候的感觉。

（二）以亲和的表情接近顾客

除了微笑的表情外，营销人员更要注意目光的运用，做到“三看顾客，准确定位”。所谓“三看”是指“察其意、观其身、看其行”，即通过观察对顾客进行准确定位后寻求机会主动接近顾客。

（三）以热情的问候接近顾客

营销沟通中主动接触顾客时，向对方讲的第一句话就是招呼问候：“您好，欢迎您”“您好，请问您需要什么帮助？”问候的声音语调要真诚热情。没有顾客会拒绝伴有微笑注视和点头欠身的问候声。

（四）以得当的服务接近顾客

服务要适度得当，不要紧随顾客，步步为营。如问：“您好，您喜欢哪一款呢？”当顾客说：“我什么都不买，只是随便看看。”这时应回答：“好的，您请慢慢看，如果需要帮忙，请随时叫我。”这时只要用眼睛的余光照顾到顾客即可。

课堂练习

两人一组，一个扮演服装店销售员，一个扮演顾客，模拟销售员接近顾客营销沟通的对话情景。

二、因人而异创造营销沟通对策

常言道：“到什么山上唱什么歌。”在营销沟通时，面对不同的顾客，要营造不同的营销沟通氛围，找出不同的营销对策（见表 11—3）。

表 11—3　因人而异的营销对策

顾客类型	营销沟通对策
成熟老练型	这种类型的顾客虽难缠，但通常是有心人，营销人员应以“平常心”对待，并就产品品质、信誉与独特优点详细说明，一切说明须讲求合理与证据，以获取顾客理性信任
小心谨慎型	对这种类型的顾客，营销人员除了详尽地介绍产品外，还须以亲切、诚恳的态度拉拢感情，最好是闲话家常，慢慢了解顾客的家庭状况、经济状况和购买意愿，争取顾客的信任和依赖感，然后再营销产品，定可收到事半功倍之效

续前表

顾客类型	营销沟通对策
斤斤计较型	对待这类顾客绝不能太“软”，要利用气氛相“逼”，最好二人以上搭配营销，强调产品的优惠，先示以小惠，促其做出决定
自我表现型	先稳住立场，恭维对方，这种类型的顾客尤其喜欢被捧、“戴高帽子”，营销人员不妨投其所好，然后再介绍产品特色，说明该产品对顾客地位的彰显，或衬托出其尊贵等，并趁机寻求其“弱点”，攻心为上

三、推销介绍产品激发顾客需求

营销沟通的目的是满足顾客需求，达成双赢交易。顾客的需求是动态变化的，所以要通过沟通不断挖掘需求、创造需求、激发需求，最终满足顾客日益增长的利益需求。在推销介绍产品时要树立一个沟通理念：把“销售产品”向“销售顾客利益”方向转移，激发需求。

这一沟通技巧就是在推销介绍产品时导入“FFAB”法则，不断满足客户需求。“FFAB”其实就是：

Feature：产品或解决方法的特点。

Function：因特点而带来的功能。

Advantage：这些功能的优点。

Benefits：这些优点带来的利益。

即从介绍产品特点入手，讲明产品的功能和优点，最后介绍的落脚点是产品给对方能带来的利益，通过利益激发顾客需求。具体例子见表 11—4。

表 11—4　　FFAB 法则的运用

F（特点）	F（功能）	A（优点）	B（利益）
我行清算支付系统已实现内部联网，与人民银行之间也以 2M 线路用于日常的数据交换	所以能够保证资金及时到位	也就是说，支付划款速度非常快	比方说，如果你急需用款，支付命令交到银行后，资金当时到账
这是一种装有速度警钟的汽车	可以让您的驾车速度控制在限速以内	据统计分析，这种带有速度警钟的汽车的事故率和违章率最低	您不必为车速而担心，而且也节省了罚款开支

在导入“FFAB”之前，应分析客户需求比重，排序产品的销售重点，然后再展开“FFAB”。在展开“FFAB”时，应简易地说出产品的特点及功能，避免使用过多的专业术语，通过引述产品优点及客户都能接受的一般性利益，对客户本身有利的优点做总结。营销人员应记住：客户始终是因你所提供的产品和服务能给他们带来的利益而购买，而不是因对你的产品和服务感兴趣而购买。

课堂练习

列出三句含有“FFAB”的推销介绍话语填入表 11—5。

表 11—5

	F（特点）	F（功能）	A（优点）	B（利益）
第一句				
第二句				
第三句				

四、运用销售技法沟通促成交易

（一）二选一法

为客户提供两种备选方案，无论客户选择哪一种，都是我们想要达成的结果。运用这种技巧要使客户避开“要还是不要”的问题，而是让客户回答“要 A 还是要 B”。如：您喜欢白色还是棕色？您是刷卡还是付现金？注意使用该方法时不要提供两个以上的选择，太多的选择反而会让客户无所适从。

（二）从众成交法

针对不愿意冒险尝试新产品的客户，要帮助他树立购买的信心。例如客户看中了新款微波炉，但由于新品缺少口碑评价信息而犹豫，销售人员就可以说：“您真有眼光，这是近两个月最畅销的一款产品，平均每天销售 50 多台，上个月还断货了一周；现在搞促销，我们好几个员工家里也买了，都说特别实用。”客户就容易做出决定了。

（三）故事成交法

客户有中意的产品，又担心其某方面问题，此时可以使用话术：“先生，我很了解您的感受，换成是我，也会担心同样的问题。去年有位张先生，情况跟您差不多，不过他决定先租用我们的车，试用半年再说。结果没过三个月他就发现实际使用中这个问题不算啥。”

（四）体验成交法

经过宠物店看到一只小狗睁着漆黑的大眼睛望着你，你不知不觉走进去摸了摸。聪明的店主会轻轻把小狗放到你手上，你再也舍不得放下，这就是“体验成交法”，也有的称“小狗成交法”。试驾汽车、30 天免费试用、第一期免费杂志都属于这类成交方法。

（五）对比成交法

帮助顾客分析购买的正反两方结果，准备笔和纸，在左边记下购买产品能带来的所有好处，在右边记下不该买的理由，使正方理由大于反方理由，帮助客户做出购买决策。

知识拓展

可识别的成交信号

表 11—6

信号类别	顾客言行举止的变化特征
表情	（1）认真观察产品 （2）从戒备、抵触变为放松，眼睛转动由慢变快，眼睛发光，腮部放松 （3）频频点头，脸部的表情从无所谓到沉思 （4）身体靠在椅子上，眼睛左右环顾后突然直视销售人员

续前表

信号类别	顾客言行举止的变化特征
语言	（1）客户反复询问一类问题 （2）询问交易细节
行为	（1）原来是坐在椅子上身体后仰，现在直起身来，甚至身体前倾 （2）反复阅读文件和说明书，并查看和询问有关的合同文本和订单 （3）离开又返回

案例分享

向养鸡老大娘推销电器

"家里有人吗?"销售员顾某一边冲着院子里喊，一边敲了敲那家养鸡户的门。

销售员顾某继续敲门，养鸡老大娘打开门，不耐烦地说："我知道你是销售电器设备的，我不买你们的设备!"

"对不起，大娘，打扰您了。"销售员顾某笑着说，"我不是来推销设备的，我是想买一篓鸡蛋。"

养鸡老大娘把门开大了一点，用怀疑的眼光上下打量着销售员顾某。

"听说您养了许多美尼克鸡，我想买一篓新鲜鸡蛋。"

门又打开了一点，养鸡老大娘好奇地问："你怎么知道我的鸡是良种鸡?"

"是这样的"，销售员顾某说，"我也养了一些鸡，可是，我的鸡没有您的鸡好。"

适当的称赞，抹掉了养鸡老大娘脸上的怒色，但她还是有些怀疑："那你为什么不吃自己的鸡蛋呢?"

"我养的来杭鸡下白蛋，您的美尼克鸡下红蛋，您知道，看望亲戚家刚生了娃的儿媳妇送红皮蛋比白皮蛋可好看多了。"

说到这，养鸡老大娘疑虑全消，开门走了出来。大门洞开时，销售员顾某眼睛一扫，发现一个结实的养牛围栏。

"我想"，销售员顾某继续说，"您养鸡赚的钱，一定比您先生养牛赚的钱要多。"

"说的是!"养鸡老大娘眉开眼笑地说，"明明我赚的钱比他多，我家那老顽固，就是不承认。"

深谙人际关系技巧的销售员顾某一语中的。顽固的养鸡老大娘竟骂她的丈夫是"老顽固"。

这时，销售员顾某已成了受养鸡老大娘欢迎的客人，她邀请销售员顾某参观她的鸡舍。

在参观的时候，销售员顾某注意到，养鸡老大娘在鸡舍里安装了一些各式各样的小型机械，这些小型机械能省力省时。销售员顾某是"诚于嘉许，宽于称道"的老手，适时地在这方面也赞扬了老大娘。

一边参观，一边谈，销售员顾某"漫不经心"地介绍了几种新饲料和某个关于养鸡的新方法，又郑重地向养鸡老大娘"请教"了几个问题。"内行话"缩短了他们之间的距离，顷刻间，养鸡老大娘就高兴地和销售员顾某交流起了养鸡的经验来。

没过多久，养鸡老大娘主动提起她的一些邻居在鸡舍里安装了自动化电器，“据说效果很好”，她诚恳地征求销售员顾某“诚实的”意见，问销售员顾某这样做，是否值得……

两个星期之后，养鸡老大娘的那些美尼克良种鸡就在电灯的照耀下，满意地进食、下蛋了。销售员顾某成功地销售了电器，养鸡老大娘得到了更多的鸡蛋，双方皆大欢喜。

营销沟通运用礼仪技巧，多赞美，多夸奖，多为对方的利益考虑，方能赢得信赖，促成交易。

技能训练

营销沟通技巧训练

请学习小组按照下列要求，设计一个拜访顾客营销沟通的场景，巩固接近顾客的礼仪，掌握销售拜访中的沟通关键环节和礼仪技巧。

模拟情景要求：以房产经纪人的身份，根据不同类型房主的特点，进行恰当的当面拜访。要求能够在两分钟内顺利进入房间并落座切入主题。

任务三　谈判会晤真诚友好

知识认知

商务谈判是指不同利益群体之间，以经济利益为目的，就双方的商务往来关系进行的谈判，是商业社会解决争议、促成合作或满足各自利益需要的重要手段。遵循真诚友好的谈判礼仪原则能够在商务沟通中展示企业风范、赢得对手尊重、把握合作机会。不懂得谈判礼仪，轻则导致沟通无效，重则会损害企业形象、丧失市场机会。

一、主、客座谈判的礼仪

主场谈判、客场谈判在礼仪上习惯称为主座谈判和客座谈判。承担主座谈判的一方为确保谈判的顺利进行，通常需要做一系列准备和接待工作；客座谈判因到对方所在地谈判，则需要入乡随俗，入境问禁。

（一）主座谈判礼仪

主座谈判，作为东道主一方出面安排谈判各项事宜时，一定要在迎送、款待、场地布置、座次安排等方面精心、周密地进行准备。在商务谈判过程中，自始至终都遵循礼仪规范。

1. 主座谈判接待礼仪

（1）成立接待小组。接待小组成员由后勤保障（食宿方面）、交通、通信、联络等各环节的负责人员组成，涉外谈判还应备有翻译人员。

（2）了解客方基本情况，收集有关信息。可向客方索要谈判代表团成员的名单，了解其性别、职务、级别及人数，作为食宿安排的依据。同时掌握客方抵离的具体时间、地点、交通方式，以安排迎送的车辆和人员及预订返程车、船票或机票。

(3) 拟订接待方案。据客方的意图、情况和主方的实际，拟订出接待计划和日程安排表。日程安排还要注意时间衔接的紧凑程度。日程安排表拟出后，可传真给客方征询意见，待客方无异议之后，即可打印。如属涉外谈判，则还要将日程安排表译成客方文字，日程安排表可在客方抵达后交由客方副领队分发，亦可将其放在客方成员住房的桌上。

(4) 主座谈判时，东道主可根据实际情况举行接风、送行、庆祝签约的宴会或招待会，客方谈判代表在谈判期间的费用通常都是由其自理的。

2. 主座谈判迎送礼仪

(1) 主方人员应准确掌握谈判日程安排的时间，并先于客方15分钟到达谈判地点。当客方人员到达时，主方人员应在入口处迎候；或指定专人在入口接引客人，主方人员只在谈判室门口迎候；对于客方身份特殊或尊贵的领导，还可以安排献花。

(2) 迎接的客人较多的时候，主方迎接人员可以按身份职位的高低顺序列队迎接，双方人员互相握手致意，问候寒暄。如果主方主要领导陪同乘车，应请客方主要领导坐在其右侧。最好客人从右侧门上车，主人从左侧门上车，避免从客人座前穿过。

(二) 客座谈判的礼仪

所谓客座谈判，是指在谈判对象单位所在地举行的谈判。一般来说，这种谈判显然会使谈判对象占尽地主之利。此时应“入乡随俗、客随主便”，对一些非原则性问题采取宽容的态度，才能保证谈判的顺利进行。要明确告诉主方自己代表团的来意、成员人数、成员组成、抵离的具体时间、航班车次、食宿标准等，以方便主方的接待安排。

谈判期间，对主方安排的各项活动要准时参加，通常应在约定时间的5分钟之前到达约定地点。到主方公司做公务拜访或有私人访问时要预约，对主方的接待，在适当的时间以适当的方式表示感谢。客座谈判有时也可视双方的情况，除谈判的日程外，自行安排食宿、交通、访问、游览等活动。

案例分享

分橘子的谈判

两个孩子都跟妈妈说想要橘子，可妈妈手里只有一个橘子了，于是妈妈让孩子自己决定怎么分。两个孩子就开始谈判，谈了一会儿之后，双方决定，最好的解决办法就是把橘子从中间分为两半，一人一半，这样双方就皆大欢喜了。为了公平起见，他们决定让一个人来切橘子，然后让另一个人先选。然而，当双方在分完橘子后开始交流自己的目的时，他们却发现，原来其中一个人只是想榨橘子汁，而另外一个人却只是想要用橘子皮来做蛋糕。于是他们找到了一个更好的方式来解决这个问题，达成双赢。

高超的谈判策略可以让你和对方在结束谈判时，都感觉自己赢得了谈判，即谈判的最高境界是双赢。

二、谈判时间、 地点和环境的选择

（一）谈判时间的选择

现代商业社会崇尚紧凑、快捷的工作方式，因此，谈判时间的安排一般以效率为先，但也应注意以下几种情况：

（1）避免在身心处于低潮时进行谈判。例如夏天的午饭后、人们需要休息的时候不宜进行谈判；如去外乡异地谈判，或去国外谈判，经过长途跋涉后应避免立即开始谈判，要安排充分的休整之后再进行谈判。

（2）避免在一周休息日后的第一天早上进行谈判，因为这个时候人们在心理上可能仍未进入工作状态。

（3）避免在连续紧张工作后进行谈判，这时，人们的思维比较混乱。

（4）避免在身体不适时进行谈判，因为当身体不适时很难使自己专心致力于谈判之中。

（5）避免在一天中最疲劳的时段进行谈判。现代心理学、生理学研究认为，下午 4 点至 6 点是人一天的疲劳在心理上、身体上都已达到顶峰的时候，这一时段人容易焦躁不安，思考力减弱，工作效率最差，因此在这个时候进行谈判是不适宜的。

（二）谈判地点的选择

选择谈判地点总体上遵循公平、互利的原则。谈判地点的选择，往往涉及谈判的环境心理因素问题，有利的场所能增加己方的谈判地位和谈判力量。人是一种有领域感的生物，离开了自己的所属领域，就会感觉情绪和力量无所依附。美国心理学家做过一次有趣的实验，证明许多人在自己客厅里谈话更能说服对方。因为人们有一种心理现象：在自己的所属领域内交谈，无须分心去熟悉环境或适应环境；而在自己不熟悉的环境中交谈，往往容易变得无所适从，导致出现正常情况下不该有的错误。

因此，对一些决定性的谈判，若能在自己熟悉的地点进行是最理想的，假如争取不到这个地点，则至少要协商选定一个双方都能认可的中性场所，减少由于“场地劣势”导致的失误。最差的谈判地点则是在对方的所属场所，如果某场谈判要进行多轮，谈判地点应依次互换，以示公平。

（三）谈判环境的选择

从礼仪要求来看，合作式谈判一般需要布置谈判环境，以有利于谈判的顺利进行。

（1）光线。可以利用自然光和人造光源。利用自然光要注意备有窗帘，以防强光刺目；利用人造光源则要合理配置灯具，保证光线充足、柔和。

（2）声响。谈判室不能临街，不能在施工场所附近，门窗要隔音，周围没有电话铃声、脚步声、谈话声等噪声干扰。

（3）装饰。用于谈判活动的场所应简洁、典雅、庄重。墙上可适当悬挂风格协调的书画，室内也可适当装饰工艺品、花卉、标志物，但不宜过多过杂，以简洁实用为主。

三、谈判席位的布置

在双边商务谈判中，双方的主谈者应该居中坐在平等而相对的位子上，谈判桌应该长而宽阔；其他谈判人员一般分列两侧而坐。这种座位的安排通常显示出正式、礼貌、尊重、平等。

如果是多边谈判，则各方的主谈者应该围坐于圆桌相应的位子。圆桌通常较大，也可分段而置；翻译人员及其他谈判工作人员一般围绕各自的主谈者分列两侧而坐，也可坐在主谈者的身后。

如果在谈判中想通过座位的安排暗示影响力，最好的办法是在座位上摆名牌，指明某人应当就座于某处，这样就可对每个人形成某种影响力。按照双方各自团体中地位高低的顺序来排座也是符合商务礼仪规范的。

无论是方桌还是圆桌，都应注意座位的朝向。通常人们认为面对门口的座位最具影响力：西方人觉得这个座位具有权力感，中国人则习惯称此座位为“上座”；而背朝门口的座位最不具影响力：西方人一般认为这个座位具有从属感，中国人习惯称此座位为“下座”。因此在安排就座时要充分考虑这方面的心理习惯，避免发生不愉快。比较合乎商务礼仪的就座方式往往是请客方坐上座。

知识拓展

谈判风格

表 11—7

国家	谈判风格	
	优点	缺点
美国	（1）务实、条理明晰、效率高、目标指向明确、执行力强 （2）制作声势雄壮、亮点突出的 PPT 或宣传材料 （3）利用自身技术、资本、管理等优势，展示自信和公平	（1）不容易改变立场 （2）遇到分歧当面指出 （3）缺少耐心 （4）强势、较真、死板
德国	（1）讲效率、诚信、追求卓越质量 （2）国家荣誉感强、团队意识强 （3）敬业	（1）顽固、保守 （2）不随意接受礼品
法国	（1）喜欢先就主要交易条件达成协议，然后才谈合同条文 （2）在谈判中反复多次地提及交易的全部条款内容	（1）不喜欢提及个人问题 （2）自我意识强
日本	（1）正式会谈前先安排会面 （2）一丝不苟 （3）在人数上压倒对方	（1）不喜欢快速的谈判，爱用拖延战术 （2）不断变换立场、迷惑对方

四、谈判过程的礼仪

（一）谈判开局的礼仪

礼仪性的规范介绍、寒暄开局，自然切人谈判话题，可以先谈谈双方容易达成一致意见的话题，如：“咱们先把今天谈判的程序确定下来，您看如何？”这种话题能表达平等商讨问题的诚意，创造出一种和谐的气氛。

（二）磋商明示的礼仪

在谈判的磋商明示阶段，因各方都在提意见摆问题，出现分歧是不可避免的。同时，由于言语较多，表达上稍不注意，就可能影响态度，引起不快，所以这个阶段一定要注意有效沟通中的交谈礼仪、倾听礼仪、提问礼仪、应答礼仪。

（三）交锋妥协的礼仪

交锋是商务谈判中的关键阶段。此时，双方的不同意见已明显展开，谈判双方人员应巧妙运用沟通技巧和合理的妥协来缓和气氛，使谈判心平气和地进行下去。这时的礼仪原则就是“争辩永远不能取胜”，所以，消除分歧、寻求折中、合理让步都是最终达成协议的前提。

（四）谈判签约的礼仪

谈判双方达成一致的意见，形成协议后，要进行签约仪式，谈判方可宣布成功结束。简易的签约仪式中，可以当场整理形成的协议文本，双方进行签字、盖章，然后交换协议文本。重大的谈判项目或会晤内容，为了扩大社会影响，往往要举行隆重的签约仪式，按照严谨规范的签约仪式流程进行签字、盖章，完成谈判。

技能训练

1. 每10人为一组，在每个组内进行角色分工（主座谈判方和客座谈判方），然后进行迎接、寒暄、介绍、入场、落座的练习。

2. 双方拟定一个合作组织学习活动方面的议题，展开谈判，感受谈判过程，注意运用谈判沟通的礼仪技巧。

任务四　网络沟通诚信有规

知识认知

在互联网高速发展的今天，网络商务不断改变着人们的生活方式与传统的经营模式。网络沟通因没有地域界限、不受自然因素影响、降低沟通成本等优点深受商务人士的喜爱。但广泛进行网络商务的同时，网络沟通中出现的问题也日益凸显。因此，遵守网络沟通的规则和礼仪就显得尤为重要了。

一、网络沟通的基本礼仪

（一）以人为本

网络沟通一般是一种看不到对方，又听不到对方声音的沟通方式，常会使用户在面对电脑屏幕时忘了是在跟其他人打交道，行为语言上往往会产生自我放松的思想，降低了自己的道德标准，有的甚至留言粗鲁无礼，有的过分要求对方，更有甚者进行人身攻击，这都是没有教养的表现。要记住，网络沟通的第一礼仪就是“记住人的存在”。

以人为本，把握分寸正是人性和人心所能接受和需要的。发电子邮件、跟帖、QQ聊天等应以不侵犯他人的言论权为基础，以在乎自己一样的态度来在乎对方，这样既能树立自己的网络形象，表现自己的修养，也会备受他人的尊重。

网络沟通礼仪的根本就是一切以“人”为中心，尊重所有网络人，方便所有网络人，快乐所有网络人！

（二）尊重他人

尊重他人是获得他人尊重的开端。因为网络的虚拟、匿名性质，对方无法从你的外表来判断，因此你的一字一句就成为对方对你印象的唯一判断。所以，要注意用词句法，现实中不该说的话在网络上同样也不要说。文明上网、礼貌沟通是职场人士的基本道德要求。

网络沟通中，尊重他人首先要尊重他人的隐私，别人的真实姓名、性别、聊天记录、电子资料等应该是隐私的一部分。如果对方都是用网名聊天，即使你知道他的真名也不可公开；随意转发或传播别人电脑里的个人电子邮件或工作函件，也是不尊重他人隐私的表现。

尊重他人，还要尊重他人的时间。职场商务往来要公私分明，不能看到对方的工作QQ头像亮着，就随意打扰聊闲天，尤其是对方QQ签名写着只收发工作信息时，更不能轻易打扰。在公共论坛上，不要以自我为中心，随意提问，让别人为你寻找答案而浪费时间。在提问之前，先自己上网搜索和研究，很有可能同样的问题以前已经有人问过多次了，答案触手可及。

知识拓展

网络沟通工作温馨提示

1. 重要的通知和文件，不通过网络聊天工具下发和传递。
2. 必须使用网络聊天工具传递公文时，不要忘记当面或电话通知本人，注意接收。
3. 向领导汇报工作，一定不要使用网络聊天工具。

（三）宽容礼貌

在电脑上打字难免会出现错字、多字、漏字的情况，遇此情况要理解宽容，不要大惊小怪、小题大做，更不要讽刺挖苦、尖酸刻薄。一般从上下文句中能看出意思的就理解默认，不要太在意，有不清楚的地方，要礼貌指出。

沟通时要用平和、平等的语气进行交流、分享。由于网络使用者来自不同的文化背景与生活层次，无法像面对面一样很快了解或知晓背景后交流，这就要求双方更要礼貌客气，不管对方是什么背景，都要“见面”招呼，“退出”告辞，平等宽容，语言礼貌，语气友好。

案例分享

无奈的网络谐音词

玲玲刚大学毕业，应聘到了一家企业的策划部工作。她时尚、新潮、活泼开朗，工作热情很高。策划部原来的领导同事大都是工作二十多年的老同志，玲玲的到来给部门带来了朝气，大家因此很开心。但是一旦进入网络工作交流状态时，大家的眉头就锁起来了，原因是玲玲总喜欢用一些新潮的网络谐音词，如“筒子”（同志）、“油菜花”（有才华）、“灰常果酱”（非常过奖）等。遇到类似的语言，领导及老同志们不得不皱着眉头先琢磨半天。后来，领导专门提醒了她工作交谈要正式些，不要影响工作效率，玲玲听罢也感到十分尴尬。

很多年轻人以用网络谐音词聊天为时尚、新潮，但一定要考虑场合及对象。工作场合正式会谈时的网络沟通讲究严谨高效，过于频繁的网络谐音词、表情符号会影响到工作的严肃性，应尽量避免。

（四）自我保护

不要随便在网上留下单位电话、个人联系方式、个人消息，以免被骚扰。在使用QQ等社交软件时，不必使用真名，可用表现自身特点的别名，但一旦确定，不宜频频更换，以便交流。另外要特别注意自己的“签名”，不要暴露自己在工作上的感受，尤其是负面的情绪。毕竟，客户会通过你的只言片语推测或联想，这对你个人或单位都可能产生不好的印象。

“黑客”往往凭借其高超的计算机知识和网络操作技能，进入一些重要单位的服务器，或是擅改程序，偷窥机密，造成网络混乱，并从中获利。我们必须正确使用网络技术，既不能充当“黑客”，同时又必须防范“黑客”。对于利用网络进行犯罪的事实，我们知道后应该及时向公安机关举报。

二、网络电话接打礼仪

网络电话就是运用软件通过无线网或是手机数据流量传输到开发者服务器，通过回拨方式连接打电话者和接电话者双方。无论是在公司的局域网内，还是在学校或网吧的防火墙背后，均可使用网络电话，实现电脑—电脑的自如交流，无论身处何地，双方通话时完全免费。

（一）下载安装要正规

网络电话品种很多，在很多平台都可以下载，而且只要是智能机就可以使用这些软件，总的来说使用还是非常方便的。但是我们也要注意到一点，就是下载的时候要尽可能地选择官网下载。如果是在非正规的网站下载，很有可能会出现中病毒的情况，为了我们的手机安全，一定要选择正规的下载渠道。

（二）注册按要求填写

注册的时候一定要填写自己的手机号码，如果没有填写正确的信息，那么使用的时候会出现问题。这样不仅影响正常使用，以后更换也会非常麻烦，所以建议在注册时就按要求认真填写。

（三）多使用WiFi网络

因为网络电话更多还是要依靠网络的，在有WiFi的情况下也是非常经济的，很多公用场所也都有免费的 WiFi 可以使用，从而能够轻松拨打电话。

（四）接通时自报家门

使用网络电话拨号后，对方收到的电话显示的是网络号码，因此要先自报家门。杜绝使用网络电话拨打一些违反社会道德、法律的电话，包括恐吓、诈骗、恶意骚扰、扰乱公共秩序、赌博、色情活动等，如发现，应立即举报给公安部门。

（五）不散播不良短信

利用网络电话发短信时，不能出现侮辱、骚扰他人，涉及赌博、毒品、六合彩、色情类、宗教、政治及其他涉嫌违规内容，不能有一些虚假广告、涉及个人隐私以及危害国家、社会、他人的短信等。一旦电脑检测出有不良的短信内容，账号可能会被锁定，余额也会被冻结，情节严重的，会被举报给公安部门。

三、网络新闻发布礼仪

网络新闻是突破传统的新闻传播概念，在视听方面给受众全新的体验。网络新闻的发布可省去平面媒体的印刷、出版，电子媒体的信号传输、采集声音图像等。发布网络新闻时，应注意以下几点：

(1) 无广告。选择没有广告的版面进行投放，这样读者看起来舒服。

(2) 不同版。不与其他公司的新闻稿出现在同一版面，以免读者被其转移视线，受到影响。

(3) 标题清。文章标题要大而醒目，文中的字体字号与报纸整体风格一致，让读者看不出炒作的痕迹。

(4) 配插图。每篇文章都要配上相关的精美插图，图文并茂，增加可读性。

(5) 单独登。每篇软文均单独刊登，不与其他软文同时出现，防止一次投入太多，读者消化不了。

(6) 无热线。不附热线电话、不加黑框，消除一些广告痕迹。

(7) 有报花。每篇文章都配上相应的报花，如“焦点新闻”“专题报道”“热点透视”“环球知识”“焦点透视”等，让读者一目了然。

四、即时通信文明礼仪

即时通信，是指能够即时发送和接收互联网消息等的业务。近几年来，即时通信迅速发展，功能日益丰富，逐渐集成了电子邮件、博客、音乐、电视、游戏和搜索等多种功能。即时通信不再是一个单纯的聊天工具，它已经发展成集交流、资讯、娱乐、搜索、电子商务、办公协作和企业客户服务等为一体的综合化信息平台。运用即时通信平台时，须注意以下几点：

(1) 不要随便要求别人加你为好友，除非有正当理由。视频时，应注意自身形象和环境形象。

(2) 在别人状态为忙碌的时候不要打扰。如果是正式的谈话，不要用“忙么？打扰一下”等开始一段对话，而是把对话的重点压缩在一句话中。

(3) 如果谈工作，尽量把要说的话压缩在 10 句以内。

(4) 不要随意给别人发送链接或者不加说明的链接。随意发送 URL 是一种很粗鲁的行为，属于强制推送内容给对方，而且容易让别人感染上病毒。

(5) 尊重别人的劳动，不要随意转载。

五、查阅网上资讯礼仪

出于工作需要，商务人员往往需要上网查阅一些重要的新闻或资料。一般来说，这些资讯的查阅通过新闻网和万维网两种途径进行。查阅资讯也有一定的礼仪规范。

(1) 做好准备。上网前，对于自己要查找的内容和要登录的网站应有大致的了解，并提前做好记录、下载或打印的准备。目标明确后，上网时就能直奔主题，不至于在网上漫无目标地临时查找。

(2) 提高效率。在网上查阅资料需要一定的技巧和方法。对于所需要的资料可及时下载，不宜在网上长时间浏览。

(3) 独善其身。针对网上传播的虚假消息，要保持清醒的头脑，增强辨识能力，不要轻信他人所言，不要人云亦云、以讹传讹，更不能随意发布假消息。

(4) 文明交流。在网上与人交流时，应确保用语的规范和文明，不得使用攻击性、侮辱性语言。另外，电脑有自身独特的语言符号系统，应当对其加以了解。

(5) 言语有度。为维护形象，切不可以单位或部门的名义在网上任意发表个人对新闻时事的看法，尤其不能发布假消息，不得泄露国家或商业机密。

案例分享

网络文明与安全

针对如何看待网络文明和网络安全的问题，记者随机采访了一些公民，最普遍的两种说法如下：

(1) 办公室的一些年轻人喜欢上 QQ 聊天、逛论坛、上网看电影、看小说，工作时间也乐此不疲，这样既浪费公共资源，也降低了办公效率。

(2) 使用公共电脑时，一定要高度戒备电脑病毒。

有这样一则案例：有人操控实验室一台进口仪器的电脑时不慎连接了携带病毒的 U 盘，导致仪器无法工作，最后只好与生产仪器的德国公司联系，花重金重装了软件。

正确使用网络沟通工具，要遵守网络礼仪，还要学会自我保护。

六、网络营销的礼仪

(一) 产品的配套图片要齐全

网络上的产品仅提供相关的图片是不够的，客户关于产品会有很多疑问，处理这些疑问无论是在程序上还是在时间上都有很大难度。因此，产品配套的图片要能把产品的性能、规格型号、重量、组成部分、配件材料、加工工艺等详细列出，让客户一目了然。

（二）产品的报价要做到科学

产品的报价最好是利用报价表的形式展现出来，关键部分提供的报价要针对行业的价格进行分析与对比。对比的内容有价格、性能、配件的材料、使用年限、售后服务、品牌优势、特别支持等事项。这样，客户对产品的优越性会更加容易认可和接受，从而收到良好的营销效果。

（三）客户的疑问要及时解答

进行网络营销时，客户的疑问要及时解答。无论是在网上还是实体店，营销的对象都是客户，要让客户感觉到优质的服务标准与服务态度，从而体现专业化。利用语言进行情感沟通是网络沟通的技巧，回复客户时切忌把网络沟通当成一般的沟通，要及时应答，不能漫不经心。

（四）网络语言要恰当使用

在使用网络语言时，比如“晕”“倒”等字眼，如果使用不当，就会不知不觉得罪了客户而不自知，会让客户觉得不真诚，诋毁轻视自己，从而失去客户。在必要时最好利用语音来沟通，以及时准确地传递信息。

（五）沟通的表情图释要巧用

面对面沟通时客户的表情都写在脸上，可以察言观色。但在虚拟的网络世界进行销售谈判时，“察言观色”就要靠聊天内容来判断了。比如，聊天开场白先发个微笑的表情，客户见了会很舒服。在沟通过程中穿插一些生动的表情，就比生硬的文字要好多了。比如，客户说“我再考虑下吧，先下了”，就不要再死缠烂打地推销产品了，送句祝福语，发个好心情图释，能给客户留下好印象。

总之，坐在电脑那端的客户同样是一个有血有肉的人。在网络沟通中，切忌表现冷漠，只有掌握了网络沟通礼仪，对销售工作才能起到良好的促进作用。

技能训练

请采用网络购物的方式达成一笔交易，将自己网络沟通交易的全过程记录下载，与同桌互相分享其中涵盖了哪些网络沟通礼仪，并汇总提交。

综合实训

▷情境模拟

1. 情境背景

校园周末将开展一场“演讲口才”专题讲座活动，主办方为学生会，主讲老师是“最受学生欢迎的专业课老师”之一。

2. 模拟要求

（1）分组扮演角色：6 人一组，分别扮演两位学生会干部，两位老师，两位陌生人。

（2）模拟情景设计要求：

1）一位学生会干部去邀请老师担任主讲。两位老师中一位因某事没有答应做主讲老师，另一位老师愉快地答应了。

2）另一位学生会干部去邀请两个陌生人周末来听讲座。其中一位拒绝参加，另一位被说服周末来听讲座。

3. 实训目的

运用交流沟通、营销沟通、谈判沟通等礼仪技巧，体验表达、倾听、赞美、说服、拒绝、应答、提问等沟通环节。通过模拟强化训练，提升自己的沟通表达能力。

▷社会实践

1. 实践场所

某大型电器商场。

2. 实践要求

（1）选择一种自己比较感兴趣的电子产品区为实践地点。

（2）事先在网上了解该类产品的相关情况。

（3）到该类产品销售区观察记录销售员与顾客的营销沟通情况。

（4）假设自己有购买需求，亲自尝试与销售员进行交流沟通。

3. 实践目标

通过观察、体验，记录沟通双方所用到的沟通礼仪和营销技巧，并写出自己的现场感受，汇总后提交实践报告。

项目十二

商务庆典礼仪

任务要求

1. 筹划组织开业仪式要产生热烈喜庆的效果。
2. 签约合作要关注流程细节，体现尊重平等。
3. 剪彩庆典要从选定物品、人员、流程上体现隆重有序。

职场启迪

隆重的200周年庆典活动

杜邦公司为庆祝公司成立200周年，在企业内部、外部举办了各项庆祝纪念活动。当年1月17日，杜邦公司在北京宣布将于200周年纪念日起连续三年，每年出资130万美元赞助某足球俱乐部，并以此揭开公司成立200周年中国系列庆祝活动的序幕。杜邦的公司名称和椭圆型企业标识随着该足球队的征战不断出现在电视荧屏上、报纸上和现场观战球迷的眼前，极大地提高了公司的知名度和品牌认知度。3月31日，在北京市全民义务植树日即将来临之际，杜邦公司的员工与亲属100多人以及来自首都各大媒体的十几位负责社会、环保和企业报道的记者来到位于北京东四环的红领巾公园植树……一系列的庆典纪念活动，达到了有效宣传和高效的内外部沟通目的。

举行商务庆典礼仪活动对于提升企业形象、加深目标受众对企业的理解、鼓舞员工士气和促进企业凝聚力，是非常好的沟通平台。它可以表明组织对这项活动的庄重而严肃的态度，也可以借此扩大组织的知名度，培养员工的自信心、自豪感、归属感和集体荣誉感，制造舆论，扩大影响，对提升组织的形象具有重要的作用。

组织开展商务庆典活动需要严密地策划和遵循一定的礼仪程序。

任务一　开业典礼热烈喜庆

知识认知

开业典礼，是指企业正式营业的时候郑重举行的庆祝仪式，主要是为了扩大宣传，树立企业形象，招揽顾客，争取生意兴隆。

一、开业典礼的准备

准备工作是开业典礼成功的基础，开业典礼应从以下几个方面着手准备。

(一)做好舆论宣传工作

运用报纸、广播等各种传播媒介广泛宣传，以引起公众的关注。广告的内容应包括：开业典礼举行的时间和地点；企业的经营特色；开业时对顾客的优惠和馈赠；购物折扣；顾客光临时应乘坐的车次、路线等。广告设计应美观、大方、有特色，这样做有利于树立企业的形象。

案例分享

特殊的开业庆典

没有拱门，没有气球，没有鲜花，没有鞭炮……2013 年 8 月 29 日上午，一场特殊的开业庆典在河南省开封市残疾儿童康复中心 4 楼的活动室里举行。在该中心数十名孤残儿童与工作人员的见证下，刚刚进驻开封市的河南元亨鑫源（集团）有限公司董事长高华龙将一张 5 万元的支票郑重交到市残疾儿童康复中心主任手中，用这种特殊的方式庆祝公司开业。

公司原计划举行一场盛大热闹的开业庆典，但董事会成员都觉得传统庆典方式不符合当今社会提倡的节俭之风。于是，公司最终决定将原计划用于请礼仪公司办庆典的 5 万元费用全部拿出来捐给市残疾儿童康复中心，把这个俭朴而有意义的捐赠仪式作为公司的开业庆典。

捐赠仪式结束后，元亨鑫源的全体员工和孤残儿童欢聚一堂，做游戏、看节目，优美的歌声与快乐的笑声交织在一起，让这场特殊的开业庆典充满了爱的味道。这次开业庆典得到多方媒体的报道，树立了集团的良好形象。

开业庆典的形式不拘一格，深入人心的创新活动更能起到事半功倍的作用。

(二)发送请柬

开业典礼的成功与否，在很大程度上与参加典礼的主要宾客的身份、职能部门的范围和参加典礼的人数有直接关系。因此，邀请上级领导、知名人士、各职能部门的负责人或代表是准备工作的一项重要内容，还应多方邀请兄弟企业和关系密切的团体、事业单位、个人及新闻媒体参加。请柬要精美、大方，其形状和大小可根据请柬的内容而定。请柬的格式根据请柬的式样可横排也可竖排，其内容一般为：

×××先生：

兹定于×月×日（星期×）上午×时，在××处举行×××××开业典礼，敬请光临。

××××敬启

××××年×月×日

写好的请柬放入信封内，提前几天邮寄给有关单位和个人。重要人物的请柬，应派专人直接送去。

（三）做好充分的物质准备

开业典礼的现场布置能起到烘托气氛的作用。现场布置需要用到的物品包括会标、彩带、气球、鞭炮等。纪念礼品可准备些本企业的广告宣传品，经营的小商品，带企业标志、地址、电话、经营范围的文具用品或其他日常用品。物质准备既要隆重，又要得体。过分简单不会引起重视，达不到宣传效果，甚至给人以匆匆开业、草草了事的印象；庆典规模过大，赠送礼品昂贵，又会使人感到哗众取宠，铺张奢侈，也有损企业形象。总的原则应该是：热烈、隆重、节俭。

（四）精心布置好举行庆祝仪式的现场

举行庆祝仪式的现场是庆典活动的中心地点，对它的安排、布置是否恰如其分，往往会直接关系庆典留给全体出席者的印象的好坏。根据仪式礼仪的有关规范，商务人员在布置举行庆典的现场时，需要通盘考虑的主要问题有以下四点。

1. 地点的选择

在选择具体地点时，应结合庆典的规模、影响力以及本单位的实际情况来决定。本单位的礼堂、会议厅，本单位内部或门前的广场，以及外借的大厅等，均可以选择。不过，在室外举行庆典时，切勿因地点选择不慎妨碍交通或治安。

2. 环境的美化

在反对铺张浪费的同时，应当量力而行，着力美化庆典举行现场的环境。为了烘托出热烈、隆重、喜庆的气氛，可在现场张灯结彩，悬挂彩灯、彩带；张贴一些宣传标语，并且张挂标明庆典具体内容的大型横幅。还可以请由本单位员工组成的乐队、锣鼓队演奏音乐或敲锣打鼓。但是这类活动应当适度，不要热闹过了头，或者喧宾夺主。

3. 场地的大小

在选择举行庆祝仪式的现场时，场地并非越大越好。从理论上讲，现场的大小应与出席者人数的多少成正比。也就是说，场地的大小应同出席者人数的多少相适应。人多地方小，拥挤不堪，会使人心烦意乱；人少地方大，则会让来宾对本单位产生“门前冷落车马稀”的感觉。

4. 音响的准备

在举行庆典之前，务必要把音响准备好。供来宾们讲话时使用的麦克风和传声设备，在关键时刻，绝不允许临阵“罢工”，让主持人手忙脚乱。在庆典举行前后，播放一些喜庆、欢快的乐曲，只要不抢占“主角”的位置，通常是可以的。但是对于播放的乐曲，应先期进行审查。切勿届时让工作人员自由选择，随意播放背离庆典主题的乐曲，甚至是那些凄惨、哀怨、让人心酸和伤心落泪的乐曲，或是那些不够庄重的诙谐歌曲和爱情歌曲。

知识拓展

开业庆典礼仪策划书（例）

一、庆典活动迎宾和接待

1. 号鼓迎宾：选派60名员工组成号鼓队负责迎宾演奏。

2. 舞狮喜庆：选派双狮队和民间鼓乐队在现场表演（与号鼓队交替进行）。

3. 腰鼓队：选派20人组成腰鼓表演队在现场表演（与舞狮队同步进行）。

4. 礼仪接待：选派10名礼仪小姐负责迎宾、接待、剪彩辅助工作等。礼仪小姐要求身高1.68米以上，长相端正秀丽，接待规范有礼貌，具有亲和力。

二、庆典现场布置

1. 庆典舞台：设60平方米的红地毯作为庆典舞台。

2. 组合音响两套：要求配备两组音箱、调控台、立架话筒和无线话筒，专业管理及技术人员4名。

3. 彩虹门：投资广场大门口设置大型充气彩虹门（18米跨度）一座，上面悬挂宣传字幕。

4. 庆典会标：宽幅1米的开业庆典主题会标悬挂于庆典主会场。

5. 气球条幅：设置8个大型气球条幅，升放于投资广场周围（具体地点由委托方指定）。

6. 祝福条幅：悬挂于投资广场临街一面（10条）。

7. 迎宾鲜花：在彩虹门前两侧各摆放4个花篮（包括庆贺彩带）。

8. 喜庆礼花：采用无火药、无爆源、环保型庆典礼花12支。

9. 迎宾接待台：设置于来宾入口处。

10. 椅子：用于新闻发布会来宾就座。

11. 摄像：专业摄像人员将新闻发布会和开业庆典整个过程录制成光碟一张。

12. 三角彩旗（500米）：悬挂于投资广场的门前。

13. 氢气球：升放空中，以增添喜庆气氛。

14. 其他用品：金剪、彩盘、彩绸、彩球（各8个），礼仪迎宾绶带10条、签名簿2本、签名笔2支、贵宾胸花（鲜花）80朵。

三、礼仪小姐接待工作

1. 礼仪小姐和投资广场选派的专人负责接待主要领导人及重要嘉宾。

2. 由礼仪小姐为领导及嘉宾佩带胸花。

3. 设立迎宾接待台，由礼仪小姐负责引导客人签名。

（五）精心拟定好庆典的具体程序

一次庆典举行得成功与否，与其具体的程序有着密切关系。仪式礼仪规定，拟定庆典的程序时，有两条原则必须坚持：第一，时间宜短不宜长。大体上讲，它应以一个小时为限。这既为了确保其效果良好，也是为了尊重全体出席者，尤其是为了尊重来宾。第二，程序宜少不宜多。程序过多，不仅会延长时间，而且还会分散出席者的注意力，并给人以凌乱之感。总之，不要使庆典成为内容乱七八糟的“马拉松”。

二、开业典礼的举行

开业典礼一般都按照约定俗成的形式进行。开业典礼仪式的现场应写有醒目的会标，来宾赠送的花篮、镜匾等一定要摆放或是悬挂在适当的位置，以示尊重。企业的全体人员，上至经理，下至每一位服务人员，都要修整仪容仪表、统一着装，精神抖擞、热情饱满地提前上岗。宾客到来之前，就要安排好负责人和迎宾人员在规定的位置上恭候来宾。在宾客到来时，要按一定的规则有礼貌地引领来宾入场，安排座次，给予热情服务。

课堂练习

别开生面的开业典礼

2012年10月8日，南方某市万豪大酒店隆重开业。

这一天，酒店上空彩球高悬，四周彩旗飘扬，身着鲜艳旗袍的礼仪小姐站立在店门两侧，她们的身后是摆放整齐的鲜花、花篮，所有员工服饰一新，精神焕发，整个酒店沉浸在喜庆的气氛中。

开业典礼在店前广场举行。

上午11时许，应邀前来参加庆典的有关领导、各界友人、新闻记者陆续到齐。正在举行剪彩之际，天空突然下起了倾盆大雨，典礼只好移至厅内，一时间，大厅内聚满了参加庆典的人员和避雨的行人。典礼仪式在音乐和雨声中隆重举行，整个厅内灯光齐亮，使得庆典别具一番特色。

典礼完毕，雨仍在下着，厅内避雨的行人短时间内根本无法离去，许多人焦急地盯着厅外。这时，酒店经理当众宣布：“今天能聚集到我们酒店的都是我们的嘉宾，这是天意，希望大家能同我店共享今天的喜庆，我代表酒店真诚邀请诸位到餐厅共进午餐，当然一切全部免费。”霎时间，大厅内响起雷鸣般的掌声。

虽然酒店开业额外多花了一笔午餐费，但这件事在新闻媒体及众多顾客的称赞下却迅速传播开来，接下来酒店的生意格外红火。

讨论题：阅读本案例后你有何感想？试分析此案例。

开业典礼开始后，主人应首先向来宾简短致词，向来宾及祝贺单位表示感谢，并简要介绍本企业的经营特色及经营目标等。然后，可安排上级领导和来宾代表致词。为了增加气氛，在宣布开业典礼正式开始时，可请乐队奏乐或播放节奏明快的乐曲，在非限制燃放鞭炮的地区可燃放鞭炮庆贺。

宣布开业典礼完成后，主人可引导来宾到企业内参观，边陪同参观边介绍本企业的主要设施、特色商品和经营设想，并征询来宾意见，以融洽与来宾的关系；也可请来宾到会议室进行简短座谈，请来宾在留言簿上签字、合影留念等。

开业仪式结束后，商品零售企业会有大批顾客随主人及来宾一同进入店内，应由企业领导人、部门或柜组负责人和营业员一起，恭敬地站在门口迎接顾客光临。对首批顾客，营业员更应注重销售礼仪，主动征求顾客意见，热情介绍商品，感谢顾客惠顾，欢迎顾客经常光顾。还可以准备一些印有开业典礼、经营范围、地址、电话等字样的特别的购物袋赠送给顾客作为纪念。

技能训练

1. 3人一组设计一份书店开业策划书，下次进行课堂展示讨论，教师指导。

2. 假如你是公司的市场部经理，需要组织一个公司的十周年庆典，庆典在某酒店举行，庆典及宴会多功能厅在3层，有电梯直达。你要求嘉宾下午4点到场。请发挥一下自己的想象力，细述怎样对客户进行邀请，接待时的规格，见面的时候如何使用礼貌用语，如何握手、递名片，如何引导客户到达指定地点，公司组织中餐宴会的细节（桌次、座次安排、就餐礼仪）与自己的衣着特点，如何告别等礼仪。

任务二　签约合作郑重友好

知识认知

政府部门、企业之间就某一项目或某一问题达成一致性的合作约定时，常常会举行签约仪式。签约仪式正式、庄重，有比较严格的程序及礼节规范，表明双方对缔结条约的重视及对对方的尊重。

一、签约仪式的准备

（一）布置好签字厅

签约环境要庄重、整洁、清静。室内应铺上地毯，正规的签字桌应为长桌，其上最好铺设深绿色的台呢布。签字桌应横放于室内，在其后可摆放适量的座椅。签署双边性合同时，可放置两张座椅，供签字人就座。签署多边性合同时，可以仅放一张座椅，供各方签字人签字时轮流就座，也可以为每位签字人提供座椅。

签字人就座时，一般应面对正门。在签字桌上，事先摆放好待签的合同文本以及签字笔等签字时所用的文具。与外商签署涉外商务合同时，还须在签字桌上插放有关各方的国旗。插放国旗时，在其位置与顺序上，必须按照礼宾序列。例如，签署双边性涉外商务合同时，有关各方的国旗须插放在该方签字人座椅的正前方。

（二）座次安排

应请客方签字人在签字桌右侧就座，主方签字人则应同时就座于签字桌左侧。双方各自的助签人应分别站立于己方签字人的外侧，以便随时对签字人提供帮助。双方其他随员可以按照一定顺序在己方签字人的正对面就座，也可依照职位的高低，依次自左至右（客方）或是自右至左（主方）列成一行，站立于己方签字人的身后。当一行站不完时，可按照以上顺序并遵照“前高后低”的惯例，排成两行、三行或四行。原则上，双方随员人数应大体上相当。

一般来说，举行签字仪式时，座次排列共有三种基本形式，它们分别适用于不同的具体情况。

1. 并列式

并列式排座是举行双边签字仪式时最常见的形式。它的基本做法是：签字桌在室内面门横放。双方出席仪式的全体人员在签字桌之后并排排列，双方签字人员居中面门而坐，客方居右，主方居左（见图 12—1）。

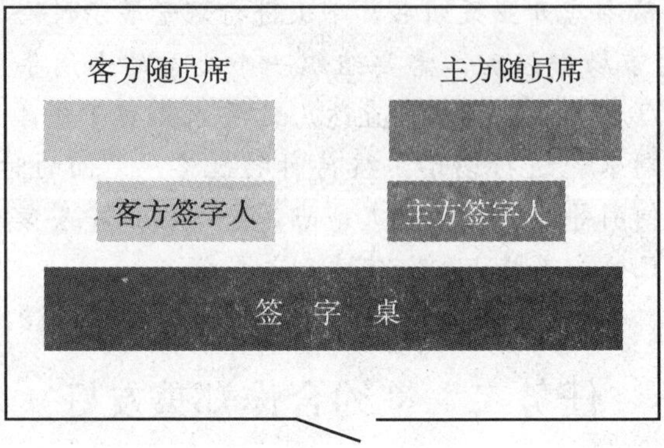

图 12—1 并列式签字排位

2. 相对式

相对式签字仪式的排座与并列式签字仪式的排座基本相同，二者之间的主要差别只是相对式排座将双边参加签字仪式的随员席移到了签字人的对面（见图 12—2）。

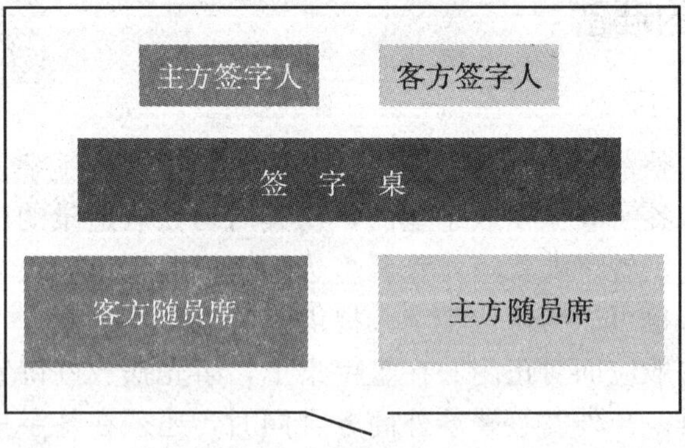

图 12—2 相对式签字排位

3. 主席式

主席式排座主要适用于多边签字仪式。其操作特点是签字桌仍须在室内横放，签字席仍须设在桌后面对正门，但只设一个，并且不固定其就座者。举行仪式时，所有各方人员，包括签字人在内，皆应背对正门、面向签字席就座（见图 12—3）。签字时，各方签字人应以规定的先后顺序依次走上签字席就座签字，然后即应退回原处就座。

（三）合同文本的要求

（1）依照商界的习惯，在正式签署合同之前，应由举行签字仪式的主方负责准备待签合同的正式文本。主方应会同有关各方一道指定专人，共同负责合同的定稿、校对、印刷

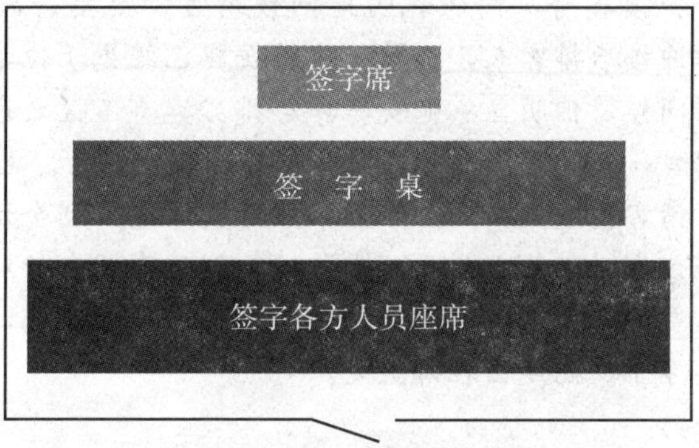

图 12—3　主席式签字排位

与装订。按常规，应为在合同上正式签字的有关各方均提供一份待签的合同文本。必要时，还可再向各方提供一份副本。

（2）签署涉外商务合同按照国际惯例，待签的合同文本应同时使用有关各方法定的官方语言。此外，亦可同时并用有关各方法定的官方语言。

（3）待签的合同文本应以精美的白纸印制而成，按大八开的规格装订成册，并以高档质料如真皮、金属、软木等作为封面（见图 12—4）。

图 12—4　合同文本

课堂练习

7 月 15 日是某国有大公司与美国 PALID 公司在多次谈判后达成协议、准备正式签字的日期。该国有大公司将公司总部 10 楼的大会议室作为签字现场，在会议室摆放了鲜花，长方形签字桌上临时铺设了深绿色的台呢布，摆放了中美两国的国旗，美国国旗放在签字桌左侧，中国国旗放在右侧，签字文本一式两份放在黑色的塑料文件夹内，签字笔等文具分别置放在两边，会议室空调温度控制在 20℃。办公室陈主任检查了签字现场，觉得一切安排妥当，他让办公室张小姐通知公司董事长、总经理等我方签字人员在会议室等待，自己到楼下准备迎接客商。

上午 9 点，美方总经理一行乘坐一辆高级轿车，准时驶来，司机熟练地将车平稳地停在楼前。陈主任在门口迎候，他见副驾驶座上是一位女宾，便以娴熟优雅的姿势先为前排女宾打开车门，并做好护顶姿势，同时礼貌地问候对方。紧接着，陈主任迅速走到右后门，准备以同样的动作迎接后排客人，不料，前排女宾已经先于他打开了后门，迎候后排男宾，陈主任急忙上前问候，但明显感觉女宾和后排男宾有不悦之色。陈主任一边引导客人进入大厅，来到电梯口，一边告知客人，董事长在会议室等待。电梯到达10楼后，陈主任按住电梯控制开关，请客商先出，自己后出，然后引导客人到会议室。在会议室等待的签字人员在客人进入会议室时，马上起立鼓掌欢迎，刘董事长急忙从座位上站起，主动向对方客人握手。不料，美方客人在扫视了会议室后，似乎非常不满，不肯就座，好像是临时改变了主意，不想签字了。问题出在哪里呢？

讨论题：

(1) 该国有大公司安排的这次签字活动有不当之处吗？请对其进行评判。

(2) 陈主任在迎接礼仪的安排和自己的迎送过程中是否有不到之处？

(3) 外方客人不悦和临时变卦的主要原因是什么？

二、签字仪式的程序

签字仪式的正式程序共分为以下四项。

(一) 签字仪式的正式开始

有关各方主要人员进入签字厅，在既定的位次上各就各位。

(二) 签署合同文本

通常的做法是，首先签署己方保存的合同文本，接着再签署他方保存的合同文本。商务活动规定：每个签字人在签署己方保留的合同文本时，按惯例应当名列首位。因此，每个签字人均应首先签署己方保存的合同文本，然后再交由他方签字人签字。这一做法，在礼仪上称为“轮换制”。它的含义是在位次排列上，轮流使有关各方均有机会居于首位一次，以显示机会均等，各方平等。

(三) 交换合同文本

此时，各方签字人应热烈握手，互致祝贺，并交换刚才使用过的签字笔做纪念，全场人员应鼓掌表示祝贺（见图12—5）。

图12—5　签约仪式

（四）饮酒互相道贺

交换已签的合同文本后，有关人员，尤其是签字人当场干一杯香槟酒，这是国际上通用的用以增添喜庆色彩的做法。

在一般情况下，商务合同在正式签署后，应提交有关方面进行公证，此后才正式生效。

案例分享

失败的签约

中国一家拥有6 000名职工的大型国有企业，为了避免破产，想寻找一家资金雄厚的日本企业作为合作伙伴。经过多方努力，这家企业终于找到了“意中人”——一家具有国际声望的日本大公司。双方经过长时间讨价还价的谈判，终于要草签合约了，全厂职工为之欢欣鼓舞。本以为大功告成了的中方人员，没想到在第二天的签字仪式中，公司领导到达签字地点的时间比双方正式约定的时间晚了10分钟。待他们走进签字大厅时，只见日方人员早已衣着整齐地排成一行，正在恭候他们的到来。中方领导请日方人员坐上签字台，日方的全体人员却整整齐齐、规规矩矩地向他们鞠了一个躬，随后集体退出了签字厅。中方领导莫名其妙，因为迟到10分钟对他们来讲实在不算什么。事后日方递交给中方一份正式信函，其中写道：“我们决不会为自己寻找一个没有任何时间观念的生意伙伴。不遵守约定的人，永远不值得信赖。”

举行签字仪式意味着合作即将大功告成，所以是一项非常郑重友好的活动，中方人员思想上不重视签字仪式，忽略了礼仪细节，导致前功尽弃。

技能训练

情景模拟签约现场。要求：

(1) 6人一组，签字双方2人，礼仪2人，陪同2人。

(2) 材料用具自备。

任务三　剪彩庆典隆重有序

知识认知

作为一种庆典形式的剪彩仪式，是指有关单位为了庆贺公司的设立、建筑物的启用、道路的开通、展览会的开幕等而隆重举行的一项礼仪性程序。因其主要活动内容是邀请专人使用剪刀剪断被称为“彩”的红色缎带，故称为“剪彩”。

一、剪彩准备周到细致

（一）场地的布置

整理环境卫生、调试灯光与音响、邀请媒体、培训人员等剪彩前的准备工作必须认真细致地做好。

（二）用具的准备

剪彩仪式上有些必备用具，如红色缎带、新剪刀、白色薄纱手套、托盘及红色地毯等，要仔细地进行选择与准备。

(1) 按照传统做法，红色缎带应由一整块未曾使用过的红色绸缎，在中间结成数朵花团而成。红色缎带上所结的花团，不仅要硕大、醒目，而且具体数目往往还同现场剪彩者的人数直接相关。有两类模式可选择，其一是花团的数目比现场剪彩的人数多一个；其二是花团的数目比现场剪彩的人数少一个。前者可使每位剪彩者总是处于两朵花团之间，尤显正式。后者则不同常规，亦有新意。

(2) 现场剪彩者须人手一把剪刀，剪刀必须崭新、锋利而顺手。

(3) 白色薄纱手套是专为剪彩者准备的。在正式剪彩时，最好每人戴上一副白色薄纱手套，以示郑重。

(4) 在剪彩仪式上所使用的托盘，最好是崭新、洁净的。通常选择银色的不锈钢制品。为显示正规，可在使用时铺上红色布或绸布。就其数量而论，在剪彩时，可以用一只托盘集中向各位剪彩者提供剪刀与手套，并同时盛放红色缎带；也可以为每一位剪彩者配置一只专为其服务的托盘，红色缎带也专由一只托盘盛放。

(5) 红色地毯主要用于铺设在剪彩者正式剪彩时的站立处。其长度可视剪彩者人数的多寡而定，宽度则应在 1 米或 1 米以上。在剪彩现场铺设红色地毯，主要是为了提升仪式档次，营造出一种喜庆的气氛。

知识拓展

剪彩的来历

剪彩的来历有两种说法。

一种说法称，剪彩起源于西欧。古代西欧造船业比较发达，新船下水往往吸引成千上万的观众。为了防止人群拥向新船而发生意外事故，主持人在新船下水前，经常在离船体较远的地方，用绳索设置一道“防线”。等新船下水典礼就绪后，主持人就剪断绳索让观众参观。后来绳索改为彩带，人们就给它起了“剪彩”的名称。

另一种说法称，剪彩起源于美国。1912 年，美国一家大百货商店将要开业，老板为了讨个吉利，一大早就把店门打开，并按惯例在门前横系一条布带，以引人注目。可是，在离开业前不久，老板 10 岁的小女儿牵着的一条小哈巴狗从店里蹿出来，无意中碰断了这条布带。顿时，在门外久等的顾客蜂拥而入，争相购买货物。不久，老板又开了一家新店，他又让其女儿有意把布带碰断，果然又财源广进。于是，人们认为该小女孩碰断布带的做法是一个好兆头，群起仿效，用彩带代替布带，用剪刀剪断彩带来代替小孩碰断布带，沿袭下来，就成了今天盛行的“剪彩”仪式。

二、慎重选择剪彩人员

（一）剪彩人员的组成

除主持人之外，剪彩人员主要由剪彩者与助剪者两部分人员组成。根据惯例，剪彩者可以是一个人，也可以是几个人，但一般不应多于 5 人。剪彩者多由上级领导、合作伙伴、社会名流、员工代表或客户代表担任。

（二）主剪彩人的位置

若剪彩者仅为一人，则其剪彩时居中而立即可。若剪彩者不止一人时，则同时上场剪彩时位次的尊卑就必须予以重视。一般的规矩是：中间高于两侧，右侧高于左侧，距离中间愈远者身份愈低，即主剪者应居于中央的位置。

（三）助剪者的工作

助剪者指的是在剪彩的过程中始终为剪彩者提供帮助的人员。一般来说，助剪者多由东道主一方的女职员担任。具体而言，又可以分为迎宾者、引导者、服务者、捧花者、托花者、托盘者等。

三、剪彩程序有条不紊

一般来说，剪彩仪式宜紧凑，忌拖沓，在所耗时间上越短越好，短则 15 分钟，长不超过 1 小时。剪彩仪式通常应包含如下六项基本的程序。

（一）请来宾就位

在剪彩仪式开始时，应敬请大家在已排好顺序的座位上就座。一般情况下，剪彩者应就座于前排。若其不止一人时，则应使之按照剪彩时具体的顺序就座。

（二）宣布仪式正式开始

主持人宣布仪式开始后，乐队应演奏音乐，全体到场者应热烈鼓掌。此后，主持人应向全体到场者介绍重要来宾。

（三）奏国歌

奏国歌时须全场起立。必要时亦可随后演奏本单位标志性歌曲。

（四）发言

发言者依次应为东道主单位的代表、上级主管部门的代表、地方政府的代表、合作单位的代表等。发言内容应言简意赅，每人不超过 3 分钟，重点分别应为介绍、道谢与致贺。

（五）剪彩

剪彩时全体热烈鼓掌，必要时还可奏乐或燃放鞭炮。在剪彩前，须向全体到场者介绍剪彩者。

（六）参观

剪彩之后，主人应陪同来宾参观主题现场仪式至此宣告结束。东道主单位可向来宾赠送纪念性礼品，并以自助餐款待全体来宾。

四、剪彩中的注意事项

(1) 当主持人宣布进行剪彩之后，礼仪小姐应率先登场。在上场时，礼仪小姐用托盘捧花排成一行，从两侧同时登台或从右侧登台。登台之后调整间距，自然拉直红色缎带。

(2) 剪彩者登台时，引导者在其左前方进行引导，使之各就各位。当剪彩者均已到达既定位置后，礼仪小姐便为其递上剪刀、手套。

(3) 剪彩者若不止一人，则其登台时亦应列成一行，并让主剪者行进在前。在主持人向全体到场者介绍剪彩者时，后者应面含微笑向大家欠身或点头致意。

(4) 在正式剪彩时，剪彩者应集中精力，右手持剪刀，表情庄重地将红色缎带一刀剪断。若多名剪彩者同时剪彩时，其他剪彩者应注意主剪者的动作，与其主动协调一致，力争同时将红色缎带剪断。按照惯例，剪彩以后，红色花团应准确无误地落入托盘者手中的托盘中，切勿使之坠地。剪彩者在剪彩成功后，可以右手举起剪刀，面向全体到场者致意。然后把剪刀、手套放回托盘，举手鼓掌。随后在引导者的引导下退场。退场时，一般是从右侧下台。

(5) 等剪彩者退场后，礼仪小姐方可列队由右侧退场。不管是剪彩者还是助剪者，在上下场时，都要井然有序、步履稳健、神态自然。在剪彩过程中，更是要表现得不卑不亢、落落大方。

课堂练习

某公司举行新项目开工剪彩仪式，请来了张市长和当地各界名流参加，请他们坐在主席台上。仪式开始时，主持人宣布："请张市长下台剪彩！"却见张市长端坐不动。主持人很奇怪，重复了一遍："请张市长下台剪彩！"张市长还是端坐不动，脸上还露出了一丝恼怒。主持人又宣布了一遍："请张市长剪彩！"张市长这才很不情愿地勉强去剪彩。

讨论题：请指出本案例中的失礼之处。

技能训练

模拟剪彩礼仪服务情境，要求10人一组。

综合实训

▷情境模拟

1. 情境背景

时间：20××年5月29日13:30—15:30。

地点：学院创业孵化园。

活动流程：

14:00　主持人宣布签约活动正式开始，介绍到场嘉宾。

14:10　亿丰集团董事长吴××发表讲话。

14:25　副校长张××教授发表讲话。

14:40　××学院与亿丰集团举行签约仪式，双方交换合约并签字，预示着双方开始正式合作。

15:00　开启香槟，倒香槟塔仪式。

15:10　媒体记者提问时间。

15:30　签约仪式结束。

请以办公室主任的身份为本次签约活动策划方案。

2. 实训目的

能够安排商务签约各个环节的工作，提前做好准备，在签约过程中礼仪服务到位，做到有条不紊。

▷社会实践

1. 实践场所

学院校企合作项目签约庆祝会场。

2. 实践要求

(1) 在庆祝会场上完成各项礼仪服务工作。

(2) 重点关注和体验签约仪式礼仪。

3. 实践目标

通过体验，记录服务现场涉及的礼仪细节知识，并写出自己的现场感受，汇总后提交实践报告。

模块四 服务岗位礼仪

随着人们物质生活水平的不断提高，一场消费领域内的变革正在迅猛进行，消费方式已由卖方市场转向买方市场，人们买的不仅是商品，还有服务。服务行业的空间也得到了拓展，无论是传统的酒店、旅游服务，还是现代的金融、物流服务，都因此被赋予了更严格的服务岗位礼仪规范。

21 世纪是一个服务的社会，“我为人人服务，人人为我服务”。服务职场的竞争不仅是硬件、环境、品牌的竞争，更是服务岗位从业人员的服务能力、服务素质等软实力的竞争。服务岗位礼仪就是服务人员在对客服务过程中通过规范标准的言行举止，展现出积极的服务态度和高超娴熟的服务技能，来满足服务对象需求的一种职业素质。学习服务岗位礼仪，维护好服务关系，赢得服务对象的接纳和尊重，从而达到提高岗位服务效益和美誉度的目的。

项目十三

酒店接待服务礼仪

任务要求

1. 前厅接待应充分展示规范有序、热情周到的礼貌礼节。
2. 客房服务应重点突出标准优质、创新特色的服务礼仪。
3. 餐厅待客应灵活运用因人而异、满意舒心的礼仪技巧。

职场启迪

敬语缘何招致不悦

一天中午，一位住在某饭店的外国客人到饭店餐厅去吃饭，走出电梯时，站在电梯口的女服务员很有礼貌地向客人点头，并且用英语说："先生，您好！"客人微笑着回道："你好，小姐。"当客人走进餐厅后，引位员发出同样的一句话："您好，先生。"那位客人微笑着点了一下头，没有开口。客人吃过午饭后，顺便到饭店的庭院中去散步，当走出大门时，一位男服务员又是同样的一句话："您好，先生。"这时客人下意识地只是点了一下头了事。等到客人重新走进大门时，劈头见面的仍然是那个服务员，"您好，先生"的声音又传入客人的耳中，此时这位客人已感到不耐烦了，默默无语地径直去乘电梯准备回房间休息。恰好在电梯口又碰见那位女服务员，自然又是一成不变的套话："您好，先生。"客人实在不高兴了，皱起眉头甩出一句话："难道我的名字是'您好先生'吗？你们酒店真没趣！"听罢，这位女服务员丈二和尚摸不着头脑……

酒店对客服务中，服务人员应遵守标准的礼仪服务规范，为宾客提供满意服务。但是，服务规范的运用应因人、因时、因地而异，灵活机动，不可教条、机械地生搬硬套，所以，酒店接待礼仪服务的宗旨是做到规范而人性化，用热情、优质、满意的服务充分体现对宾客的尊重。

任务一 前厅接待礼貌热情

知识认知

前厅是整个酒店的“门面”，是酒店形象的“窗口”。前厅服务关系全局，是酒店服务的重要环节，是展现酒店服务水平的第一站。热情的前厅接待将给顾客带来美好的第一印象，为建立良好的宾客关系打下坚实基础。因此，前厅服务人员的每一个接待服务环节都要做到规范有序、热情周到。

一、 恭候迎宾的礼仪

(一)形象规范， 站立到位

前厅迎宾时，迎宾员应统一着装，仪表整洁，仪容规范，站姿标准，站位准确面带微笑，热情恭候宾客的光临（见图 13—1）。其中，站立的位置很重要，要求不仅可以照看所辖区域，而且要易于观察、接近宾客，严禁抱肩、叉腰、倚物等不当举止。

(二)见面致意， 热情主动

宾客进入酒店正门时，迎宾员须主动为客拉门，做出横摆式“里面请”手势的同时，问候：“您好，欢迎光临!”“您好，欢迎再次光临!”如果是多位宾客，应一一问候每位客人（见图 13—2）。

图 13—1 前厅迎宾

图片来源：http：//news. 2500sz. com/news/zt/11n/lyfssbh/zsds/847473 _ 4. shtml。

图 13—2 为宾客开门

图片来源：http：//sucai. redocn. com/tupian/88831. html。

如遇客人乘车到来，问候致意的同时要适时为宾客打开车门。开门时要小心，左手开车门呈 70°左右，右手挡在车门上沿为客人护顶，注意扶老携幼。

行李员主动帮助宾客卸下行李并请其确认。在引领宾客行进过程中，随时用手势示意前进的方向，同时走在宾客左前方距其2～3步远处，尽量用外侧手提拿行李，步伐节奏与宾客保持一致。

知识拓展

开车门护顶禁忌

为宾客开车门时必须注意有两种客人不能护顶：一种是信仰佛教的客人，他们认为手挡在头顶上，会挡住佛光；另一种是信仰伊斯兰教的客人。判断客人是否为上述两种情况，应根据客人的衣着、言行举止、外貌等。

二、 前台服务的礼仪

（一）语言规范， 举止有礼

宾客入住时，前台接待员应主动招呼，欠身致意，微笑注视，热情询问。语言上要“请”字当头，“您”不离口，文明用语常挂嘴边。“请出示您的身份证件”“对不起，请问您是预订了一个标准间吧？”“谢谢，您住的房间号是508。”“这是您的房卡，请您收好！”

需要宾客签字时，应双手将文件正面朝向宾客，签字笔放至宾客右手边，示意其在规定位置签字确认（见图13—3）；在递交客房钥匙或现金时，应双手捧交，并提醒客人收好（见图13—4）。应努力记住宾客的姓名，尽量用姓氏称呼宾客以示尊重。

图13—3　为宾客办理入住手续

图片来源：http：//www.liwuli.com.cn/zixun/a/guanliyukongzhi/20140706/3580.html。

图13—4　规范递接证件物品

图片来源：http：//old.ethainan.com/hotels/hotel_detail.asp？hotel_id=261&act=pic。

（二）办理手续， 准确快捷

宾客来到前台，首先向其介绍酒店的基本情况、客房条件以及基本房价。了解宾客住宿要求后，准确快速地为其办理入住手续。如果同时接待较多的宾客，应注意先后顺序，依次服务。对后面因久等而发牢骚的宾客要及时安抚，主动道歉并请其予以谅解。

（三）行李服务，及时安全

宾客办理入住手续时，行李员应以正确的姿势站立在客人身后约 1.5 米处，等候并替其照看行李，时刻关注前台接待员，等其为宾客办妥手续后，主动上前接过宾客房间钥匙，引领其进房（见图 13—5）。

图 13—5 等待宾客办理入住手续

图片来源：http://www.tupian114.com/photo_209355.html。

课堂练习

列出前厅常用的服务用语——迎送语、请示语、咨询语、致歉语、婉拒语、问候语，两人结组进行对话训练。

三、领客进房的礼仪

（一）行路及设施介绍

引领宾客进房时，途经服务设施或项目，应热情主动地为其简要讲解。遇到拐弯时，及时侧身微笑示意，提醒宾客注意；上下楼梯时，靠右行走，注意姿态、位置和距离。

（二）引领客人乘电梯

乘电梯时，行李员按照规范的电梯引领礼仪服务入住宾客。如果行李较大，挡住宾客出路，则行李员先提出行李，并在电梯外按住按钮，请其走出电梯，然后继续引导（见图 13—6）。

图 13—6 行李员引领宾客进电梯

图片来源：http://business.qianlong.com/39665/2011/04/18/3862@6877779.htm。

（三）引领客人进房间

（1）到客房门口，行李员应先敲门待确认无人后，方可用钥匙开门进入。若是右向开的房门即用右手，反之用左手开门（见图 13—7）。

（2）开灯并确认为空房后，先请宾客进房。将行李放在行李架上，行李摆放应正面朝上，把手朝外，以方便宾客开箱，并请其确认。

（3）房间钥匙及房卡应交到宾客手上，若是放在茶几或写字台上，应向宾客交代一下“您房间的钥匙放在这儿了”。

图 13—7 引领进房

（四）说明室内设备

(1) 对初次来店的宾客，应言简意赅地介绍房间的设施；介绍时手势不宜过多，幅度不宜过大，以免其误会，以为是在索要小费。

(2) 对常来光顾的宾客只须交代安全出口、饭店新增服务项目和服务设施，没有必要详细说明房间设施。

（五）离开客房

(1) 宾客若没有其他要求时，行李员应道别并祝其在饭店过得愉快。

(2) 向宾客微微鞠躬后，倒退 2～3 步，转身离开房间，轻轻关上房门。

案例分享

“热情服务”惹来尴尬

午后，骆先生与朋友抵达国泰大酒店，行李员小李以标准站姿在门前迎接并问候：“您好，欢迎光临”，同时，协助其在前台办理入住手续并引领至客房，随手给他们沏好茶放在茶几上，说道：“先生，请用茶。”接着她又为客人介绍客房设施、设备：“这是空调开关，电视遥控器在这里……”这时，骆先生打断她的话头，说：“好的，谢谢！”但小李仍然继续：“这是客房小酒吧，桌上文件夹内有‘入住须知’……”未等她说完，其朋友便掏出钱包抽出一张人民币不耐烦地递给她。小李愣住了，随即尴尬地谢绝并退出房间。

对客服务中，一定要以宾客为中心，给宾客以宾至如归的体验。上述案例中的服务员小李只是一味例行公事地提供热情服务，但忽略了宾客的感受，没有把握好热情服务的“度”，存在欠妥之处。

知识拓展

不同国家、地区的数字禁忌

在为客人办理入住手续时，除了要了解宾客对客房的具体要求外，还要注意根据不同国家、种族的不同禁忌，为其提供满意的住宿环境。这就要求前厅接待员要准确掌握不同国家或地区宾客的风俗禁忌。

(1) 韩国：与中国的数字忌讳相同，韩国人也忌讳“四”（因“四”与“死”发音相近），饭店等建筑物没有第四层和四号房间。

(2) 新加坡：视 4、6、7、13、37 和 69 为消极数字，尤其忌讳“7”。

(3) 美国：忌讳数字 13 和星期五，忌讳黑色（象征死亡），要是“13 日”正赶上“星期五”被认为更不吉利。

(4) 加拿大：忌讳数字 13，也不喜欢星期五，尤视“13 日”同时又是“星期五”为最不吉祥的日子。

(5) 欧洲国家：英国人普遍忌讳 13，还忌 3，英国和法国人在送花时，枝数和朵数都不能是 13 或双数；意大利人也忌讳送双数，认为双数不吉利；俄罗斯人忌讳数字“13”，不喜欢星期五，他们视“7”为吉祥数字，同样送花时枝数和朵数都不能是13或双数。

技能训练

训练前厅服务技能

1. 分三组（行李组、前台接待组、宾客组）角色扮演且适时互换，模拟VIP接待服务。
2. 主要内容：迎接宾客、办理入住手续、引领宾客进房。
3. 要求：礼仪规范，服务流程标准，角色定位准确。

任务二　客房服务标准优质

知识认知

客房是酒店的重要组成部分，为宾客提供全天24小时的服务，“宾至如归”一直是酒店追求的目标。下榻酒店的宾客来自不同的国家和地区，他们的生活特点、宗教信仰、风俗习惯也有所不同，这就决定了客房服务人员在服务礼仪上要注意多样性，确保提供优质服务，让客人处处感到安全、舒适、整洁、安静。

一、客房服务的礼仪要求

（一）严于律己，遵守制度

客房是宾客的“家外之家”。为了给宾客提供优质服务，酒店对服务人员的服务流程、服务技能、服务规范等都制定了相关制度，客房服务人员应严于律己，自觉执行各项制度。如工作时规范着装，仪表整洁，讲究个人卫生。工作前不吃带异味食品。严禁在楼层喧哗、追逐、闲聊，搬运物品要轻拿轻放，保持楼层安静、舒适。若遇宾客讲话声音过大时，应礼貌提醒其保持楼面安静。携带清洁用具（拖把、抹布等）进入楼层工作，应把清洁用具放在桶内和清洁篮内，不得随手提携。不要随便打开宾客房门，保证宾客财物安全。应自然大方地为宾客服务，但不宜过分亲近。未经允许，不要随意抱宾客的小孩或摸小孩的头部，因为在一些信奉佛教的国家忌摸头部，认为那是不吉利的。

（二）用心服务，创新特色

在客人个性化需求越来越多的今天，酒店不仅要为宾客提供规范化的服务，更要提供个性化的服务。客房服务人员不仅要做“规范人”，更要做“有心人”。如遇宾客住房期间过生日，要送上生日的祝福；如遇宾客要矿泉水，就不能按惯例冲泡茶水；如遇宾客手持地图，就要送上一份交通指南。个性化的服务不是服务技能的问题，而是服务意识和服务态度的问题。意识和态度来自对服务工作的热爱，来自对宾客的一份尊重，只有用心服务，才能不断创新，不断提供优质特色的服务，让宾客真正有宾至如归的感受。

二、客房整理的礼仪规范

（一）选择清扫的时间

清扫房间应尽量避免打扰客人，最好在宾客不在房间时进行。否则，须征得宾客同意后方可进行，以不打扰宾客活动为准。

（二）注意门外挂的牌子

凡门外挂有“请勿打扰”牌或亮勿扰灯的，禁止敲门进房。若下午 2 点钟，仍未见宾客离开且房内也无声响，应打电话询问。若仍无人接听，应考虑客人可能生病或发生其他情况，此时要立即向领班反映，采取相应措施。

（三）进房前敲门通报

(1) 站在房门适当位置，不要靠门太近。

(2) 用食指或中指敲门，敲门时应有节奏（先一下，后两下），严禁用手拍门或用钥匙敲门（见图 13—8）。

(3) 等候宾客约 5 秒钟，同时微笑面对窥视镜，以利于宾客观察。如无人应答，应重复上述动作。

(4) 开门进房动作要轻，并清楚通报“House-keeping”“您好，客房服务员”。

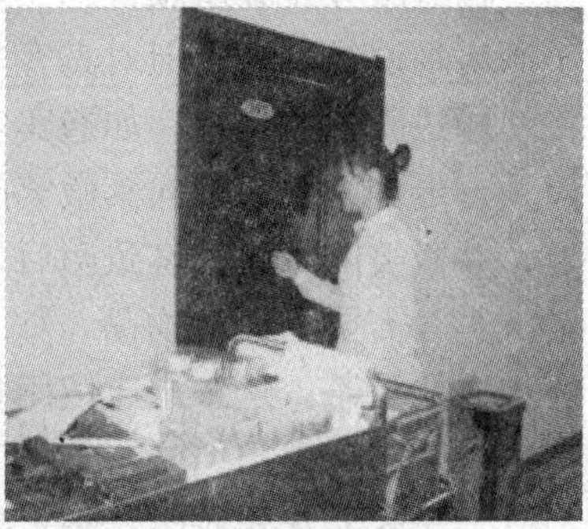

图 13—8　敲门通报

案例分享

急促的敲门声

经过岗前培训，小王被分配到酒店楼层做客房服务员，第一天上班，她满怀信心，相信自己一定能够胜任这份工作，为宾客提供满意加惊喜的服务。下午，她接到客房服务中心通知，1501 房间的张女士因客人来访要求服务员马上为其整理房间。小王接到通知立刻来到 1501 房间门口，由于怕影响客人来访时间，敲门也急促了起来，张女士听到急促的敲门声以为发生了什么事情，着急开门时不小心扭伤了脚，小王也因此遭到了投诉。

敲门通报是客房服务中的一个基本礼仪，案例中小王因为敲门致使宾客受伤从而遭到投诉，也许这是一个很偶然的、很小的疏忽，但却因小失大。在酒店接待工作中，事无大小，都必须严格按照酒店礼仪规范来处理，讲究礼仪艺术。

（四）进房后全面清扫

(1) 清扫住客房间时，不得乱动宾客物品。因清扫需要移动的，要及时物归原处，小心轻放，不要损坏（见图 13—9）。若不慎打坏杯盘，应表示歉意并立即清扫；如宾客不慎损坏易耗物品，应给予安慰并马上更换。

图 13—9　客房清扫服务

(2) 如宾客中途回房，请客人出示房间钥匙或房卡，确认后，要征求客人意见，是否需要继续清扫。如遇宾客工作、会客，不要插话或以其他任何形式打扰，更不能当着来访朋友的面要求付账。

(3) 宾客午间休息起床后，应及时进行客房小整理服务；利用宾客晚餐时间做好“开夜床”服务。

(4) 整理服务过程中，不得在客房内使用电话或接听宾客电话，以免引起误会。

三、 客房输送的礼仪细节

输送服务是客房服务的一项日常工作，看似无大事，但小事即大事，因为很多事情对于酒店来说是“1”，但对宾客来说却是“100”。礼仪体现于细节，细节展示的是品质。

输送服务过程中，如遇宾客迎面而来，应放慢行走速度，距离宾客 2 米左右时，主动停止行走，站立一边向其微笑问候。在过道行走时，见宾客前来或要超越，应主动侧身让道，并微笑问好。宾客致谢后，要说“不用客气”。

宾客需要的任何物品，如小刀、纸、笔等，必须用托盘输送。来访客人及贵宾入住，要送上礼貌茶。送茶水应使用托盘，动作要轻快，将茶具摆在宾客所坐附近的桌面上，出来时随手轻轻关门。

当宾客要求送餐时，一定要记清宾客的姓名、用餐人数、送餐时间、房间号以及点餐的品种、规格、数量等，记录完毕后要向宾客重述一遍，以免出错。确认无误后，通知餐饮部，或将订餐卡片送到餐饮部。然后，根据宾客订餐情况备好餐盘或餐车，届时把握好送餐、整理、结账等细节。

技能训练

训练客房整理服务技能

1. 准确描述客房整理服务流程，讲解每个流程中的礼仪细节。

2. 根据客房服务要求模拟训练，重点训练服务程序、服务语言、仪态举止礼仪等内容。

任务三 餐厅待客满意舒心

知识认知

餐厅是宾客用餐的主要场所，其服务质量的好坏，直接影响酒店的经济效益和声誉。餐厅服务员不仅应掌握餐厅服务的专业技能，同时也必须懂得和遵守服务中的各项礼仪规范，使宾客在享受美味佳肴的同时，也能享受到满意舒心的服务。

一、 迎宾礼仪

迎宾服务是餐厅为宾客提供服务的开端，礼貌得体、优雅大方的迎宾服务，在服务宾客的同时，也会为餐厅树立良好的形象。

餐厅迎宾员上岗前须自查仪容仪表，做到仪表整洁，仪容端庄，精神饱满（见图13—10)。

图13—10　迎宾服务

图片来源：http：//www.lypx.com.cn/zhengxingzhongxin/longrumeixiong/7855.html。

宾客到达时，迎宾员应站姿优雅、面带微笑问候客人："您好，欢迎光临，里面请。"如果是男女宾客同来，要先问候女宾，再问候男宾。见到年老体弱的宾客要主动搀扶。

案例分享

"我可以称你为'小姐'吗?"

经过岗前培训，服务员小刘以扎实的服务技能通过考核，被分配到餐厅做服务员。她对做好这项工作充满信心，接待工作的确也颇为顺手。在一次席间服务中，有一位男客人说道："小姐，我们再点两个菜。"说完看着小刘问道："我可以称你为'小姐'吗?"面对这个比较刁难的问题，小刘直视客人并微笑着回答道："当然可以，只要您对小姐的理解是正确的。"小刘灵活巧妙的回答和自信的微笑既使她避免了尴尬，同时也没有引起客人的不快。

微笑服务是餐饮服务的基本服务礼仪，友善的微笑自不待言，可以使宾客如沐春风，感受到充分的尊重。同时，微笑也是自信的一种表现。

二、引座礼仪

宾客进入餐厅，引领员应立即面带微笑上前问候，手势示意"里面请""请跟我来"，走在宾客左前方约 1.5 米处，将其引领到相应位置。

对未预订的宾客，应根据具体情况灵活引座。一般情况下，将打扮时髦、性格开朗的女士引领到醒目的位置；将情侣、夫妻可引领到餐厅一角较安静的区域就餐；将年老体弱的宾客尽量引领到出入方便的地方；若有重要宾客光临，更要充分尊重宾客意愿，将其引到餐厅最佳位置。有预订的宾客，非特殊情况不可随意更改位置。

宾客入座时，服务员应按先宾后主、先女宾后男宾的顺序及时拉椅让座。如有儿童用餐，要主动调整座椅，方便儿童入座。宾客需脱衣帽或安放随身携带的物品时，要主动协助。

宾客就座后，应及时“送茶候餐，递巾暖客”。

三、 点菜礼仪

（一）恭请点菜

如果不是事先包餐，餐厅值台员应及时主动递上菜单，请宾客点菜。同时，微笑站在点菜客人的右侧，身体不要倚靠餐桌，上身微前倾，耐心等候；认真、准确记录宾客点的菜肴，点菜完毕，复述一遍，请其确认。

（二）当好参谋

接受点菜时，热心当好参谋。根据宾客的就餐目的、人数、饮食偏好，介绍本店的特色菜、畅销菜、时令菜等，协助宾客控制好菜品的搭配及数量。

（三）灵活机动

如遇宾客点到已无原料的菜品，应礼貌致歉解释，求得宾客谅解，并婉转建议宾客点其他菜品，注意语气要亲切委婉：“我们这里的××菜很有特色，您可以试试!”如宾客点出菜单上没有的菜肴时，不可一口回绝，可以说：“请允许我与厨师长沟通一下，我们会尽量满足您的要求。”对宾客饮食上的特别要求，应灵活机动，妥善处理。

案例分享

酸辣汤的启示

服务员小赵刚上班，便迎来一对青年夫妇，点菜过程中，得知妻子刚怀孕三个月，胃口一直不好，今天特别想吃酸辣汤，但此时饭店并不供应酸辣汤。经过小赵与厨师的沟通，为他们特制了酸辣口味的两菜一汤，用餐完毕后，丈夫感激地告诉小赵，妻子对饭菜特别满意，吃得也比平时多，并表示“孩子的满月酒一定会来这里办”。几个月后，这对夫妇真的抱着孩子带着亲朋好友再次光临酒店，并再次向小赵致谢。

因人而异，满意舒心的真情服务，可以大大增加宾客的满意度，而宾客的满意度会带来宾客的忠诚，宾客的忠诚必然会扩大酒店知名度，从而带来酒店的持久发展。

四、 席间服务礼仪

（一）斟酒有礼

斟酒前，应向宾客示意，征求意见。在开瓶前应以左手托瓶底，右手扶瓶口，酒标面向宾客，经宾客查验确认后方可打开瓶盖。

斟酒时，服务员应站在宾客的右侧，右手拿瓶斟倒，动作要稳，手法要轻。斟酒的顺序一般为先宾后主、先老后幼、先女后男，或者顺时针方向依次进行（见图 13—11）。

图 13—11　斟酒服务

图片来源：http：//www.zhms.cn/News/ms_liyi/2014—4/20144868041.htm。

（二）上菜有序

(1) 上菜的顺序。先冷盘，后热菜，依次是汤、面点，最后是水果。冷盘一般在开席前几分钟端上餐桌，宾客入席后，冷盘吃至一半左右时，上第一道热菜。当然上菜的顺序和速度也不是教条的，各饭店、各派系有所不同，一定要遵照入乡随俗的礼仪原则。

(2) 上菜的位置。上菜肴时，应选择方便上菜的位置，不要从宾客、老人和小孩坐的位置上菜。菜点摆放要注意台面整齐美观和菜品荤素、颜色的搭配，要随时调整，将新上的菜品放在主宾面前，以示尊重。另外，上菜时，应提醒宾客注意，报出菜名并简单介绍其特色，请宾客慢用（见图 13—12）。

图 13—12　上菜服务

图片来源：http：//sucai.redocn.com/tupian/537071.html。

知识拓展

上菜的礼仪习俗

上热菜中的整鸡、整鸭、整鱼时，中国传统的习惯是“鸡不献头，鸭不献掌，鱼不献脊”，即上鸡、鸭、鱼时，不要将鸡头、鸭尾、鱼脊对着主宾，而应当将鸡头与鸭头朝右边放置。上整鱼时，鱼腹可向主人，由于鱼腹的刺较少，肉味鲜美腴嫩，所以应将鱼腹而不是鱼脊对着主宾，表示对主宾的尊重；鱼眼朝向主人，鱼尾应朝向第二主人与第三或第四宾客（如果是转台，服务人员应该把以上鱼的部位转到位）；也可以根据宴会是否用酒，喝酒的习惯或习俗确定鱼的位置（一般上鱼的时候，鱼头冲客人，表示对客人尊重。这个时候，客人要喝鱼头酒，尾巴方向的人要喝鱼尾酒，一般是“头三尾四”“高看一眼”“腹五脊六”等）。

课堂练习

设计一份 10 人席的菜谱，列出上菜的顺序，画出菜品的摆放位置。

（三）服务有道

宾客用餐期间，服务人员要神情专注，眼观四面，耳听八方，随时迅速应答宾客的招呼，提供各种周到的服务。如及时把宾客已使用完毕的骨碟、菜盘、烟灰缸以及用不着的餐具、用具撤下桌，并根据需要换上干净的餐具、用具。如有宾客不慎掉落餐具，应及时更换。

服务要一视同仁，不能厚此薄彼，对宾客提出的各种要求，不得置之不理，合理要求要及时完成，确实无法满足时，要耐心解释，表示歉意。如果宾客提出无理要求，要妥善委婉处理。

五、 送客服务礼仪

宾客用餐完毕，应使用账单夹或小托盘为其结账并表示感谢。

宾客起身离席时，要及时为其拉开座椅。如有需要，迅速协助客人将剩余菜品打包。提醒有无遗留物品，及时将衣帽准确递给客人并诚挚道别。

宾客走至餐厅门口，迎送人员拉门送客，诚挚欢迎宾客下次再来，目送宾客离开。

技能训练

各小组画出一个完整的餐厅服务流程图。要求标出各服务环节中的礼仪细节关键词，流程图要突出知识性和美观性，完成后由组长解读。

综合实训

▷情境模拟

1. 情境背景

罗芳因公出差下榻华泰大酒店，入住期间，她无论是到前厅、客房，还是去用餐，都能够感受到服务人员热情周到的接待，为此她非常满意。

2. 模拟要求

(1) 分组：6人一组，分别扮演客人、行李员、前台服务员、客房清扫服务员及两名餐厅服务员。

(2) 客人下车，前厅服务员负责迎接客人、搬运行李、办理入住手续、引领客人进房及介绍房间情况。

(3) 客房清扫服务员负责客房清扫工作。

(4) 餐厅服务员负责客人午餐时的领位、席间服务和结账工作。

3. 实训目的

掌握酒店服务与管理中核心岗位礼仪规范和礼仪技能；巩固三个部门服务流程中的礼节、形象、语言等礼仪知识；强化学生对客服务的礼仪意识，塑造良好的职业形象和职业魅力。

▷社会实践

1. 实践场所

四星级（含）以上酒店。

2. 实践要求

（1）观察并记录酒店前厅、客房、餐厅三大核心部门服务岗位人员在对宾客服务的过程中展现的服务礼仪。

（2）通过采访、咨询、实操等方式对重点礼仪服务环节进行深入了解并适时体验。

3. 实践目标

在真实的酒店服务环境中领悟礼仪对服务工作的重要性，体验酒店接待礼仪服务流程，并写出实践体会。

项目十四

银行网点服务礼仪

任务要求

1. 柜面服务要规范有礼、准确高效，提高客户满意度。
2. 大堂经理要明确职责、协调办理，提供完善的服务。
3. 业务营销应以客为尊，提供差别化服务，提高客户忠诚度。

职场启迪

为您而变

某日，张先生来到某银行网点取了20万元现金，并对柜员说："小姐，我要把这些钱存到另一家银行归还房贷，你能不能派个保安陪我过去?"柜员为难地说："不好意思，在岗的保安只负责营业厅内的客户财产安全，况且，保安的行动，我没有权力支配呀。"看到张先生无奈的表情，柜员紧接着说："您先别着急，我马上请大堂经理来帮忙……"大堂经理很快礼貌上前，微笑着对客户解释："对不起，我们这里的在岗保安不能脱岗。您要是同意的话，请稍等一下，我请示一下保安室，可否另派一名保安!"稍后，大堂经理帮张先生联系好了另外派出保安事宜，并由一名营销理财经理陪同，安全陪护张先生到达另一家银行。张先生对该网点的服务非常满意，并成为该银行的忠诚客户。

银行网点服务关系到客户的切身利益，在实际工作中，无论是柜面服务、大堂服务，还是业务营销服务，都应牢记"客户的满意是服务的最高宗旨"。所以，银行网点服务既要遵守规则，严谨规范，同时还须做到以客为尊，因客而变，体现人性化，用热情、优质的服务提高客户满意度，培养客户忠诚度，这样，银行才能最终获得更大的收益。

任务一　柜面服务规范高效

知识认知

银行柜员岗位是办理金融业务的重要窗口，柜面服务是工作人员接触客户最频繁、最直接的服务环节，也是银行网点礼仪服务水平的集中体现。客户来到网点，最基本的需求就是业务办理顺利顺心，那么，柜面服务礼仪应重点渗透在服务的形象、语言、办理流程三个方面，切实提供规范高效的客户服务，提高客户满意度。

一、柜面服务形象礼仪规范

（一）柜员仪容修饰礼仪

1. 发型修饰

男士柜员发型应符合职场形象礼仪规范的要求，即前不覆额、侧不盖耳、后不触领。女士柜员发型长发统一盘起，并佩戴银行统一的发饰，短发型要自然利落，刘海不过眉毛。

2. 面容修饰

面容洁净，口腔无异味，精神饱满。男士柜员不留胡须，不留大鬓角，注意保持鼻孔整洁，鼻毛不外露。女士柜员应化职业淡妆，不佩戴有碍服务、张扬个性的首饰。

3. 手部修饰

双手保持清洁无污垢，不戴夸张的戒指和手链手镯，禁止留长指甲，不涂有色指甲油。

（二）柜员仪表形象礼仪

柜面服务人员上岗期间必须统一着银行发放的职业工装，并按规定正确穿着，保持工装平整，体现职业规范。换季时，应在同一时间统一换装。

工号牌要每天佩戴，且佩戴位置要统一整齐。男士戴在西装或衬衣的左胸兜口正上方，女士戴在左胸锁骨下一掌高度处（见图 14—1）。

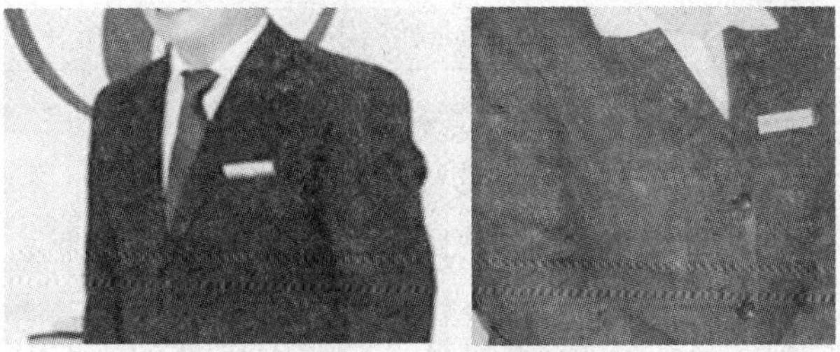

图 14—1　男女士工号牌佩戴正确位置

柜面服务形象职业规范还要注意下列几项细节要求：

（1）衬衣衣摆必须束入裤腰或裙腰内。

（2）不能戴套袖或衣袖外翻。

（3）男士领带结与衣领要贴合，女士丝巾打法要统一，女士夏季丝袜只能选择肉色连裤袜，且保持完好无破损。

（4）工装必须配黑色皮鞋，即使夏季也不能穿拖鞋、露趾凉鞋和无跟鞋上岗。

二、 柜面服务语言礼仪规范

（一）待客有 “五声”

1. 来有迎声

“您好，欢迎光临。”“您好，请问您需要办理什么业务？”

2. 问有答声

“好的，请稍等，我马上为您办理。”“您的业务需要出示身份证。”

3. 助有谢声

“谢谢您的支持。”“感谢您的理解！”

4. 误有歉声

“对不起，让您久等了。”“对不起，您的填写有误，请重新填写单据。”

5. 走有送声

“您的业务已办理完毕，请慢走，再见。”“谢谢您的光临，祝您生活愉快！”

（二） “八句” 不能讲

1. 伤害客户感情的话不讲。
2. 损害客户人格的话不讲。
3. 埋怨责怪客户的话不讲。
4. 粗话、脏话、无理的话不讲。
5. 讽刺、挖苦客户的话不讲。
6. 损害信誉形象的话不讲。
7. 有碍服务工作的话不讲。
8. 影响服务效果的话不讲。

案例分享

“按章”办事惹急客户

某日，张先生来银行存款，存款金额10万元，存入活期存折，存折户名为李小姐，当前台柜员在点钱时，发现第三把中有一张面额100元的假钞。柜员说：“你的存款中有一张假钞，按规定我们要没收。”张先生：“你怎么能说是假的，给我看一下。”柜员：“一看就知道是假的，假钞没收后就不能再给客户了。”张先生：“你把10万元钱给我，我不存了。”柜员说：“您不存了也不能给您这张假币，发现了假币我们就是要没收，这是铁的制度。”张先生想要回假币未果，情绪激动。柜员不加理会，“按章”办事。

柜面服务应照章办事，但是一定要认真斟酌服务语言，换位思考，体谅客户的情

绪。这种情况发生后，柜员应努力安抚客户，耐心对客户解释："对不起，人民银行规定，假币必须没收，我会给您开具假币收缴凭证，您可以向付款人追索。"在客户坚持要拿回的时候，更应该体贴安慰，并恰当转移话题："很抱歉，真的不能给您。今天，您是假币的受害者，但您一定不想让其他人再受这张假币的危害吧。我可以告诉您识别假币的几种方法，避免您再收到假币。"

课堂练习

列举银行网点柜面服务时常用的服务敬语及容易疏忽的服务忌语。

三、 柜面服务流程礼仪规范

柜面服务的礼仪体现在接待客户、办理业务的服务环节中，其中最基本的服务流程有七步，每步中的礼仪细节要求如下。

（一）举手招迎

银行网点柜员操作叫号机的同时，采取举手迎客的手势示意客户到相应柜台办理业务。在此过程中，柜员应目视客户，面带微笑，保持规范的站姿，左手按下叫号机，右手举起，五指并拢，掌心向外，手肘弯曲 90°，示意客户前来办理业务（见图 14—2）。

图 14—2　举手招迎

（二）亲切问候

在规范站姿的基础上，身体微微前倾 15°，右臂呈斜摆式手势伸出，右手五指并拢，手心向上 45°，引导客户坐下，配合礼貌用语为："您好""欢迎光临""您请坐"。等待客户入座后，回收叫号单，询问客户："请问您需要办理什么业务？"（见图 14—3）。

图 14—3　亲切问候

（三）双手接收

柜员在得知客户的具体业务后，双手接过客户递来的物品，动作要轻稳、恭敬有礼：“请稍等，马上为您办理。”（见图 14—4）。

图 14—4　双手接收

（四）巧妙营销

在办理业务过程中，柜员要根据客户情况及业务类型时刻保持营销意识，适时宣传银行业务：“我正在为您办理业务，您可以先关注一下我行最新的理财产品。”“这是我行最新的业务，请您了解一下吧。”并及时递出宣传折页资料或明示窗口营销台卡，充分利用一切机会宣传营销本行金融业务或产品（见图 14—5）。

图 14—5　巧妙营销

（五）快速办理

主动招呼客户，及时进行信息沟通；准确及时判断是否符合业务办理条件，在办理过程中，注意遵循“一次性告知”原则（见图 14—6）。

图 14—6　快速办理

办理现金业务时，要提示客户：“请看我为您复点现金。”“请看计数器。”

办理需要客户输入密码的业务时，应使用规范用语和规范手势，示意客户：“请您输入密码。”

需要客户签字时，请注意单据文字方向要正对客户，并指明签字处，提醒：“请您核对无误后，在单据的右下角签上您的姓名”。

（六）双手递送

办完业务后，还要根据情况询问：“请问您还需要办理其他业务吗?”如果没有，柜员要双手递出钱、卡、折等物品，同时提醒客户：“您的业务已办完，请收好您的卡（或存折）。”（见图 14—7）注意避免抛、掷等不礼貌的错误失礼动作。

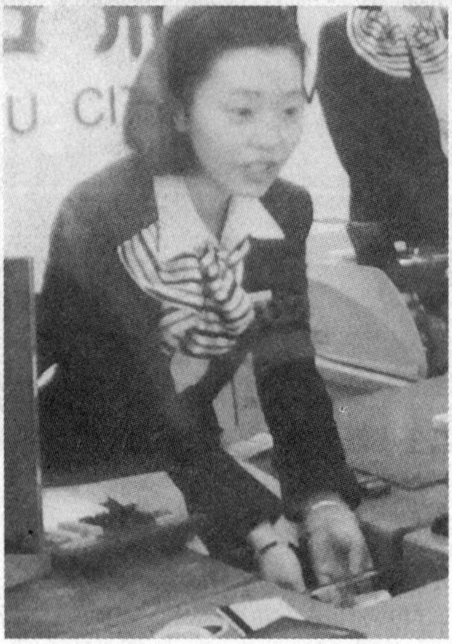

图 14—7　双手递送

（七）目送客户

客户起身离柜时，柜员要站立目送，并说出“再见，请慢走”或“欢迎下次光临”等礼貌用语（见图 14—8）。

图 14—6　目送客户

知识拓展

银行网点综合柜员制度介绍

银行营业机构劳动组织形式经历了从复核制到柜员制，再到综合柜员制的发展。目前我国大多数银行都开始实现综合柜员制。

综合柜员制是指在面向客户、面向交易的思想指导下，在具备严密的监控条件下，打破原有的业务分工界限，根据业务核算制度和操作规程，由柜员独立完成各项业务操作并承担相应责任的劳动组织形式。同时通过限制操作人员的操作权限、主管人员严格进行授权的方式实施业务控制。

技能训练

分两组（银行柜员组、客户组）进行角色扮演且适时互换，模拟柜面接待服务流程。

要求：服务流程标准，服务用语、服务仪态礼貌规范。

任务二　大堂服务周到完善

知识认知

银行大堂服务是营业网点建立和维护客户关系的核心，大堂经理岗位是接待客户的第一站，在整个营业网点服务中起着举足轻重的作用，是银行改善服务质量、提高银行品牌形象的一个重要岗位。大堂经理要切实履行岗位职责，不断提高服务能力，为客户提供周到完善的服务。

一、 大堂经理岗位礼仪要求

（一）明确岗位职责， 准确定位岗位角色

大堂经理岗位有五大核心职责，即引导分流客户、提供指导咨询、识别推荐营销、维护营业现场、客户异议处理。

只有明确了岗位职责，定位了岗位角色才能提供周到完善的服务。

岗位职责决定了大堂经理要担当网点服务多面手的角色，既是管理者又是服务大使，既是形象代言人又是产品营销员。

（二）培养礼仪素质， 不断提高服务能力

大堂经理要做到眼勤、口勤、手勤、腿勤，穿梭服务于客户之间。大堂经理的礼仪素质要求体现在以下八个方面：

(1) 服务态度要热情。

(2) 服务语言要文雅。

(3) 迎送客户要礼貌。

(4) 引导分流要迅速。

(5) 关心客户要诚恳。

(6) 遇到矛盾要谦让。

(7) 处理问题要及时。

(8) 宣传解释要耐心。

(三)掌握语言规范，体现文明优质服务

大堂经理的服务语言要做到热情、礼貌、文明、规范，掌握基本服务话术，体现高效优质服务（见表14—1）。

表14—1　　大堂经理服务标准话术

大堂标准语十五句	1. 您好，欢迎光临××银行！
	2. 请问您办理什么业务？
	3. 请问您是用卡还是用折？
	4. 两万元以下、本地卡、整额存取款，可到自助设备办理。
	5. 很简单的，我可以帮您操作，请跟我来。
	6. 请您先取号。
	7. 请您先填单。
	8. 请您到休息区等候，注意不要错过叫号。
	9. 请让我看一下您之前取的号单。
	10. 这是我行热销的××××，比较适合您这样的客户，您可以了解一下。
	11. 请您稍等，我为您联系理财经理/账户经理/对公客户经理，他可以给您提供更专业的解答。
	12. 您好，我陪您到理财室/VIP室去办业务好吗？
	13. 您好，这是我们的理财经理××/对公客户经理××，让他为您服务好吗？
	14. 请您到××柜台办理。
	15. 再见，请慢走！
大堂常用语六句	1. 请稍等，我为您复印身份证。
	2. 感谢您的耐心等候。
	3. 请您注意资金安全。
	4. 请问我解释清楚了吗？
	5. 不客气，这是我们应该做的。
	6. 很抱歉，我们马上为您办理。

二、大堂服务流程礼仪规范

(一)营业之前的准备工作——注重细节，面面俱到

(1) 通过晨会自查互查仪容仪表是否符合职场形象规范要求。

(2) 整理好工作台面上的工作日志等业务资料，检查网点宣传资料、客户意见簿、所需的办公用品等资料是否齐备，摆放是否整齐、有序。

(3) 检查网点电子显示屏及告示栏内容是否及时更新，是否有过期信息。检查老花镜、签字笔、验钞机、碎纸机等服务用品是否放置在方便客户取用的位置，并能正常使用。

(4) 检查银行网点内外的环境是否整洁卫生。

（二）营业期间工作——全面协调，完善周到

1. 开门迎客

营业起始，大堂经理应与网点负责人一起分别在网点内大门两侧以标准的站姿站好，面带微笑迎接第一批客户（见图 14—9）。

图 14—9　开门迎客

当客户进门时，要使用标准的礼貌用语问好致意："您好，欢迎光临！"同时行 30°鞠躬礼，以展示热情的欢迎与尊重。

2. 引导分流

客户进入网点时，要主动上前问候致意，根据业务情况，快速、准确地识别和疏导客户到相应的业务区办理业务（见图 14—10），鼓励并帮助客户选用自助设备办理业务。

图 14—10　引导分流

课堂练习

练习引导分流标准的服务语言：

（1）您好！请问您需要办理什么业务？
　　办理该种业务需要您的有效证件，请问您带证件了吗？
　　请出示您的××证，谢谢！

（2）您可以通过我们的××（相关办理渠道）办理，这样更快、更方便！

（3）请您先取号！

（4）请您到休息区等候，注意不要错过叫号！

（5）请您到××柜台办理！

3. 咨询指导

指导客户填写有关凭证；对老、弱、病、残、孕、幼等客户给予特殊关心，提供服务便利；指引客户在休息区等候，安抚等候客户情绪，提醒客户注意大屏幕叫号，并协助其完成柜前业务。

接受咨询时，回复应简明扼要，避免使用客户不理解的专业术语（见图 14—11）。

图 14—11　咨询指导

4. 现场管理

随时巡视、维护网点大厅的环境卫生（见图 14—12）；及时补充、整理业务单据和宣传资料，发现设备故障时，应及时修理并做好对客户的解释工作。客流量过大时，维护好网点秩序，引导客户使用排队管理系统，在没有排队管理系统的网点，要做好柜面“一米线”的维护工作。协助网点负责人做好各项协调工作，关注柜面动态，及时发现、提醒和纠正柜员的不规范服务行为。

图 14—12　现场管理

5. 营销产品

营业期间，大堂经理适时征询客户同意，向在休息区等候办理业务的客户发放业务宣传资料，根据客户需求，主动向客户介绍、推荐金融产品（见图 14—13）。

图 14—13　营销产品

6. 礼貌送客

客户离开网点时，大堂经理要礼貌送客，规范使用道别语："谢谢您的光临，很高兴为您服务""请慢走，再见"。对需要照顾的客户及优质客户更要送到网点大门外，可行15°欠身礼（见图 14—14）。

图 14—14　礼貌送客

（三）营业终了工作——清场检查，善始善终

1. 清场疏导

营业结束后，送别最后一批客户，有序地做好清场疏导工作；关闭排队机、利率牌（屏）等网点内设备的电源。

2. 检查维护

检查设施设备是否运行良好、整洁干净。若发现故障，及时通知有关部门进行修理，保证第二天的正常使用。查阅《客户意见簿》，对客户意见做出回复，并向网点负责人反馈。必要时根据问题情况跟踪维护客户，拟订工作计划。

3. 总结记录

总结记录当日工作情况，填写工作备忘日志。

案例分享

细心巡视，敏锐观察，避免客户资金损失

2010 年 8 月 2 日下午 3 点，工商银行莆田分行乐园支行大堂经理黄敬开始日常的银行自助设备机具巡查，这时她发现有一位 40 来岁的女顾客在取款机前边打电话边操作自动取款机，看情景她是在按照通话对方的提示进行操作，凭着多年从事银行工作的经验，黄敬觉得有点可疑，就上前问个究竟。顾客是某商场女员工。她说是教育局的人打电话，告诉她有一笔 2 500 多元钱孩子的义务教育费要返还给学生家长，叫她拿卡到银行自动取款机转账就可收到。黄敬一听就知道这是一个骗局，他告诉该客户，她这是把自己的钱转出给别人，而不是接收别人的钱。这位女顾客如梦初醒，立即中止进行了一半的操作。黄敬让客户打电话向莆田市教育局核实情况。教育局的人说根本没有返还义务教育费这回事，还说最近很多人受骗上当。顾客在工行大堂经理黄敬的提醒下，避免了经济损失，连声向黄敬道谢。

急客户之所急，想客户之所想，提供超值、贴心的服务，便能够赢得客户的信赖和尊重。

知识拓展

网络时代下金融服务的创新形式——金融便利店

金融便利店是集人工服务和 24 小时自助银行服务于一身的创新型服务营销渠道。金融便利店的推出旨在通过错时经营，打造人性化、便利化、差异化、增值化的服务和产品平台，满足市民下班后的金融服务需求，为客户提供更加便捷的金融服务。

金融便利店一般选址在人流量大、居民密集的地方，功能涵盖了存取款、小额贷款、基金理财产品以及信用卡等各项业务，并充分发挥电子化自助机具的作用，通过自助机具与人工服务相结合，实现了自助银行、个贷服务中心、个人理财中心和业务营销中心四位一体的新型的全天候社区零售银行网点。

三、 大堂经理处理投诉的礼仪技巧

（一）处理投诉的礼仪原则

（1）先处理心情，再处理事情。

（2）首问负责，尊重关心。

（3）诚信公平，合法依章。

（4）冷静热情，宽容友善。

（二）处理客户投诉的礼仪步骤

1. 充分道歉，表明态度

道歉是对人不对事，是在第一时间内我们需要对客户做出的反应，表明真诚友善的礼仪态度。

2. 学会聆听，安抚情绪

(1) 若投诉属于服务态度方式或自身情绪等原因，应稳定投诉者情绪，运用聆听的技巧加以劝慰、说服。

(2) 若投诉是因政策所限不能满足客户要求时，应从客户角度耐心解释，避免直接予以拒绝。

(3) 若客户吵闹，应迅速将其引导至客户接待区或其他密闭独立空间，耐心安抚其情绪。

3. 充分了解，协调沟通

通过聆听、安抚、交流等环节收集信息，充分了解客户投诉心理及最终需求，运用征询的口吻协调解决。对于不能立即给出解决方案的投诉或建议，应留下客户的联系方式，并承诺在具体的时间内给予满意答复。

4. 解决问题，妥善处理

解决问题是解决投诉最重要的一环，根据收集到的准确信息，采取道歉、建议、补救、补偿、承诺等对方认同的措施进行妥善处理。

5. 及时维护，跟踪回访

投诉处理完成后，要主动询问客户对处理结果是否满意。后续还要跟踪回访，进一步维护客户。

技能训练

总结大堂经理服务流程；讲解每个流程中的礼仪细节；列举大堂经理每个服务流程中的常用服务用语。

任务三　网点营销以客为尊

知识认知

网点个人客户经理需要通过营销沟通向客户进行业务产品的介绍和推荐。新的经济形式下，要坚持“以市场为导向、以客户为中心、以效益为目标”的现代营销战略，全面提升网点个人客户经理的整体形象和综合素质刻不容缓。这就更需要网点个人客户经理保持良好的心态，以客为尊，运用沟通礼仪技巧维护客户关系，实现主动服务营销的效果，有效地提高客户忠诚度。

一、网点营销的待客礼仪

(一) 形象专业，礼节到位

“营销产品首先要营销自己。”这句话的含义就是说，作为网点个人客户经理，首先要做的事是让自己给客户留下一个可信赖的印象，那么塑造专业的形象尤为重要。

网点个人客户经理上岗前，须自查仪容仪表，遵照本书第一模块中职场形象的规范要求，做到仪表整洁，仪容端庄，精神饱满，充分展现规范标准的银行职场形象，进而赢得客户的好感。

良好的仪表形象能给客户留下美好的第一印象，规范到位的待客礼节能展示良好的专业素质，加深客户对自己的信赖。表情礼、致意礼、握手礼、介绍礼、名片礼、敬茶礼等都是网点个人客户经理应认真学习并掌握的基本礼仪规范。

（二）精益求精，细节制胜

对物的尊重也是进一步对人的尊重的表现，应注重细节，精益求精，赢得客户。

网点个人客户经理到岗的第一件工作，就是打扫理财间或接待区的环境卫生，整理桌面物品。日常使用的各种证章、名片等物品须按照一定的顺序规范摆放。宣传资料、各种文件、申请表格须分门别类地摆放，用毕及时放回原处，力求咨询台面整洁有序，业务操作有效规范。

二、网点营销的沟通礼仪

（一）识别客户，深入了解

网点个人客户经理通过掌握“望、闻、问、切”的沟通技巧，有效识别客户，深入了解客户，为营销目标的达成奠定基础。

1. 观察客户的表象特征，即“望”

表象特征是客户自然状况的反映，包括年龄、性别、职业、教育程度、社会阶层等方面的特征，这些特征的差异决定了客户的个人金融需求的差异，从而决定了客户购买金融产品的品种差异和数量差异。

观察是寻找营销机会，适时介入和了解客户需求的营销起点。

2. 倾听与询问，即“闻”与“问”

在与客户沟通过程中，要细致揣摩客户的每一个眼神、每一个表情、每一个不经意的动作，这些肢体语言都是客户心理状况的反映，可以从中发掘客户有意或无意流露出的对营销有利的信息。一个优秀的个人客户经理一定要善于把握，并适时地交替使用封闭式或开放式提问的技巧给予询问回应，一方面表达对客户的尊重和重视，另一方面有助于正确理解客户所要表达的意思。

3. 获取基本信息，发掘投资需求，即“切”

通过了解客户的存、贷、购买投资产品或保险产品的数额、经历等基本信息后，初步识别出普通客户、中端客户、潜在优质客户或高端客户，根据客户类型，对金融产品做出解释和陈述，要站在客户的角度运用顾问式营销技巧，描绘客户利益前景，发掘客户的投资需求。

成功解释的关键是简单明了，逻辑性强，避免专业术语。

（二）春风化雨，润物无声

营销沟通不是强行兜售，更不是蒙骗欺诈，最高境界的营销沟通能收到春风化雨、润物无声的效果。要做到这点，须注意下面两个方面。

1. 熟悉银行针对个人客户的各类产品

网点个人客户经理要全面了解并熟悉银行针对个人客户的各类产品，例如，针对理财产品，要能够按风险和收益特征或投资方向、结构等对其分类，真诚引导客户了解金融知识和产品信息，增强理财意识。

2. 判断客户心理需求

客户的金融行为选择很大程度上是由客户的心理趋向所决定的，因此营销沟通时要关注并把握客户的心理特征，充分了解客户，运用同理心，关注说服方式，依靠情感的力量，动之以情。如多样性心理决定了金融业务、产品及服务方式的多样化；目的性心理决定了金融业务、产品及服务方式能够解决客户的问题或给客户带来的收益。

案例分享

礼仪营销赢得客户

某日，某支行营业部来了一位男性中年客户，想咨询有关理财业务方面的问题。网点营销经理热情地接待了这位客户，并了解到客户收回一笔款且近期不用，想了解一下该行的理财产品。网点营销经理针对问题就基金的走势和投资理念进行了交流，同时给客户一些投资风险提示。在与客户反复沟通时发现，客户对该行前期代理的嘉实300指数基金很感兴趣，也可能是客户比较了解该只基金的缘故，客户称以前在他行买过200万元，收益还不错，但手续较麻烦。网点营销经理详细向客户介绍了该行的产品，向客户推荐了理财金账户卡和该行快捷方便的网上银行，并向客户进行了操作演示，客户对该行网上银行办理业务的快捷、方便产生了兴趣，当场办理了理财金账户，并开通了网上银行。网点营销经理对客户在网上银行使用过程中经常会遇到的问题，耐心详细地进行了讲解。客户对理财经理的服务非常满意，不但把他行的存款转入该行账户上，而且通过网上银行顺利地一次购买了1 000万元基金。

拥有全面的理财产品知识，了解客户心理，站在客户的立场，分析客户需求，给客户以充分的理解和尊重，真诚耐心地为客户服务，这就是服务营销。

知识拓展

客户营销维护记录工具表

表14—2

客户姓名		身份证号		联系方式	
账号		工作地点		家庭住址	
客户基本情况：					
维护日期	维护方式	营销、维护目的及成果			下次跟进计划

（三）以客为尊，差别服务

无论什么样的营销沟通模式，只有建立在尊重客户的基础上才能有所成效。

1. 真心实意，风险提示

任何一项投资都是风险与收益并存的，网点个人客户经理与客户沟通时要事先向客户进行必要的风险提示，让客户对风险有一个充分的认识，这样不仅能够帮助客户规避一些损失，而且能够赢得客户的好感和信任，对培养银行忠诚的客户大有裨益。

2. 因人而异，针对性营销

银行理财产品和基金的品种有很多，仅基金就有上百种。作为网点个人客户经理，要根据客户的特点，有针对性地推介某一类型的产品，但最好不要具体到某一种产品。例如，敢于冒险者，可以推荐他买指数型基金；年老保守者，可以推荐他买债券型基金；积极稳健者，可以推荐他买配置型基金。

3. 合理定位，差别化服务

要想达成营销目标，网点个人客户经理需要对市场合理定位，对客户进行细分，实行差异化营销。差异化营销的原则是对银行业务发展的重要度和贡献度越大的客户群体投入越多的资源，反之投入越少的资源。

差异化营销主要体现在服务的差别上，差别服务主要包括业务流程差别化、资源配置差别化、服务价格差别化、服务产品差别化以及服务人员和技能的差别化等。

技能训练

每4人一组，一名学生扮演网点个人客户经理，另外3人扮演不同身份层次的客户，客户手中持有不同类型的银行卡或业务单据。

要求：

（1）理财经理通过观察判断客户类型，用得体的服务沟通语言启动营销工作。

（2）小组讨论在初步识别客户的过程中都有哪些可以关注的地方。

综合实训

▷情境模拟

1. 情境背景

客户王丽携带孩子来到银行网点办理取款业务，并咨询孩子的教育投资基金情况，她无论是到柜台、大厅，还是到咨询区，都能够感受到网点人员热情周到的接待，为此她非常满意。

2. 模拟要求

（1）分组：4人一组，分别扮演客户、柜员、大堂经理、网点个人客户经理。

（2）客户进门，大堂经理负责迎接客户、引领及分流，做情况介绍。

（3）柜员负责办理客户的取款业务。

(4) 网点个人客户经理负责接受客户咨询，赞美客户，获得客户信赖，进行教育投资理财产品营销。

3. 实训目的

掌握银行网点三个核心岗位的礼仪规范和礼仪技能；巩固三个核心岗位服务流程中的礼节、形象、语言等礼仪知识；强化银行网点礼仪服务意识，塑造良好的职业形象和职业魅力。

▷**社会实践**

1. 实践场所

银行网点。

2. 实践要求

(1) 观察并记录柜员、大堂经理、网点个人客户经理三大核心服务岗位人员在对客户服务的过程中展现的服务礼仪。

(2) 通过采访、咨询、实操等方式对重点礼仪服务环节进行深入了解并适时体验。

3. 实践目标

在真实的银行网点服务环境中，领悟礼仪在服务工作中的重要性，体验银行网点服务规范，并提交实践报告。

项目十五

金融保险服务礼仪

任务要求

1. 运用礼仪沟通技巧，提供严谨的保险理财服务。
2. 规范礼仪工作流程，提供专业的保险理赔服务。

职场启迪

虚假宣传欲速则不达

2011年1月16日，董先生在某银行存款时，购买了业务人员推荐的一款理财产品——每年存1万元，连续5年可分红利1万元。到了第二次续存时，董先生发现该理财产品就是商业保险，遂要求退保。银行告诉董先生，由于与该保险公司有约定，只能退还本金的60%。董先生担心产生滞纳金，只好再次续存了1万元。2012年3月10日，董先生就此事向消费者委员会投诉。消委会接诉后，立即与银行、保险公司取得联系。经查，保险公司的业务人员利用银行信誉度招揽客户，虚假宣传误导消费者。最终，该公司一次性退还董先生全款2万元。

礼仪服务的本质要求就是尊重客户、真诚友善。金融保险服务关系到客户的财产甚至生命，对客户服务的礼仪要求就应更加严谨、优质、贴心。服务的品质决定了金融保险业务的顺利开展，更决定了服务公司自身的社会效益和经济效益。因此，履行岗位职责，了解客户需求，严守职业道德，运用礼仪沟通技巧是提供严谨、专业的金融保险服务的基石。

任务一　保险理财严谨尊重

知识认知

金融保险行业的保险理财经理岗位对工作态度、沟通交流能力、语言表达能力的要求较高，在业务流程中的每一个环节能否与客户进行有效沟通，能否迅速了解客户需求，能否正确描述保险产品，能否准确运用专业语言，是审核一个从业人员职业素养的基本条件，而要达到以上良好效果，就需要在规范的流程操作中持有严谨的态度以及恰到好处的沟通礼仪和技巧。

一、展业准备的礼仪要求

客户开拓有五种方式:陌生拜访、缘故开拓、连锁介绍、定点咨询、电话联络。无论采用哪种方式，在进行客户开拓之前，都要做好充分的准备。有效开拓客户是理财业务服务迈向成功的第一步。

（一）形象准备，尊重企业

保险理财服务人员的职业形象体现着金融保险企业良好的服务文化，代表着企业员工敬业和严谨的工作态度，具体细节要求遵照我们前面所讲的职业形象礼仪规范，穿着公司统一制服，做到得体大方、简洁专业。

（二）心理准备，尊重岗位

保险理财岗位在保险行业中居于十分重要的地位，是直接帮助客户建立资金使用计划的岗位，对从业人员的心理素质要求较高，平和、乐观、积极、耐心等良好心态有利于与客户建立投缘关系，得到客户的信任，在展业之前要充分酝酿调整。

（三）资料准备，尊重客户

1. 拟订访问计划

“不顾面子，只要努力，一定签单”的时代已经过去，对于保险行业迅速发展的今天，“计划周详，尊重高效”才是促成业务的主旋律。

(1) 明确访问目的。首先要让客户接受的是理财理念和企业文化。

(2) 慎选访问时间。尊重客户时间，提前邀约，守时守约。

(3) 制定访问任务。在第一时间与客户建立“统一战线”，通过“好友立场”对客户性格、需求做出初步分析。

(4) 设计访问路线。合理设计路线，避免奔波，保持最佳精神状态。

2. 收集客户信息

对客户进行前期分析，建立资料库，体现了对客户的尊重和礼貌，同时也体现出开展业务的专业性。按照年龄、兴趣爱好、教育背景、生活水平、社交范围等对客户进行细分(见表15—1)，同时，了解客户近期是否有开心或苦恼的事情，如乔迁新居、结婚、喜得贵子、子女考大学，或者工作繁忙、经济紧张、充满压力、失眠、身体欠佳等。总之，资料库越详尽，就越容易与客户沟通。

表 15—1　　客户信息整理表

客户基本信息						制作人		客户			
姓名		性别		民族		客户等级		一般	中等	高级	特级
工作单位				职业与职务		籍贯		年龄			
办公地址				电话	办公：			兴趣爱好			
家庭住址					手机：						
生活环境	住宅	品质		经济状况（年收入）							
		性质									
		其他									
家属朋友	姓名	与客户关系	备注								
契约情况	单号		保险理财种类	购买人	生效日期	缴费时间	方式	金额	备注		
拜访记录	时间	地点	内容			理财计划			备注		

（四）工具准备，尊重业务

保险理财服务人员在拜访客户时，利用销售工具可以有效降低劳动成本，提高销售成功率。销售工具包括产品说明书、企业宣传资料、名片、计算器、笔记本、钢笔、价格表、业务宣传品等。

课堂练习

每人设计一份展业准备项目自查表，要求内容全面，一目了然，便于自查。

二、准客户接触的礼仪规范

接触客户是达成保险理财服务业务的基本环节，在此过程中要注意下列礼仪规范。

（一）彬彬有礼

接触客户时展示彬彬有礼的气质风度，首要的是礼貌敲门，自报家门，亲切问候，真诚赞美。整个过程可运用“标签效应”，表现出热情友善、落落大方、不卑不亢的工作态度。同时注意，不要让换鞋、放置雨伞等小细节影响专业形象。

（二）诚实守信

金融保险业从根本上讲就是以诚信为本的行业，诚信是基石，最大诚信原则贯穿于金融保险各个相关法律法规的全部内容。理财经理在介绍产品时，务必本着诚信原则，如实解释各项条款。

（三）当好顾问

金融保险理财产品往往是一种契约及家庭经济安全计划，契约的签署、投保后保障范围和理赔状况均涉及相关法令，所以，严谨的理财服务不是一种简单的操作行为，而是站在客户的角度，用自身扎实的理财专业功底为客户解释说明。此外，为客户进行理财方案设计时，会涉及客户目前的经济、财务、未来的经济计划、投资及相关的税法，以及消费者主观的消费心态等，因此，一位优秀的理财经理除须有基本专业知识外，还须有较强的顾问式营销的能力，要不断学习提高，做一名名副其实的理财顾问。

案例分享

细心专业赢得认同

业务员小李到客户张先生家中进行拜访。

张先生开门后，小李边握手边进行自我介绍："张先生您好，我是××保险公司的小李，按照约定的时间前来拜访您。"（上前握手）。落座后，小李递上自己的名片，并拿出已经准备好的资料。

张先生："小李，我的需求之前简单地介绍过，现在能否详细将条款帮我介绍一下。"

小李："好的，张先生，这是我带来的资料，我逐条为您清楚地介绍一下关于××两全保险……""张先生，我还需要为您说明的是这款产品优势明显，兼具储蓄性和给付性，但也存在不足之处，比如……"

张先生："小李，你介绍得很清楚，那如果遇到这样的问题我该如何处理？"

小李："张先生，每款保险产品都是针对不同需求而设定的，所以不会十全十美，针对您的实际情况，这款相对来说是比较合适的，如果想再增添一些保障，我已经为您做好了一套家庭保障计划，您可以了解一下。"

张先生没有想到小李已经为自己提前做好了这份保障计划，十分感动，也感到这个业务员的专业素质和细心周到，详细看了计划之后决定投保。

本案例中，小李与张先生接触的整个过程十分注重礼貌礼节、用语规范，在进行产品说明时诚实严谨，将产品优势和不足都做了详细解释，最后，通过额外帮助张先生量身定制保险保障计划，充分发挥了专业顾问的作用，得到了张先生的认可。

三、应对理财咨询异议的礼仪技巧

在为客户提供理财咨询服务过程中，客户的拒绝和质疑会时常存在，理财经理必须学会如何应对这些异议，提前做好心理准备。应对异议的环节中可以运用下列礼仪技巧：

（1）对客户的异议表现出诚恳的感谢和理解（客户的拒绝是合理的反应，并不是不接受产品和服务，而是有短暂的犹豫）。

(2) 察言观色，把握客户感情，与客户情感互动，表明同理心。

(3) 控制交谈气氛，转换话题，避开紧张空间，尽量避免异议或拒绝的直接表达。

(4) 耐心聆听客户的表达，避免一味追踪致使对方产生厌烦，切记先处理心情再处理事情。

(5) 虚心请教客户的观点，了解根源，四多一少（多听、多看、多记、多想、少说话)，对症下药。

(6) 塑造专家形象。要知道，学生对教师很少有质疑，病人对医生很少有质疑，客户同样是信服理财专家的。

四、 达成理财业务的沟通艺术

(一) 理财理念的沟通

在与客户交流时，逐渐培养客户的理财观念尤为重要，指导客户对于家庭资产进行合理管理，既能够保障正常的家庭生活需要，还能使家庭资产增值。交流中，为客户渗透理财观念，指导客户将家庭资产分为三部分管理：第一部分为生活必需的资金；这部分资金主要是现金和银行活期存款。第二部分为储蓄保障，包括定期存款、养老保险。第三部分为投资理财，包括购买理财产品进行投资、购买分红保险或者信托产品等，使自有资产升值。

(二) 理财需求的发掘

当客户表现出错误的理财观念时，恰恰就是客户的理财需求点，例如：“理财是有钱人的事”“没有时间理财”“理财就是买股票买保险”等，当遇到这样的情况时，要帮客户进行合理分析，帮客户养成良好的理财习惯。

(三) 理财达成的“10 分钟法则”

开始 10 分钟：我们与从未见过面的客户之间是没有沟通过的，但“见面三分情”！因此开始的 10 分钟很关键。这 10 分钟主要是为消除陌生感而进行的一种沟通。

重点 10 分钟：熟悉了解顾客需求后自然过渡到谈话重点，为了避免客户戒心，千万不要画蛇添足超过 10 分钟。这 10 分钟主要是进行情感沟通，了解对方是否是我们的目标客户。

离开 10 分钟：为了避免客户反复导致访谈失败，我们最好在重点交谈后 10 分钟内离开。给客户留下悬念，使其对理财产品产生兴趣。

知识拓展

理财达成招式话术

1. 邀请式成交：“理财已经融入我们的生活，您为什么不试试呢?”

2. 选择式成交：“您决定投资 A 款产品还是 B 款产品呢?”

3. 二级式成交：“您感觉这种理财方式是不是很有价值?”“您可以和朋友一起到公司来实地考察。”

4. 预测式成交：“××肯定和您的感觉一样!”

5. 授权式成交：“好！我现在就给您申请额度!”

技能训练

1. 应对客户异议：如何保证我的资金安全？

缓冲句：______

探询句：______

答复：______

2. 应对客户拒绝：我目前没有对理财产品的需要，以后有需要再找您……

缓冲句：______

探询句：______

答复：______

任务二　保险理赔规范专业

知识认知

在金融保险行业中，保险理赔是非常重要的一个流程。保险理赔是指在保险标的发生保险事故而使被保险人财产受到损失或人身生命受到损害时，或保单约定的其他保险事故出现而需要给付保险金时，保险公司根据合同规定，履行赔偿或给付责任的行为，是直接体现保险职能和履行保险责任的工作。

保险公司理赔岗位对礼仪的要求较为突出，理赔员不仅应该具备基本的礼仪规范，还应将专业礼仪运用于工作流程中，以达到客户对理赔的高度满意。

一、理赔员的礼仪素养

（一）积极主动

态度是否积极主动，是考核理赔员的基本要素。理赔员务必做到眼勤、手勤、腿勤，不能懒散，要认真对待每一个细节，主动了解各方面的情况，对事故赔偿做出正确合理的估量，积极提供服务。

（二）实事求是

当事故发生时，要实事求是地进行案情分析和赔偿处理，从事实和证据出发，判断保险事故，记录真实情况并作相应报告。在处理赔案时，要严格遵守保险合同条款，尊重被保险人的合法权益。

（三）条理清晰

理赔员的工作因工作对象复杂，需要多方沟通，此时，保持严谨的工作态度和清晰的工作思路十分重要。任何时候都要保持冷静，确保做出准确的判断和分析。

二、 理赔服务的规范流程和礼仪话术

（一）案件受理

1. 电话接听

保险公司实行 7 天 24 小时电话服务，接报案时，要遵守电话接听礼仪，三声接听，主动问好，自报家门。客服热线电话问候语仅限于使用："您好，××保险，××号为您服务，请问有什么可以帮助您?"道别用语仅限于使用："谢谢您，再见，请挂机!"

2. 询问案情

(1) 询问出险时间："请问事故发生的时间?"

(2) 核实、确认保单信息："请问您的保单号是多少?""请问被保险人是×××吗?""请问车牌号是×××吗? 车型是×××吗?"

(3) 对于超出保险期限的客户："对不起，您的保单已经过期了，请您查看一下有没有今年的保单。"

(4) 出险地点要求准确录入城市乡镇街道名称："请您准确说明事故地点。"

3. 详实录入出险情况

(1) 核实报案人身份（如被保险人本人、司机、目击者等）和肇事司机："请问如何称呼您? 您是开车的驾驶员吗?""请问发生事故时是谁开的车?"

(2) 按不同事故类型询问和录入事故情况："您能描述一下出险经过吗?"了解人员受伤情况："有人受伤吗? 有几人受伤? 伤的严重吗? 伤者是否已经送往医院?""受伤的人员是车上人员还是……"

4. 简单判断是否属于保险责任

(1) 确定报案人、驾驶员信息，要求音同字同："请问您怎么称呼? 当时是哪位开的车?""请问您的联系电话?"

(2) 不属于保险责任的，须向客户说明情况。常见的不属于保险责任的几种情况如下：

"因为您没有投保×××××险，这起事故不在保险责任范围内，所以保险公司对此损失无法赔偿。"

"对不起，从您所说的这种情况来看，这起事故不属于保险责任，保险公司无法进行赔偿。"（可告知客户相关条款）

"我们的理赔人员会根据这起事故的具体情况来进行判断的，他会详细向您解释赔付问题。"

（二）案件处理

调查人员调查案件时，应让对方感受到我们是在核实客观事实，是在履行手续，是理赔处理正常的工作流程；调查是为了更好地实现赔付，尽快将保险金支付给客户。

不同的调查，会有不同针对性的话术，当然还需要调查人员具备较好的公关能力，建立良好的关系，为调查工作创造有利环境和条件。

1. 简单事故处理

(1) 接受派工。查勘员接到出险安排后，以短信方式通知报案人："您好，我是××保险公司的查勘员×××，现正赶往事故现场，预计二十分钟内到达，如有意外情况及时与我联系。"

(2) 现场查勘："请问您是×××先生/女士吗？不好意思，让您久等了。请您出示行驶证和驾驶证，再描述一下事故经过。"查勘员进行现场查勘，拍摄取证。

(3) 案件处理："您好，经过现场查勘，本次事故责任划分为……我已经将现场照片和车辆损失情况拍照记录，返回公司后上传，我将您的理赔资金受理银行卡卡号进行记录，如公司审核通过后，理赔款将直接转入您的银行卡中。"

2. 复杂事故处理

当事故现场情况复杂，无法现场做出处理时，则要指导客户配合完成以下流程：

(1) 提供救援服务："我公司可以提供救援服务，您是否需要我们安排救援？""由于您这起事故比较特殊，我们需要做些核实工作，希望您能配合。""谢谢您对我工作的支持和配合。"

(2) 指导客户填写出险通知书："这是您的《索赔申请书》，请逐项填写，有不清楚的地方，您可以问我。""这是《索赔须知》，请按照《索赔须知》的要求在交警结案10天内或×××时间内携带按照须知要求的材料到我司办理理赔手续。如有疑问可随时拨打××××咨询。"

发现疑点时，须在尽量不惊动客户的情况下从侧面了解真实情况，记录现场情况，收集线索和有利证据。

知识拓展

拒付纠纷案件的处理

处理拒付纠纷案是理赔人员工作中的难点和重点。面对不同客户的纠缠、不满，该如何冷静对待，化解客户的情绪呢？

首先，我们应尽量倾听对方的诉说，不要与客户争执，理解客户的心情，同情客户的处境。理赔人员不能受客户情绪的影响，而使自己的情绪产生波动，如果语言或语气不当，就会激化矛盾。

其次，讲明拒付的道理、依据，让客户感到拒付并不是理赔人员、保险公司不想赔，而是客观的现实不能赔，为了给予赔付，大家都尽了力，结果却不能令对方满意，也是我们不愿看到的。

技能训练

列表归纳理赔服务中常用的礼仪服务用语，并模拟对话训练专业规范的表达方式。

综合实训

▷情境模拟

1. 情境背景

车险业务理赔。

2. 模拟要求

两人一组扮演理赔员和车主，演练理赔员受理报案时的话术。

3. 实训目的

在理赔业务处理中，巩固使用准确规范的服务用语，并训练礼貌温和的沟通语气。

▷社会实践

1. 实践场所

关系客户办公室。

2. 实践要求

(1) 体验“理财服务—缘故开拓”工作过程。

(2) 三人一组，主谈、摄像、记录应有明确分工。

(3) 能够清晰地介绍一款理财产品。

3. 实践目标

在实践过程中熟练运用所学知识，提升业务能力，形成业务交流的礼仪习惯。各类表格要填写完整，并提交实践报告。

项目十六

物流快递服务礼仪

任务要求

1. 揽收环节确保准备充分、认真细心，满足客户需求。
2. 派送投递环节要准确安全、高效快捷，达到客户满意。

职场启迪

一位快递员的故事

王其文，45岁，四川省雅安市荥经县人，虽然皱纹已爬满额头，但仍然坚守在快递员的岗位上。不管刮风下雨，他每天蹬着一辆自己买的三轮车从早上8点到晚上8点跑几十千米，收发近100件包裹，上下楼梯一百多层，就这样每天12个小时工作着，很少和家人团聚。王其文在传递包裹的同时也在传递承诺、传递责任、传递幸福。客户的一声谢谢、一个微笑就是对他的肯定！

"4·20"雅安地震，本来荥经县也是受灾区，但不是那么严重，王其文不顾一切，坚守在自己的工作岗位上收寄派送包裹。地震过后10个小时，为了表达自己的爱心，王其文在自己的快递门前贴了一张公告："发往灾区的救灾物品荥经快件快递全部免费。"过往人员无不由衷称赞："好心人啊！"

快递工作很辛苦，如果没有对这份职业的忠诚和热爱，恐怕是难以长期坚守的。快递员王其文为行业人员树立了榜样，他用认真负责、热情周到的服务赢得了客户，诠释了快递工作的价值。

物流快递行业是目前快速发展的一个新兴行业，经过几年的激烈角逐，很多物流快递企业以其规范化、标准化、程序化

的礼仪服务理念和客户至上的企业文化在市场中站稳了脚跟。其中，对从事揽投服务这一核心工作岗位人员的礼仪素质和服务技能有着更加严格的要求，无论是揽收还是投递，只要立足本职，为客户所想，做到认真负责、准备充分、高效快捷、准确无误，就一定能赢得客户的信赖。

任务一　揽收服务细心认真

知识认知

揽收服务礼仪主要体现在揽收员受理业务、上门揽收环节。揽收员要做好充分准备，以专业的职业形象、严谨的工作态度，认真了解客户需求，妥善揽收客户快件，这些都是揽收服务的基本礼仪规范。

一、揽收人员受理业务的礼仪

（一）规范形象体现专业化

赢得客户的服务信赖，首先就是形象的规范。揽收员面见客户前一定要着本公司统一的工作服装，并检查个人仪容仪表是否符合职场形象规范，如：是否按照公司要求梳理职业发型，佩戴标志饰物；出车前是否保持了口腔清新；工作制服、工作包、工作帽是否干净整洁，工号牌是否按要求佩戴正确。规范而专业化的形象是一种广告宣传，是一种服务手段，对客户长期提供服务具有无形的经济价值。

案例分享

形象的影响力

刘毅是一家快递公司的揽收员。在一次工作出班前他临时接到通知，要求他为当地一家著名外资企业揽收一份紧急文件并及时送达，并且该快件投寄手续必须由客户本人亲自办理。刘毅为了满足这位优质大客户的快速要求，出发前对自己的形象也没有仔细检查，背上包，套上一件制服外套，下面穿牛仔裤，赤脚蹬了一双人字拖鞋就出发了。他是希望自己能在最短的时间内完成文件揽收工作。然而结果却出乎他的意料，当他到达目的地时，被大楼门口的保安拦在了门外，因为该公司是不允许穿拖鞋者入内的，于是在与保安的纠缠中耽误了时间。最后，心急的客户自己下楼来送时，一看这位揽收员的形象，第一句话就是要看他的工作证件，刘毅赶紧开包去取，但由于出门时慌忙忘带了……客户借故回绝了他，并对他耽误了自己的正常工作感到懊恼，一个大客户就这样丢掉了。

服务形象是每个工作人员的第一张名片，认真细心的工作态度是快递工作者基本的礼仪要求。不注重礼仪细节，就可能不只是丢掉一个客户，还会给公司带来很难挽回的负面影响。

（二）做好准备体现对客户负责

1. 全面咨询信息

接到揽收业务后，出发前揽收员电话联系这一环节非常重要。

首先，问清客户将要寄出的是大宗物品还是小件，有无包装上的特殊需求，如是否要求带上包装物和运单，是否需要提供专用单式、封装、填充材料以及数量等。

其次，确认联系电话及地址，认真记录客户名称、委托人姓名、联系方式、街道号、楼号、楼层、房门号等。

再次，问清到达目的地的线路，对于不熟悉的路线要询问到达目的地的方法，并通知客户提前准备，以节省揽收时间。

最后，约定上门时间。

2. 备足揽收用具用品

按约定的上门时间，出发前检查揽收用具用品是否备足，具体包括：收费规定相关说明资料、书写用笔、各式单证、包装材料、填充物、封装计量器具、零钱等。

二、 揽收人员上门揽收的礼仪

揽收员要按照承诺准时提供上门收寄服务，同时注意以下服务礼仪的要求。

（一）门口耐心等待理解客户

（1）宜站立等待，不要左顾右盼，不能大声催叫或者鸣笛催促。

（2）在办公场合应保持安静，勿大声喧哗。

（3）需要入室时，应轻按门铃或者轻叩（三声），主动通报身份、出示证件，未经允许不应进入。

（4）当等待3分钟以上时，可以礼貌性地提醒一下客户；若实在赶时间，应告知客户待货款或者货物准备好后再过来拿。

（二）约束面见行为尊重客户

（1）与客户初次相见时，应主动做自我介绍，并展示工号牌或工作证，双手递送名片。

（2）进入居室时，应穿着自备的清洁鞋套。

（3）未经允许不能翻看客户的资料和客户私人物品。

（4）应尊重客户的民族习惯和宗教信仰以及家庭的生活习惯。

（5）当客户在整理邮寄的物品时，要耐心等待，但不能四处张望。

（6）交接钱物时，应做到唱收唱付，轻拿轻放，不抛不扔。

（7）勿接听客户私人电话，不介入客户之间的谈话，不与客户开玩笑。

（8）电话应改为震动，如需接听电话要经客户同意。

（9）与客户谈话时，应保持适当的身体距离，对熟悉的客户保持在70～80厘米，对不熟悉的客户应保持在100～120厘米。

（10）勿在客户处吸烟。

（11）不喝客户的饮品，不吃客户的饭，不收客户的礼品。

（12）不可耽误客户太久的时间，长话短说。

（13）服务结束时，应将工作现场产生的垃圾清理干净并带走。

案例分享

“小天鹅”的“12345”服务承诺

小天鹅公司人员上门为客户服务的“12345”服务承诺是：

一双鞋：上门服务自带专用鞋。

二块布：一块垫机布，一块擦机布。

三句话：进门服务第一句话，我是小天鹅服务员×××，前来为您服务；第二句话，非常感谢您对小天鹅的信任；最后一句话，今后有问题，随时听候您的召唤。

四不准：不准顶撞用户，不准吃喝用户，不准拿用户礼品，不准乱收费。

五大件：免费保修三年（含国家规定以外的五大件：盛水桶、脱水桶、悬挂系统、排水阀、连接盘）。

小天鹅公司的“12345”服务承诺中处处体现了“为客户着想，从细节体现关爱”的理念，反映了小天鹅的企业文化，是一个非常典型的上门拜访客户的案例。

（三）规范揽收操作满足客户

1. 认真执行快件收寄验视制度

对寄件人交寄的信件，必要时可要求寄件人开拆进行验视，但不得检查信件内容。寄件人拒绝开拆的，揽收员不予收寄。

对信件以外的快件，应当场验视内件，检查是否属于国家禁止或限制寄递的物品。寄件人拒绝验视的，不予收寄。

依照国家规定需要寄件人出具书面证明的，应当礼貌要求寄件人出示证明原件，核对无误后，方可收寄。

如发现限寄或禁寄物品时，要耐心解释，并告知寄件人处理的方法，不能生硬拒接。

2. 与客户共同安全封装邮件

快件封装时，尽量与客户共同进行，并应当使用符合国家标准和行业标准的快递封装用品，充分考虑安全因素，防止快件变形、破裂、损坏、变质；防止快件伤害用户、快递业务员或其他人；防止快件污染或损毁其他快件。

信件封装应当使用专用封套，不得打包后作为包裹寄递。包裹封装应当综合考虑寄递物品的性质、状态、体积、重量、路程和运输方式等因素，选用适当的材料妥为包装。印刷品应当平直封装，不得卷寄。

3. 正确计量计费

揽收员应当使用符合国家、行业标准的秤、卷尺等计量用具，确定正确的计费重量，并根据计费重量、服务种类等确定服务费用。揽收员应当在提供服务前告知寄件人收费的依据、标准或服务费用。

4. 及时提醒如实填写

揽收员要及时提醒寄件人阅读快递业务合同条款，提示寄件人详细、准确地记录待寄邮件的类别、名称、数量、邮件尺寸和重量，清楚填写寄件人名址、收件人名址、电话等。

提醒寄件人在确认阅读合同条款处签字。

对于协议客户，应事先签署邮件自封协议，允许自行封装，加盖“自封免验”戳记。快递企业按比例抽检。

5. 确保快递运单完整到位

快递运单填写完成后，应当牢固粘贴在快件外包装上，并保持快递运单的完整性。

6. 揽收作业完毕礼貌告退

告别时，表示谢意后，先退两步伸右手做出“再见”手势，示意对方留步，将门轻轻关好，再转身离开。

案例分享

急客户之所急

作为一名合格的揽收员，就要对自己的工作负责，对自己的客户负责。一天晚上7:00，某经营网店的商户临时接到一位新客户传真，索要货样订单，并且要求第二天到货，否则将与其他供货商洽谈。此时的揽收员小王刚结束一天的工作，正准备回家，接到商户的求助电话后，立即开车去取，及时为其办理好了物品收寄手续，并连夜赶发“全夜航”。小王高度敬业的态度和雷厉风行的工作作风，得到了客户的高度称赞。

快递服务人员要始终站在客户角度，想客户之所想，急客户之所急，为了解除客户的后顾之忧，不管是否在正常工作时间内或服务过程中有多么大的困难，都应毫不犹豫地履行职责，完成任务，这就是“践行服务礼仪，满足客户需求”服务理念的真实写照。

知识拓展

揽收员面见客户沟通小技巧

1. 不断提自己的名字让客户记住你

“您好，我是顺丰速递的××，您叫我小×（自称）好了，这是我的工作证。”

“您这家公司（大楼）的快件由小×（自称）来负责投递和揽收，今后还请您多多关照。”

“只要有快件您就打电话给我，小×随叫随到，千万不要耽误了您单位（公司）的事情。”

2. 不断称呼客户的昵称让客户喜欢你

“×姐（哥）（亲切称呼）好，忙着呢？今天有需要发出去的快件吗？”

“又给×姐（哥）您添麻烦了。”

3. 不断夸奖客户让客户爱上你

“×姐最近气色越来越好了，您一定很懂得养生！”

4. 不断感谢客户让客户帮助你

“我先告辞了。谢谢×姐（哥）对我们工作的支持。”

“祝您愉快，再见！”

技能训练

模拟上门揽收快件的主要服务环节，重点训练叩门礼仪、自我介绍礼仪、办理寄件程序、告退客户的礼仪。

任务二　派送服务高效快捷

派送投递服务与受理揽收服务有很多相同的礼仪规范，但又有着更为细致的礼仪要求，即派送投递服务除了要准备充分、形象专业、工作细心外，还要确保投递的物件准确安全、高效快捷地送到客户手中，令客户满意。

一、派送人员面见客户之前的礼仪

（一）电话联系客户，确认派送信息

派送快件时一定要提前电话联系客户，首先要用恰当的称呼、礼貌的问候、悦耳的声音给对方留下好的印象，并确认物件投递的地点和到达的时间，尤其是遇到陌生投递环境时更要与客户详细沟通具体地址与到达路线。

如果遇到特殊情况，比如客户的面见接收时间与自己的派送行程时间不吻合，可用商量的口吻电话告知另改时间或按照客户要求的时间，或者共同商定一个双方都方便的时间将物品送到目的地。

通话中要注意电话礼仪，做到语调热情、大方自然、音量适中、表达清楚、简明扼要，多用文明礼貌的请示语，严禁命令式的沟通语言。

（二）确保快件完好，尊重客户物品

对客户物件的尊重就是对客户的尊重，因此，派送人员在接到投递任务后，要做的第一项工作就是一一检查要派送的快件外包装是否破损，是否被污染，若非完好，则要进行修整清洁，并要认真检查一票多件的货品是否全部到齐，若不齐，则应该进行相关的处理工作。

对于有问题的快件，一定要如实地将后果告知客户，不要贪图妥投率造成不必要的麻烦。对注明“加急”的快递给予一定的照顾与优先处理。

（三）检查运输工具，保障运输顺畅

检查完快件并将各类快件做好登记后封装在邮袋内，并按顺序放置于车内恰当位置。如果所投递的邮件体积较大，数量较多，或投递路程较远，就必须对邮件进行捆扎绑牢固，以确保邮件的安全，同时要备好雨具，防止雨水淋湿邮件。

（四）规范停放车辆，符合安全要求

进入投递目的地时，主动出示工作牌，配合门卫做好相关的登记等手续，并安全停放车辆，注意保管邮件，做到邮件不离身（车），确保邮件按时、准确到达，绝不能丢失邮件。

车辆不可停放在公司或住宅区的大门口或是妨碍交通的地方，要按照该单位或小区的停车规范停放在要求的停车线以内。

如果快递是大宗物品，最好准备一辆手推车来完成该邮件的装车或派送任务。

到大厦或街边店铺派送要根据交通管理部门的停车要求严格执行停车规范，以免受到处罚。摩托车、电动车等交通工具要停在离取件地或投递地点最近的允许范围内，最好要在视线范围之内或者是有人看守的地方，尤其是车上有贵重物品的时候。

案例分享

快递延迟谁之过

一次，一位客户用快递给自己的某位朋友寄了一份文件，通知对方第二天早晨就能收到。收件的朋友第二天等了一上午也未收到，于是打电话到快递公司询问，得知由于快递员找不到投递单上的地址，拨打投递单上的联系电话是一位老人接的，说没有这回事，所以没有送到。收件朋友说现在告诉你详细地址，能不能在下午两点之前把东西送过来。快递员的回复是："快递员要吃中午饭，要休息，最早只能在下午三点送到。如果等不及的话，可以自己到公司把货物拿走。"如此答复对于这位客户来讲，下次可能就不会再选择这家快递公司了。

造成这种情况的原因恐怕不是单纯的客观原因，主要还是快递员没有遵守职业操守，没能够运用礼仪服务的原则有效沟通造成的。

二、派送人员面见客户时的行为规范

（1）礼貌叩门，待客户允许后方能进入居室，宜穿着自备的清洁鞋套。

（2）见到客户时，应礼貌打招呼并主动做自我介绍，同时展示工号牌或工作证，并向客户复述收件人姓名、地址。

（3）贵重物品的投递要请客户出示有效证件，验视完毕交还证件时，应向客户表示感谢。

（4）物品类邮件要用手夹在腰间或双手捧在手心，单手拿或顶在头上或在地上拖是不可取的。文件类邮件文件可以放在挎包或背包里，但在见到客户前应从包里取出，放在手中，以方便及时地递交签字，不要当面临时在背包里找邮件。

（5）投递邮件时应做到"投收相见"，邮件要双手送上，同时递上签字笔，请客户在快件详情单收件人存根联或快递企业存根联上的指定位置签名（盖章）。他人代收时，还应签署其证件名称、号码及代收关系，保证上述字迹能够清晰识别。

（6）需要向收件人另外收取费用时，应耐心向客户说明收费原因、名目、金额，并出具相应的收费凭据。

（7）应了解客户的需求以及对服务质量的评价。

知识拓展

快递服务国家标准对收派员验视的新规定

根据相关规定，对于普通快件，外包装完好，收件人应先签后验，若此时发现有损毁等情况，可向快递申请索赔。而外包装出现破损等异常情况，收件人可先验后签；对于网购快件，首先，快递公司需要与寄件人（商家）提前约定；其次，寄件人（商家）还应当将此验收方式告知收件人，比如淘宝商家就应该在用户下单时，明确告知本快件的验收方式，是“先验后签”还是“先签后验”。

不同快递签收方式不同

“对于普通快件和网络购物等快件分类处理，是兼顾消费者权益与快递企业的利益。”邮政部门有关负责人表示，“先签后验”还是“先验后签”一直是快递行业的争议焦点，国标定稿对此做出了区别对待。

对于普通快件，在外包装完好的情况下，收件人应签字确认。如果收件人担心发生内件丢失、短少、损毁等问题，可以在签字后和收派员一起对内件进行验收。发现有问题，收件人可向快递服务组织索赔。如果外包装出现明显破损等异常情况，快递企业收派员应告知收件人先验收内件再签收。

对于网络购物的快件，新国标没有简单地统一规定为“先验后签”还是“先签后验”，而是要根据快递服务组织和寄件人（商家）的约定。首先，快递企业应当在收寄快件时，与寄件人（商家）提前约定投递时到底是“先验后签”还是“先签后验”；其次，寄件人（商家）应当将验收的具体程序等要求，以适当的方式告知收件人，让收件人提前知晓，明晰自身的权利。

实施快递实名制

在国家标准实施以后，消费者在寄快件时，先由快递员查检，如果拒绝验视，快递员可以拒绝收件。国标新规还对快递实名制做了规定，所以消费者今后在邮寄快递的时候切记把身份证带上。

此外，对于代收的情形，快递服务组织应注意：没有经过收件人或者寄件人的同意，收派员不能将快件交给其他人签收，包括单位的收发、小区的门卫等，否则由此出现快件遗失等问题，快递服务组织应当承担全部责任。

三、 派送人员告别客户时的礼仪细节

与客户告别时应先退两步伸右手做出“再见”手势，再转身离开。如果客户要开门送你离开时，要表示谢意并示意留步。出门的时候要轻轻地带上门。

技能训练

春节期间快乐忙碌的揽投员

小吴是某市 EMS 三湾路网点的一名揽投员，从腊月二十四开始，小吴一天都没休息过。春节期间，他每天从早上 8 点开始到网点分拣快件，然后开着送邮车穿梭在某市城区的大街小巷。

最辛苦的是腊月二十八、二十九两天。小吴每天的送件数都突破了140件。虽然送达邮件的这段时间天气非常寒冷，但是小吴的心头却收获了一份别样的温暖。

当大家欢度春节时，小吴仍然奔忙在送邮件的路上。从正月初一开始，很多人外出走亲戚，为了把包裹及时送到接件人手中，小吴总是提前和接件人预约。

有时候，小吴要往返几趟才能将一份包裹成功地送出去，但小吴总是不厌其烦。每次送件成功时，小吴的心里都有一种小小的满足感。

根据上述材料分析以下问题：

（1）忙碌的小吴为何快乐满足？

（2）小吴在送包裹快件时是如何保证及时准确投递的？

（3）你认为投递前如遇到陌生环境应如何处理呢？

综合实训

▷情境模拟

1. 情境背景

情景演练揽投员面见客户时如何将服务礼仪和服务技能规范地体现在终端服务上。

2. 模拟要求

（1）小组设定客户的职业、年龄、服务需求及业务背景等内容。

（2）小组自由分配角色，根据情景模拟内容的要求进行演练。

（3）参演的每一个角色都要体现标准的服务礼仪与规范，展现高质量的服务水平。

（4）每场演练时间控制在10～15分钟以内。

（5）小组相互点评提出问题和建议，教师做总结点评。

不同小组的情景模拟中设置不同的客户需求，通过演员对优质服务的演绎和来自各方的点评总结实战方法。

3. 实训目的

掌握物流快递行业揽收和派送两个核心岗位礼仪服务规范，明确物流快递服务的礼仪要求，巩固与客户服务过程中的礼仪技能，培养爱岗敬业、勤奋工作的职业心态。

▷社会实践

1. 实践场所

物流快递实训基地。

2. 实践要求

（1）以正式工作人员的身份进行实习实践，要严格遵守实习企业的有关规章、制度和纪律，尽快适应环境，努力转变角色，熟悉不同岗位的工作流程，并在各个岗位中正确运用规范化服务礼仪，培养实际工作能力。

（2）态度积极，服务周到，客户好评率达到95%以上。

3. 实践目标

通过体验揽收及派送工作，写出一份“物流服务礼仪在实际工作中的运用”的实践报告。

项目十七
旅游导游服务礼仪

任务要求

1. 接团入住服务践行热情迎客礼仪，做到尽心尽力。
2. 陪同游览服务运用讲解礼仪技巧，做到尽职尽责。
3. 送团返程服务遵守礼貌礼节规范，做到善始善终。

职场启迪

掌声响起来

在一次表彰会上，一位资深导游在感言中讲道："作为旅行社的一名导游员，我在旅游行业已经工作了十年，在带团的过程中我有很多体会，归纳为一点就是把游客当做亲人和朋友，给予足够的尊重。迎接、陪同、送返等每个环节都要不怕辛苦，做好富有人情味的礼仪服务，才会使游客感到身心满足……"话音刚落，会场上响起了雷鸣般的掌声。

导游服务的对象来自天南海北，而且服务的内容和方式又非常"丰富"，所以，导游不仅要有丰富的文化知识，较强的沟通协调能力，而且还应具备较高的礼仪素养，尊重每一位游客，以良好的服务形象、服务礼节、服务技巧、服务艺术让游客期待而来，满意而归，这样才能使导游服务做到尽善尽美。

任务一　接团服务尽心尽力

知识认知

接团服务是导游服务工作的开端，是导游人员给游客留下美好印象的首要环节。良好的第一印象将为后续的导游工作开辟平坦道路。因此，导游在接团服务时一定要注重自己的服务礼仪，做到准备充分，仪表大方，态度热情，沉着干练。

一、旅游团抵达迎客礼仪

（一）旅游团抵达前的迎候礼仪

1. 做好仪容仪表形象准备

导游人员的仪容要整洁端庄，发型活泼干练，可施以淡妆，饰物佩戴要简洁明快，着装要标志鲜明，最好富有地方特色。有着装要求的景区，要穿统一的工作服或指定服装（见图17—1），且配备标有导游姓名、编号的标牌，有旅行社的导游旗、接机牌。

图17—1　导游人员的统一着装

图片来源：http://www.jwiyxx.cn。

2. 落实旅游团的各项信息

出发前，要向机场（车站、码头）问讯处确认旅游团所乘坐交通工具到达的准确时间。一般情况下，导游人员应在游客抵达前的两个小时或火车、轮船预定到达时间前1个小时向问讯处询问。

得知该团所乘的交通工具到达的准确时间后，导游应与旅游车司机联系，与其商定出发时间，确定会合地点，确保提前抵达接站地点。在前往接站地点途中，导游要把该旅游团的日程安排介绍给司机。如需要使用音响设备的，应事先调试音量。

3. 迎候旅游团的到达

在旅游团出站前，导游应站在出口处醒目的位置，高举本社导游旗或接站牌，热情迎候游客。接站牌上应写清旅游团的团名、团号（或领队、全陪的姓名），或写上游客的姓名、单位和客源地等。

（二）旅游团抵达后的接待礼仪

1. 确认旅游团，以免错接

游客出站时，导游可以根据组团社的社旗或所带的旅游帽、组团社的标记等旅游团队统一的标志物来辨认，也可根据接待计划中旅游团的主要特征，如游客的民族特征、衣着特征、语言特征等做出正确判断，或上前委婉询问，主动认找旅游团，并逐一核对游客的姓名、客源地等，防止错接。

2. 核实人数，清点行李

旅游团得到确认后，导游还要立即核实到站的人数，协助到站游客将行李集中放在指定位置，提醒游客检查自己的行李物品是否完好无损。

3. 集合登车，确保安全

上述工作完成后，导游高举导游旗，提醒游客携带好行李和随身物品，以适当的速度走在团队的前面引导游客前往乘车处，确保团队的安全。游客登车时，导游应恭候在车门旁（见图 17—2），微笑注视并协助游客上车就座。待所有游客上车后，礼貌地清点人数并检查放在行李架上的物体是否放稳，待游客坐稳后请司机开车。

图 17—2　恭候上车

图 17—3　致欢迎词

图片来源：http：//lsg925. blog. 163. com/blog/static/58450890201010206191774l。

4. 带赴旅店，开场介绍

导游带领游客离开机场（车站、码头）前往所下榻旅店的途中，这是导游员第一次在全体游客面前较为正式的开场介绍（见图 17—3），是展示业务水平和个人魅力的时候，也是导游给全团留下良好第一印象的重要环节。开场介绍的具体内容见表 17—1。

表 17—1　　开场介绍的具体内容

开场介绍	宣讲内容	礼仪细节要求
致欢迎词	代表所在旅行社、本人及司机欢迎游客光临本地 自我介绍 介绍司机 表达提供服务的诚挚愿望 预祝旅游活动愉快顺利	游客摆放好物品、各自归位，等大家情绪稳定下来后开始致欢迎词，树立良好的职业形象，激发其游兴，建立良好的对客关系
首次沿途讲解	风光讲解：选择有代表性的景物 风情介绍：可向游客介绍当地的政治、经济、历史、文化、风土人情、风物特产及注意事项，还可以适时地介绍市容市貌及城市发展概况	讲解时要注意触景生情、点面结合、简明扼要；要“眼疾嘴快”，即注意讲解速度与旅游车进行的速度一致，准确地对景物进行描述
介绍下榻的旅店	旅店的名称、位置、距机场（车站、码头）的距离、星级、规模、发展历史、提供的服务项目、主要设施和设备及其使用方法、入住手续及注意事项	尽快地消除游客初到异地时的疑虑和茫然感，增强其安全感和信任感
宣布入住后的活动安排	抵达旅店后，地陪应在游客下车前及时宣布入住后的活动安排，包括活动内容、集合时间、地点、活动要求、注意事项，并提醒游客记住所乘车辆的车牌号码、颜色、车型、顺序号等便于识别的记号	表达的内容顺序要条理清晰，具体活动的时间、地点等要重点强调

课堂练习

模拟练习致欢迎词

尊敬的各位游客，欢迎来到“紫塞明珠”——承德。我是您这次旅行的导游员，我叫王丽，大家叫我小王或王导就可以了。驾驶豪华金龙巴士的司机马师傅，已经有20多年的驾龄了，驾驶技术十分娴熟，坐他的车您尽管放心，请记住车牌号为冀H54321。在未来的几天里，如果您有什么需要，尽管提出来，我和马师傅将竭诚为各位提供周到的服务。我们衷心希望各位游客在承德玩得开心，游得尽兴。

知识拓展

旅游活动计划和日程变更的处理

1. 迅速合理地制订应变计划并报告旅行社。

2. 耐心解释，做好游客的工作，得到游客的理解和配合。

3. 商定提出方案，请示领导同意，适当给予游客合理补偿。

二、 旅游团入住服务礼仪

迎接旅游团队到达旅店后，导游人员的服务礼仪主要体现在高效周到地办理入住手续、安排用餐、游程通知等工作环节中。

（一）办理手续，细心高效

抵达旅店后，导游员应把游客引领到大厅集中等候，提前查看预定的房间，统计全员房间号，并协助办理住店登记手续，分配房间钥匙或房卡，协助游客将行李送入房间。必要时要掌握团队内特殊客人的房间号，例如年老体弱者、VIP等，及时提供个性化服务。

（二）店内用餐，准确告知

导游员提前与餐厅联系，认真做好以下几点：

(1) 将游客的用餐情况提前通知餐厅。

(2) 将用餐注意事项、时间、地点等通知游客。

(3) 在用餐过程中，导游员应经常到游客的餐桌前询问用餐情况，征求其对菜肴的意见和建议。

（三）安排叫早，绝不含糊

在当天活动结束后，导游员应将第二天的游程安排、叫早时间和就餐时间通知全体游客，同时把游客的房间号和叫早方式通知饭店前台。

案例分享

好心办了“坏事”

导游小赵回忆起在厦门××酒店时发生的一件事：“××酒店既有主楼，也有别墅。

别墅位置好，靠近大海，很受欢迎，入住率也高，常常爆满，来晚了的只好住在主楼，其实两种楼的报价是一样的。我为游客着想，便要求地陪尽量争取住别墅。结果我们的运气不坏，那天刚好有一批客人离开别墅，于是我让我团的客人先到餐厅用餐，自己到前台领取房卡，在客人用餐的时候就将钥匙交到了他们的手中。当时我是春风得意，为做成了这样一件好事而满心欢喜，可是我偏偏忘记了问一问，是不是所有的房间都已经打扫完毕。结果出现了纰漏：有几个吃饭快一点儿的客人兴高采烈地来到自己的房间，却偏偏撞上他们的房间还未打扫。客人看见此状，非常不满，自然要转回餐厅对我兴师问罪。我当时真是尴尬，苦不堪言。事后我想，有时候，好事情没有办实在，结果可能会更糟，需要认真总结。”

本案例中，小赵的动机和效果产生了矛盾，小赵好心想让游客住到比较好的房间，却没想到“第一时间”争取来的房间还没来得及打扫。问题就在于小赵的导游服务没有严格遵守服务流程，忽略了提前查看房间这一环节，结果弄巧成拙。

技能训练

训练接团服务四个环节中的基本礼仪

接团服务环节	礼仪要求
站前迎宾	仪表整洁，淡妆上岗，站姿、手势仪态规范
集合登车	使用礼貌提示用语 保持热情微笑表情，切忌面目呆滞僵硬
致欢迎词	手持话筒不要将嘴挡住；站姿要自然稳妥 语音柔和，有激情，有特点；内容有新意
办理入住	对年老体弱者、VIP 客户等提供个性化服务

任务二　游览服务尽职尽责

知识认知

游客每到一地游览观光时，都希望导游不仅仅是一名可信赖的服务人员，更应是一位能一同审美赏景的朋友，一位可探讨知识趣闻的良师。所以，整个游览服务就要求导游不仅要有认真负责的服务意识，而且要具备渊博的知识和良好的沟通讲解能力。

一、游览出发时的服务礼仪

(一)守时守约

导游要以身作则，遵守时间。每次集合，至少要提前 10 分钟到达集合地点，以备随时应对紧急突发事件。

在约定的位置等候游客，礼貌地招呼早到的游客，以尽职尽责的服务态度认真听取游客的意见和要求，耐心解答游客的提问。

（二）及时提醒

登车前，导游要核实游客是否全部到齐，恭候在车门一侧，热情招呼，微笑着协助游客上车。

上车后，导游还要再次清点人数，并妥善地安置好游客随身携带的物品（见图 17—4），提醒游客坐好坐稳。

图 17—4　安置游客物品

下车前，导游要讲清并提醒游客记住游览车的车型、颜色、标志、车号、游览线路、游览所需时间、集合时间、地点等。

二、游览观光中的讲解礼仪

游览观光过程中，导游讲解的内容十分广泛。导游人员要因地而异、繁简适度，要通过对人文或自然景观的讲解，满足游客求知、求美、求趣的需求。

俗话说：“祖国河山美不美，全靠导游一张嘴。”这句话也从一个侧面肯定了导游讲解的重要性。导游服务人员在讲解过程中应注意下列基本礼仪。

（一）内容真实

景区（点）的国家政策、历史背景、特色地位、文化内涵、文化价值等知识内容讲解要真实可靠，言之有据，绝不能哗众取宠，凭空想象，胡编乱造。对自己没有把握的问题，一定要事前查找备阅，遇到暂时不能核实准确的问题，宁可不讲，也不能把问题暴露给游客，造成误导。

（二）通俗易懂

导游讲解时语言要轻松自然，通俗易懂，不能讲过多的专业术语或书面用语，更不能说方言俚语。“一语天然万古新。”所谓“天然”，就是强调说话要通俗易懂，不要咬文嚼字，一味追求文饰，导游讲解更是如此。

（三）表达清晰

导游讲解时的语音、吐字、语速、语气都将影响到讲解效果，以至于影响到游客的听讲心情。因此，读音准确、吐字清楚、语速适中、语气得当是对导游人员规范讲解的最基本的礼仪要求。

（四）生动形象

生动形象的讲解语言可以牢牢抓住游客的游览兴致，为讲解增添吸引力和感染力。多用形象比喻，善用幽默诙谐，巧借修辞典故，妙用轶事传说等，都能达到很好的讲解的效果。

（五）灵活应变

导游讲解时不仅要触景生情，娓娓道来，更重要的是要针对游客在游览过程中普遍较为关心、感兴趣的问题，采用因人而异、因时而异、灵活多变的讲解手段，根据不同的游客层次、不同的现场事物、不同的时段灵活地调整讲解语言，达到丰富有趣的讲解效果。

案例分享

桂林漓江导游词

各位朋友、各位来宾：

欢迎大家乘船游览美丽的漓江。

各位朋友，我们的游船马上就要开航了。现在我们游船起航的码头名叫竹江码头，它位于秀丽的蝙蝠山下，竹江之畔，距离桂林市22千米，是一座专门接待外国朋友和港澳台同胞的专用码头。下面我把漓江的简要情况给大家介绍一下。

漓江属于珠江水系，发源地在桂林北面兴安县境内的猫儿山。猫儿山是史称五岭之一的越城岭主峰，海拔2 238米，号称中南最高峰，漓江由猫儿山下的涓涓细流汇集而成。兴安县境内至今还保留着秦始皇时期修建的“灵渠”，它是中国第一条人工运河，史称“兴安灵渠”，它把漓江的水和湘江的水连接起来。湘江在湖南境内，属于长江水系。大家都知道，“世上无水不东流”是因为我国西部地形高，东部地形低所造成的，但唯有湘江的水是由南向北而去，漓江的水由北向南而下，所谓“湘漓分流”“相离而去”，漓江故此得名。另外，漓江的“漓”字，在字典里面是清澈、透明的意思，大概也是漓江名称最佳的含义。漓江在中国的历史上曾经起过重大作用，灵渠开凿之后，它沟通了岭南与中原的联系，对秦王朝统一中国的大业，以及对桂林乃至西南地区政治、经济、文化、军事都有深刻的影响。

…………

弯弯曲曲的漓江，有一个湾就有一个滩，有人数了一下，从桂林到阳朔，83千米的水程，共360多个滩。滩头滩尾水比较浅，漓江从滩头上流过，发出淙淙的响声，这响声仿佛是天宫中的仙乐，听了叫人飘飘欲仙。其实这哪里是仙乐，这是漓江的音乐！请大家看，左岸边有两块大石头，一个像圆鼓，一个像金锣，当地的村民们都叫它们“锣鼓石”。右岸边两座拔秀的小山柱，仿佛是一对锣锤和鼓棍，大家仔细听，仿佛还有一对鸳鸯在唱歌呢。

桂林山水有四大特点：山青、水秀、洞奇、石美，那么漓江除此之外还有瀑布、流泉、险滩、竹林四绝。有人说：漓江不仅仅有这些，还有“怪、谜、奇、绝”四大特点，那就是古榕之怪、画山之奇、冠岩之谜、半边渡之绝。凡此种种，不一而足，真是仁者见仁，智者见智。

…………

导游精彩的讲解词，使游客对漓江增添了一份神秘和向往，使他们不仅欣赏到了眼前的美景，而且还学到了全方位的人文景观知识，令人心旷神怡。

（资料来源：《走遍中国——中国优秀导游词精选》。）

三、 返程时的服务礼仪

这个环节是指一天的参观游览项目结束后，旅游团返回下榻旅店的过程。这时，游客已经感到疲惫，急需休息和调整，早晨出发时的新奇感也大大减退。这时，导游应根据游客的实际状态，适时地安排一定时间休息。然后大家一起回顾当天参观、游览的内容，尤其是那些精彩有趣，给人以深刻印象的瞬间，还可以回答游客的提问，对在参观游览中有漏讲的内容可作补充讲解。

抵达饭店后，下车前导游要真诚感谢游客一天中对自己工作的支持与帮助，并表示对次日活动的信心和渴望。下车时，提醒游客带好随身物品，先下车站在车门一侧，照顾游客下车，再向他们告别。

课堂练习

旅游车上常做的游戏

“明七暗七”：所谓明七，就是 7、17、27 之类的，暗七就是 7 的倍数，同时玩的时候还把 15 也算上，这些都是不能说的数字，轮到了就得跳到下一个数字，15 就用手做一个大月亮，如果谁说错了，就要罚他表演小节目。

知识拓展

游览安全服务礼仪

（1）客人在观光、购物、观看文娱节目等游览活动时，导游要适时提醒游客看管好自己的财物，防止被抢、被盗。提醒游客注意行路安全，同时照顾好年老体弱者。

（2）导游要始终跟大家一起活动，注意维持好秩序，经常清点人数，防止客人走失。

（3）导游每天要向客人公布当日或次日的天气预报，提醒客人必要时带好雨具，增减衣物。如遇刮风、下雨、下雪造成路况危险时，要当即请示领导，变更活动计划，同时向客人做好解释工作。

（4）活动中一旦发生意外情况，导游要立即带领客人迅速撤离现场。如遇坏人威胁，导游应挺身而出，保护客人安全；如客人突发疾病，导游应将客人迅速送往医院救治，并向旅行社汇报请求人员协助。

技能训练

全班以小组为单位，每组推荐一名讲解者为导游，其他为游客，以自己家乡附近的景点为例进行导游词讲解大比拼，训练过程中，采取学生点评和教师指导相结合的方式，先由学生互相点评和打分，教师最后给总分，并针对学生讲解过程中存在的问题及时加以纠正和点评。

评价项目与内容		得分	实际得分/姓名			
导游规范	形体姿态、面部表情、话筒使用等	15				
语言表达	流畅性、生动性、表达能力等	30				
讲解内容	完整性、正确性、逻辑性	25				
讲解效果	创造力、感染力、亲和力、吸引力	30				

任务三　送团服务善始善终

知识认知

《导游服务质量》要求："旅游团（者）结束本地参观游览活动后，地陪服务应使游客顺利、安全离站，遗留问题得到及时妥善的处理。"

送站服务是旅游团接待工作的最后阶段。如果说，迎接是导游树立好形象的开端，接待是导游保持良好形象的关键，那么送行则是游客对导游良好印象的加深，同时也是对旅行社肯定评价的关键。因此，导游必须善始善终，以饱满的工作热情和良好的精神状态做好最后阶段的工作，确保游客顺利、安全地离开。

一、送站前的服务礼仪

（一）认真核实

在游客离开目的地的前一天，导游应做好交通票据的核实工作，认真核对旅游团名称、代号、人数、去向、航班（车次、船次）、起飞（开车、起航）时间、在哪个机场（车站、码头）启程等事项。若有变更，应当问清旅行社有关工作人员，以免造成下一站漏接。

若是乘飞机离境的旅游团，导游应提醒或协助领队提前 72 小时确认机票。

（二）妥善安排

交通票据核实工作完成后，就要妥善安排具体的行李托运问题和出发时间问题，导游要尊重游客意见，友善提醒。

如团队有大件行李需要托运，地陪导游应在该团离开本地前一天与全陪或领队商量好出行李时间，并通知游客及旅店行李房，同时要向游客讲清托运行李的具体规定、签字手续和注意事项，提醒其不要将护照或身份证及贵重物品放在托运行李内。

如该团所乘交通工具班次早，出发的时间早，导游就要妥善调整安排早餐时间。如无法在酒店餐厅内用早餐，导游要及时做好相应的准备工作，并向游客说明情况。

二、离店服务礼仪

（一）迅速办理

在旅游团即将离开酒店时，导游要到总服务台迅速准确地办理退房手续，将收齐的房间钥匙或房卡交到总服务台，核对用房情况，无误后按规定结账签字。同时，要提醒游客带好个人物品及旅游证件。

（二）组织集合

所有离店手续办好后，导游组织集合，站在旅游车门一侧，微笑着协助游客上车入座，然后要认真清点人数。全体到齐后，要再一次请游客清点一下随身携带的物品，并询问是否将证件随身携带。此时，导游要提醒游客勿将物品忘在旅店里。

三、 送行途中服务礼仪

（一）温馨回顾

去机场（车站、码头）的途中，导游归纳对旅游团在本地的行程，包括对食、住、行、游、购、娱等各方面做概要回顾，目的是加深游客对这次旅游经历的体验。

（二）致欢送词

欢送词是导游情感的又一次集中表达，致欢送词能够加深导游与游客之间的感情，也可以为整个接待服务锦上添花。

欢送词的内容主要包括六个方面：

（1）回顾旅游活动，感谢游客的合作与支持。

（2）表达友情和惜别之情。

（3）诚恳征求游客对接待工作的意见和建议。

（4）若在旅游过程中有不顺利或不尽如人意之处，导游可再次向游客表示真诚的歉意。

（5）期待重逢。

（6）表达美好祝愿。

课堂练习

致欢送词

“各位游客，景区的游览就到这里。在跟大家道别之时，我代表景区的所有员工向各位朋友们来景区游览表示衷心的感谢。谢谢大家的耐心和友善，这使我的工作变得更加轻松。各位的合作和理解使我们的游览特别愉快，在此我感谢大家。如果我在讲解中有什么不到位的地方，请大家多多包涵，希望各位对本次游览感到满意。我们虽然只是短暂的相识，但给我留下的却是最珍贵的回忆，我将永远珍藏与大家共度的美好时光，我期待着能再次见到你们。祝你们身体健康，旅行愉快，谢谢！”

（三）提前到达

导游带旅游团到达机场（车站、码头）必须留出充裕的时间。具体要求是：出境航班应提前2小时到达；国内航班应提前90分钟到达；乘火车或轮船则应提前1小时到达。

（四）准确交接

如送国内航班（火车、轮船）抵达机场（车站、码头）后，导游应尽快与行李员联系，取得交通票据和行李卡，将其交给游客，并一一清点，核实数量。

进行完交通票据和行李卡的交接工作后，导游仍不能马上离开，还应协助游客办理离站手续。

若送国内航班（火车、轮船），导游应协助游客办理离开手续；若送国际航班（火车、轮船），导游将旅游团送往隔离区，由领队帮助游客办理有关离境手续。

（五）礼貌道别

当游客进入安检口或隔离区时，导游应与游客告别，并祝他们一路平安。如游客乘坐火车或汽车离开，导游应等交通工具启动后方可返回；如游客乘坐飞机离开，导游应等游客通过安检后才能离开。

案例分享

把顺利圆满带回家

我国某个赴新马泰旅游的团队愉快地结束了旅行，即将返程回国。在新加坡机场的礼品商店里有一种很漂亮的狮身鱼尾水果叉，非常具有新加坡的特色，很多游客都购买了一些，希望回国后作为礼物送给亲朋好友。可是在经过一道安检门时，安检人员要求游客打开背包，欲没收背包里的水果叉，并礼貌解释说："对不起，按照规定，手提行李中不能携带有水果刀、叉等物品，您的水果叉属于受管制物品，禁止携带，希望您能谅解。"正在游客们纷纷感到遗憾的时刻，随团导游迅速组织大家将他们购买的水果叉拿出来，集中在一个旅行包内又办理了一次托运手续，保证了游客们按时顺利登机。

导游的热心送团服务让游客不留遗憾，把顺利和圆满带回了家，旅游导游服务工作做到了善始善终。

知识拓展

导游人员的分类

（1）海外领队：是指经国家旅游行政主管部门批准可以经营出境旅游业务的旅行社的委派，全权代表该旅行社带领旅游团从事旅游活动的工作人员。

（2）全程陪同导游：简称全陪，是指受组团旅行社委派，作为组团社的代表，在领队和地方陪同导游人员的配合下实施接待计划，为旅游团（者）提供全程陪同服务的工作人员。

（3）地方陪同导游：简称地陪，是指受接待旅行社委派，代表接待旅行社实施接待计划，为旅游团（者）提供当地旅游活动安排、讲解、翻译等服务的工作人员。

（4）景点景区导游人员：也称讲解员，是指在旅游景点景区，如博物馆、自然保护区等为游客进行导游讲解的工作人员。

在通常情况下，前三类导游人员，即全陪、地陪和领队组成一个导游集体，共同完成一个旅游团队的接待任务。三位导游代表三方旅行社的利益，他们大多互不认识，要共同完成一定时空中的导游服务自然就牵涉协作。这种内部协作的愉快与否，直接影响着游客的旅游经历的质量。从这一点上，我们可以说，游客一次舒心愉快的旅行，取决于导游服务的高质量；导游服务的高质量则取决于三位导游人员的精诚合作。

技能训练

训练送团返程三个环节中的服务礼仪

送团服务环节	礼仪要求
送站前	核实票据认真细心，安排行李托运方便妥善
离店时	办理手续迅速准确，组织集合周到严密
送行中	温馨致辞形成美好回忆，礼貌道别加深不舍之情

综合实训

▷情境模拟

1. 情景背景

红色旅游一日游。

2. 模拟要求

要求5人一组，分别扮演导游和游客等不同角色，承担不同任务，演练车站地接导游（1人）、景点讲解导游（1人）、送站服务导游（1人）、普通游客（1人）、老年游客（1人）的服务礼仪。

3. 实训目的

在整个游程中，导游能够恰当地运用服务礼仪完成各环节对客服务过程，为游客提供周到细致的优质服务。

▷社会实践

1. 实践场所

某旅行社。

2. 实践要求

（1）服从旅行社的管理与安排，遵守职业道德准则和劳动纪律。

（2）按照旅行社导游员的岗位职责，承担力所能及的导游服务工作。

（3）不断增强导游服务意识，保持良好的职业形象，提升导游服务能力。

3. 实践目标

（1）规范自身的言行举止、服务形象。

（2）提升导游讲解沟通能力，做到表达清晰、语言流畅、生动形象。

（3）遵照礼仪服务规范完成接团、入住、讲解、送团服务程序，掌握导游服务技巧，提交实践报告。

参考文献

1. 王义平．职场礼仪［M］. 上海：同济大学出版社，2009.

2. 金正昆．商务礼仪教程［M］. 北京：中国人民大学出版社，2005.

3. 李莉．实用礼仪教程［M］. 北京：中国人民大学出版社，2002.

4. 全细珍，黄颖．职场礼仪实训教程［M］. 北京：北京交通大学出版社，2009.

5. 胡静．实用礼仪教程［M］. 武汉：武汉大学出版社，2003.

6. 黄琳．商务礼仪［M］. 北京：机械工业出版社，2005.

7. 关彤．现代实用交际礼仪［M］. 北京：中华工商联合出版社，2007.

8. 王为民．快递服务礼仪与规范［M］. 北京：人民邮电出版社，2012.

9. 李荣建．商务礼仪教程［M］. 北京：中国传媒大学出版社，2010.

10. 赵鸿渐．职场礼仪价值百万［M］. 北京：工人出版社，2009.

11. 陈静．职场礼仪一本通［M］. 江西：百花洲文艺出版社，2012.

12. 肖晓．职场礼仪——职场生存与发展的智慧［M］. 北京：经济管理出版社，2014.

13. 杨珩．职场礼仪与沟通［M］. 北京：水利水电出版社，2014.

14. 刘文涛．饭店服务礼仪［M］. 北京：中国劳动社会保障出版社，2001.

15. 陈雪琼．前厅、客房的服务与管理［M］. 北京：机械工业出版社，2004.

16. 彭蝶飞．酒店服务礼仪［M］. 上海：上海交通大学出版社，2011.

17. 周伟，陈晖．金融保险企业岗位培训教材［M］. 北京：清华大学出版社，2013.

18. 王旭，杨茳，金正昆．金融服务礼仪［M］. 北京：北京师范大学出版社，2011.

19. 李鸿，杨连学．模拟导游［M］. 上海：上海交通大学出版社，2011.

20. 冯海霞．旅游景区服务与管理实训［M］. 上海：上海交通大学出版社，2011.

21. 金正昆．社交礼仪教程［M］. 第2版．北京：中国人民大学出版社，2006.

22. 陈光谊．现代实用社交礼仪［M］. 北京：清华大学出版社，2009.

23. http：//news. sina. com. cn/o/2004－11－16/11294252835s. shtml.

24. 百度文库：http：//wenku. baidu. com.

25. 中华文本库：http：//www. chinadmd. com.

26. 中华礼仪网：http：//www. zhongguoliyi. org.

27. 中国礼仪网：http：//www. welcome. org. cn.
28. 礼仪网：http：//www. lypx. com. cn.
29. 百度文库（案例）：http：//kecheng. baidu. com/view/64726513cc7931b765ce1508. html.
30. 职业餐饮网：http：//www. canyin168. com/glyy/yg/ygpx/fwal/200707/7350 _ 11. html.

图书在版编目（CIP）数据

职场礼仪教程/秦保红主编．—北京：中国人民大学出版社，2016.2
21世纪高职高专规划教材．公共课系列
ISBN 978-7-300-21616-4

Ⅰ．①职… Ⅱ．①秦… Ⅲ．①心理交往-礼仪-高等职业教育-教材 Ⅳ．①C912.1

中国版本图书馆CIP数据核字（2015）第156575号

21世纪高职高专规划教材·公共课系列
职场礼仪教程
主　编　秦保红
副主编　郑　娇　王　媛　孔春艳
Zhichang Liyi Jiaocheng

出版发行　中国人民大学出版社
社　　址　北京中关村大街31号　　　邮政编码　100080
电　　话　010－62511242（总编室）　　010－62511770（质管部）
　　　　　010－82501766（邮购部）　　010－62514148（门市部）
　　　　　010－62515195（发行公司）　010－62515275（盗版举报）
网　　址　http：//www.crup.com.cn
　　　　　http：//www.ttrnet.com（人大教研网）
经　　销　新华书店
印　　刷　山东高唐印刷有限责任公司
规　　格　185 mm×260 mm　16开本　　版　　次　2016年2月第1版
印　　张　18　　　　　　　　　　　　印　　次　2016年2月第1次印刷
字　　数　425 000　　　　　　　　　　定　　价　38.00元
